図説

近世城郭の作事

櫓《やぐら》・城門 編

三浦正幸

Masayuki Miura

原書房

目次

はじめに　4

第一章
櫓

［第一節］櫓の種類と役割　8
櫓の起源／櫓の種類／方位による櫓の名称／規模・形状による櫓の名称／特殊な用途の櫓／格納物資による櫓の名称／特別な由緒による櫓の名称／御殿の一部とされた櫓

［第二節］天守代用櫓　22
天守の再建と新造／天守代用の三重櫓／天守代用櫓の例

［第三節］櫓の構造　28
櫓の平面と構造／柱間の寸法／櫓の平面の歪み／安価な櫓／破風／窓・狭間

［第四節］櫓の形式　34
二重櫓／特殊な二重櫓／三重櫓／平櫓／多門櫓／多門櫓の構造／特殊な構造の多門櫓

［第五節］櫓の数　56
幕府系の城・藤堂高虎の城／西国の外様大名の城／東国の外様大名の城／譜代・親藩大名の城

［第六節］代表的な現存櫓　66
旧天守の櫓〔熊本城宇土櫓／名古屋城西北隅櫓〕／三重櫓〔福山城伏見櫓／弘前城二の丸未申櫓・辰巳櫓・丑寅櫓／明石城本丸坤櫓・巽櫓／高松城北の丸月見櫓・旧東の丸艮櫓／彦根城西の丸三重櫓〕／二重櫓〔松山城乾櫓・野原櫓／名古屋城西南隅櫓・東南隅櫓／岡山城月見櫓／大坂城千貫櫓・乾櫓・一番櫓・六番櫓／姫路城力の櫓／上田城西櫓・南櫓・北櫓／大洲城台所櫓・高欄櫓・苧綿櫓・三の丸南隅櫓〕／多門櫓〔姫路城天守北腰曲輪の渡櫓群／姫路城リの二渡櫓・リの一渡櫓・チの櫓／熊本城東十八間櫓・北十八間櫓・五間櫓／福岡城南の丸多門櫓／金沢城三十間長屋〕／平櫓〔姫路城太鼓櫓／姫路城井郭櫓／姫路城化粧櫓〕

第二章
城門

［第一節］城門の発展と名称　112
中世城郭の城門／薬医門の登場／薬医門の構造／高麗門の発明と普及／高麗門の構造／櫓門／冠木門

／虎口の形状と城門／大手門と搦手門／鉄門・筋鉄門・銅門／不開門と不浄門／仕切門／城門の開閉

［第二節］城門の構造　138
内開きと外開き／門の規模形式／小門と潜り戸／城門の基本構造と形式／集成材の応用／扉の構造と透門／肘壺と八双・乳金物／扉の吊り方／閂

［第三節］城門の種類　152
櫓門／高麗門／薬医門／棟門／埋門／長屋門／冠木門と塀重門

［第四節］代表的な現存城門　168
枡形門〔江戸城田安門・清水門・外桜田門／丸亀城大手門／金沢城石川門／大坂城大手門〕／関ヶ原の戦い以前の城門〔姫路城「と」の一門／姫路城「は」の門／彦根城天秤櫓／彦根城太鼓門／姫路城「り」の門〕／代表的な櫓門〔福山城本丸筋鉄御門／姫路城菱の門／姫路城「ぬ」の門／姫路城「に」の門／松山城隠門／弘前城北の郭北門・三の丸追手門・三の丸東門・二の丸南門・二の丸東門／高知城詰門・廊下門／佐賀城鯱の門／福山（松前）城本丸御門〕

第三章　土塀

［第一節］土塀の種類と構造　202
中世城郭の土塀／近世城郭の掘立柱の土塀／近世城郭の土塀の種類／付壁塀／姫路城の土塀／練塀／築地

［第二節］土塀の防備　214
屏風折り／石落／物見窓／塀庇／剣塀／石狭間／大筒狭間／石打棚

おわりに　222

◆既発表論文・著書ほか（天守編、櫓・城門編）　226
◆参考文献（天守編、櫓・城門編）　228
◆図版の出典および作成（天守編、櫓・城門編）　230

はじめに

三浦正幸

城郭建築の作事

本書は前巻「天守編」に続く「櫓・城門編」である。「天守編」では、近世城郭に所在する建築全般にわたってその防備装置である外壁や狭間《さま》・窓・石落《いしおとし》等について詳述したうえで、近世城郭の象徴である天守の歴史や構造や意匠について述べた。本書では、天守とともに近世城郭の最重要建築である櫓《やぐら》と城門について詳しく述べる。また、土塀も城郭建築に含まれるので併せて述べることにする。

ところで、近世においては、築城すなわち城郭の建設工事は普請《ふしん》と作事《さくじ》に大別されていた。普請は土木工事であって、城全体の設計である縄張《なわばり》をして郭《くるわ》（曲輪《くるわ》）の造成を行い、石垣・土居《どい》（土塁《どるい》）・堀・道路といった土木構造物を建設することである。作事は建築工事であって、天守・櫓・城門・土塀といった城郭建築と御殿・土蔵・番所・厩《うまや》（馬屋）・役所といった、いわば住居建築が含まれる。

慶長二十年（元和元年、一六一五）五月に大坂城の豊臣家を滅亡させると、幕府は七月に武家諸法度《ぶけしょはっと》（元和令）を諸大名に公布し、城郭に対する統制を厳格化した。この法度によって諸大名が新規の築城や城を増改築することが原則的に禁止され、修理であっても幕府に届け出て将軍の裁許を得ることになった。すなわち、近世城郭の普請や作事については、住居建築を除いて法度の規制対象であった。前巻と本書で扱う内容は、城の作事の内、法度で厳しく規制されていた城郭建築を網羅するものである。

幕府による城郭建築の規制

元和令は寛永十二年（一六三五）に改訂（寛永令）され、「新儀の城郭構営、堅く之を禁止す」という基本は堅持しつつ、修理の際の届け出は普請に限られ、「櫓・塀・門等の分は先規の如く修補すべき事」として作事に関しては届け出の義務がなくなった。ただし、天守の修理については届け出の緩和は明言されていない。

「櫓・塀・門」については、法度によって従来の規模（特に屋根の重数や一階の面積など）を守って修理することが定められていたので、明治維新に至るまで原則的には元和元年当時の規模や棟数が厳守されたことになる。したがって、明治維新当時における各城の櫓・城門・土塀の規模や棟数に見られる大きな差異は、概ね法度制定時に遡るものである。それに対して、櫓・城門・土塀の外壁・破風・窓といった意匠については、何ら規制がなく、江戸時代を通じてほぼ自由に改変されていた。その結果、各城の個性が際立った。

城郭建築を鑑賞する際には、その創建時の大名の好みを探りながら、その後の改修時の意匠の工夫や流行、さらには法度による規制をかいくぐる知恵などに思いを巡らせることをお薦めしたい。

第一章

櫓

第一節　櫓の種類と役割
第二節　天守代用櫓
第三節　櫓の構造
第四節　櫓の形式
第五節　櫓の数
第六節　代表的な現存櫓

第一節　櫓の種類と役割

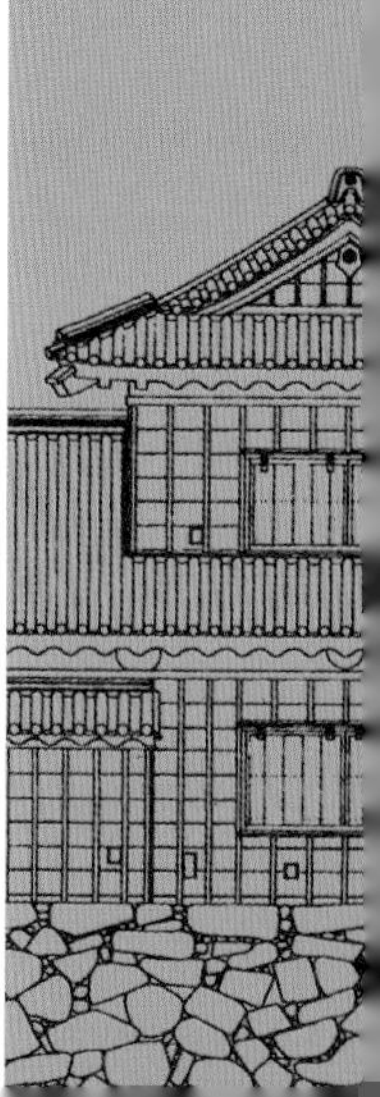

櫓の起源

櫓《やぐら》は、矢倉・矢蔵とも書き、いずれもヤグラと読む。矢倉という文字から、矢などを蓄えておく武器庫を起源とする説がある。その一方、矢の坐《くら》、すなわち矢を射る場所を語源とするという説もあるが、語源を論じてみてもさして意味がないであろう。

ところで、『続日本紀《しょくにほんぎ》』の宝亀八年（七七七）の記事に、かつて太師《たいし》（太政大臣）だった恵美押勝《えみのおしかつ》（藤原仲麻呂《なかまろ》、七六四年敗死）の宅（平城京内の楊梅宮《やまもものみや》の南）には東西に楼《ろう》を構え、高く内裏《だいり》を臨み、南面の門は便宜的に櫓《ろ》となしたとある。「楼」は望楼《ぼうろう》で、「櫓」は防御のための建物と考えられる。したがって近世城郭の櫓は、古代の楼と櫓を兼ねたものと言える。

また、『日本三代実録』の元慶五年（八八一）四月二十五日条には、同二年に起きた夷俘《いふ》の反乱によって秋田城《あきたのき》（秋田市）の「官舎一百六十一宇、城櫓《じょうろ》廿八宇、城棚櫓《じょうほうろ》廿七基、槨棚櫓《かくほうろ》六十一基」が焼けたことが記されている。「城櫓」は宇《う》で数えられているので屋根がある建物、「城棚櫓」と「槨棚櫓」は基で数えられているので、屋根のない木造の物見《ものみ》・射撃台と考えられる。それらを合わせて一一六もの櫓が焼けたというので、当時の秋田城には近世城郭を上回る櫓が建てられていたことが分かる。棟数が非常に多いことからすると、それらは極めて軽微な構築物だったと考えられる。

承平年間（九三一～九三八）の『和名類聚抄《わみょうるいじゅしょう》』では、「櫓」の和名を「夜久良」（やくら、すなわちヤグラ）とし、「城上守禦楼」と記す。城に上げられた防御のための重層建築という意である。

時代を遡って、弥生時代の環濠《かんごう》集落である吉野ヶ里《よしのがり》遺跡（佐賀県）からは、掘際に掘立柱《ほったてばしら》の物見櫓の跡が発掘された。防御のための櫓の歴史は弥生時代に始まったことが分かる。さらに遡って縄文時代の三内丸《さんないまる》山《やま》遺跡（青森県）でも、直径一メートルもの巨大な栗の柱を六本並べた掘立柱建物が見つかっており、高い物見櫓だったという説もある。縄文時代に城に類するものが存在したとは言えないが、物見のための高層建築だったとすれば、後世の櫓に類似した機能をもっていたことになる。

櫓自体は古代城郭にも建てられていたことが記録から分かるが、その規模・形式・構造には近世城郭の櫓とは大きな相違があったはずだ。秋田城に存在した夥《おびただ》しい櫓の数からすると、軽微で素朴な射撃・物見台だったらしい。近世城郭の櫓の祖は、室町時代後期に出現した中世城郭の櫓と考えられる。中世の櫓の現存例はないが、発掘調査から知られる櫓は長辺三間《けん》程度の小規模なもので、石垣ではなく土塁《どるい》上に建てられていた。細い丸太柱を使い、柿葺《こけらぶき》や茅葺《かやぶき》など可燃性の屋根材を用い、仕上げの漆喰《しっくい》を塗らずに荒壁《あらかべ》や中塗《なかぬ》りを剥《む》き出《だ》しにし、鉄砲狭間《てっぽうざま》や石落《いしおとし》がなく、板敷きの床もなかったと推定される。現存する近世城郭の櫓からすると、隔世の感があったはずだ。

なお、「後三年合戦絵詞《ごさんねんかっせんえことば》」「秋夜長物語絵巻《あきのよながものがたりえまき》」「結城《ゆうき》合戦絵詞《かっせんえことば》」などに描かれている中世の籠城戦では、掘

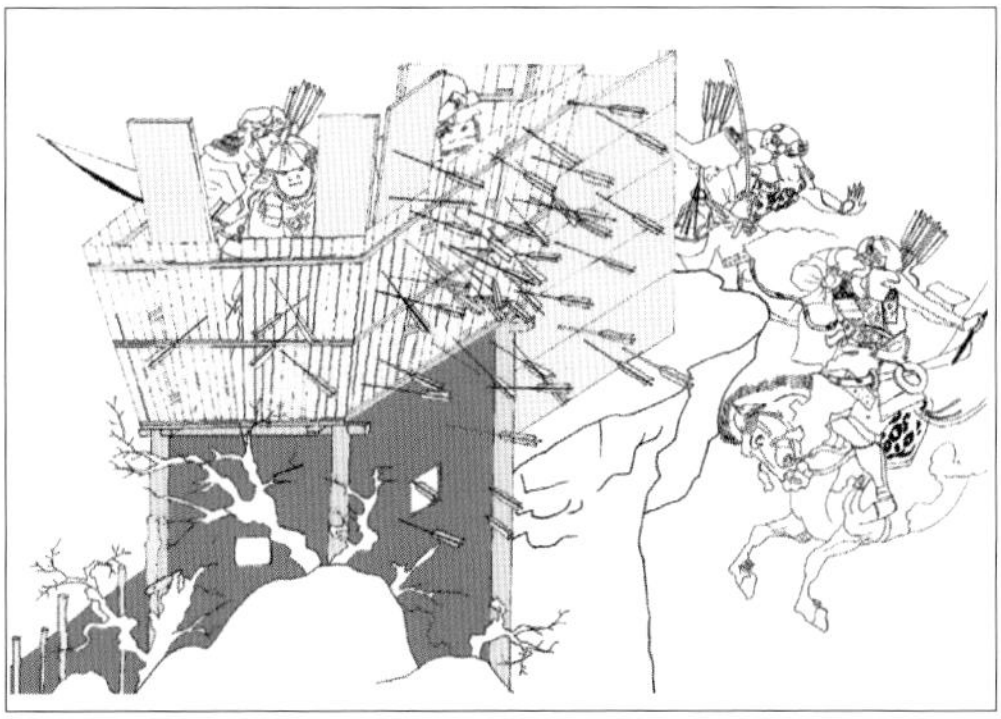

中世の櫓
▲石打棚（「結城合戦絵詞」模写）
▼仮設的な櫓（「後三年合戦絵詞」模写）
土塀の後方に敵を見下ろす足場を設け、そこから弓を射掛けたり防御の指揮をしたりしている

立柱の土塀の背後に小さな物見台を上げ、土塀の上を越して弓矢を射掛けている様子が見られる。そうした物見台は「石打棚《いしうちだな》」とも呼ばれるもので、一種の櫓である。屋根なしの仮設構造で、前面に腰高ほどの楯板を無造作に並べて防御とし、その台上で射撃の指揮をしたり、弓矢を敵に射掛けたりしている。そうした仮設的な櫓を大規模化した例は、慶長十九年（一六一四）の大坂冬の陣で大坂城の総構《そうがまえ》に急拵《きゅうごしら》えされたものが「大坂冬の陣図屏風」に描かれている。発掘事例では、河《か》後森《ごもり》城（愛媛県松野町）で十六世紀末の石打棚の掘立の柱穴が出土している。そうした仮設の石打棚は、後に多門櫓に取って代わられた。

櫓の種類

近世城郭の櫓は、城壁を防備する拠点となる曲輪《くるわ》の隅部、特に四隅に建てられることが多い。また、城に近づく敵に横矢《よこや》（側面射撃）を掛けるために城壁を折り曲げた場合には、その出隅《ですみ》に櫓を設けて、横矢の強化を図る。大半の櫓はそうした隅部に建てられるので、隅櫓《すみやぐら》とも呼ばれる。現存の櫓の大部分は隅櫓である。

櫓の規模形式は屋根の重数によって表される。屋根の重数により、平櫓《ひらやぐら》・二重櫓・三重櫓の三種類がある。屋根が一重であるのが平櫓（一重櫓・単層櫓は近代の俗称）で、二重櫓を建てない場合に補助的に設けられる。屋根が二重の櫓が二重櫓で、これが正式な隅櫓である。内郭を二重櫓、外郭を平櫓とする城が多かった。三重櫓は最大の櫓で、大城郭だけに建てられた。天守を持たない城では、天守代用櫓として三重櫓を設け、「三階櫓《さんがいやぐら》」や「御三階《ごさんがい》」と称した。なお、四重以上は総て天守である。

櫓も天守と同様に、屋根の重数と内部の階数が不一致な例もある。名古屋城本丸の隅櫓は二重三階櫓、熊本城宇土櫓《うとやぐら》は三重五階櫓である。前者は三重櫓の一階と二階を同大平面にして、その間の屋根を省略した新型櫓である。西尾城（愛知県）にあった二重櫓も多くが二重三階櫓であったが、他城では滅多に見られない形式であった。後者は当初は天守として建てられたもので、望楼型天守であるため屋根裏階が加わって重階が不一致となった。

櫓の長大なものは、多門櫓《たもんやぐら》として区別される。江戸時代には「多門櫓」のほかに「多門」「長屋」「走櫓《はしりやぐら》」

などとも呼ばれた。織田信長と同盟したり対立したりした松永久秀が築いた多聞城（多聞山城《たもんやま》、奈良市）から始まったとされ、それを語源として近代の城郭専門書には「多聞櫓」と書かれている。しかし、江戸時代の記録では「多聞櫓」の表記は稀である。「多門」は長屋のことで、共同住宅の長屋も多門と呼ばれた。

多門櫓は一重が一般的であったが、厳重なものでは二重二階の例もわずかながら存在し、金沢城（石川県）の三十間長屋《ながや》が現存する。また、一重の多門櫓の端部に二階を設けて二重櫓とした例（熊本城宇土櫓の続《つづき》櫓《やぐら》）もある。多門櫓は究極の防衛線となるので、本丸を囲む城壁上や城門脇などの要所に設置された。

天守に付属する平櫓や二重櫓は、特に付櫓《つけやぐら》と呼ばれる。櫓門や二重・三重の隅櫓に続く平櫓（多門櫓を含む）は続櫓といい、天守と櫓門・隅櫓では、それに付属する櫓を呼び分けている。また、天守と小天守・隅櫓を連結する櫓は短い多門櫓であるが、天守に渡る廊下なので渡櫓《わたりやぐら》という。また、櫓門は城門上に櫓を建てたものであるが、門上を渡っているので、その櫓部分を渡櫓という。櫓門を櫓に含めて数え上げた場合は、「門櫓」と記された。

方位による櫓の名称

櫓の数が多かった姫路城では、イロハ順に機械的に命名されているが、一般的な城では、櫓に付けられる名称は多様であった。例えば、東・西・南・北という、郭内でその櫓が位置する方位に従って、東櫓や東隅櫓と呼ばれることは多い。同名となる櫓が複数ある時は、本丸東櫓・二の丸東櫓というように曲輪名を冠して区別する。

曲輪の隅部は、東西南北よりも四五度方向の東北や西南などとなるほうが多い。そこに立つ櫓を近代では、東北隅櫓・西南隅櫓のように呼ぶ。なお、地理学では南北を先に言うので北東や南西となるが、櫓の呼称は古風に東西を先に言うのが慣例となっている。

江戸時代には、方位は東西南北以外に、十二支を用いて表すのが一般的であった。北に子《ね》を置いて、時計回りに三〇度おきに、子・丑・寅・卯・辰・巳・午・未・申・酉・戌・亥を配置する。卯が東、午が南、酉が西になる。すると、東北は丑と寅の間になるので「丑寅《うしとら》」と呼び、それを一文字で「艮《うしとら》」と書く。同様にして東南は「辰巳（巽《たつみ》）」、西南は「未申（坤《ひつじさる》）」、西北は「戌亥（乾《いぬい》）」

である。したがって江戸時代には、一般的に、

東北隅櫓　丑寅櫓・艮櫓・鬼門《きもん》櫓
東南隅櫓　辰巳櫓・巽櫓
西南隅櫓　未申櫓・坤櫓
西北隅櫓　戌亥櫓・乾櫓

と呼ばれた。なお、東北は家相では鬼門の方角とされるので、東北隅櫓は「鬼門櫓」ともいう。現存例は、日出《ひじ》城（大分県）の鬼門櫓がある。また、臼杵《うすき》城（大分県）には卯寅口門《うとのくちもん》脇櫓《わきやぐら》という櫓が現存するが、卯と寅の間なので、ほぼ東北東の方角にある城門の脇に位置する櫓という意である。城によっては、細かい方角表示をしており、それには十二支が活用された。

名古屋城では、本丸未申櫓・本丸辰巳櫓・御深井丸《おふけまる》戌亥櫓が現存しているが、近代以降、それらを西南隅櫓・東南隅櫓・西北隅櫓と呼ぶ。本来は別々の曲輪の隅櫓だったものを城全体の隅櫓のように呼んでいることになる。名古屋城では、未申櫓は本丸以外に西の丸と二の丸にも存在したが、明治初期に多くの隅櫓を取り壊してしまったので、曲輪名を冠さずに呼んでいるに過ぎない。現在の呼称は歴史的に混乱を招くものである。

▲彦根城天守付櫓

▲彦根城太鼓門続櫓

規模・形状による櫓の名称

方位以外による櫓の名称は、規模・形状によるものがあった。また、後述するように、用途・格納物資・由緒・管理部署などに基づいた名称もある。

多門櫓や細長い平櫓では、規模によって命名されることがあり、その場合は桁行《けたゆき》の間数《けんすう》が用いられる。梁《はり》間《ま》は二間や三間が多いので、桁行の長さで区別するものである。熊本城や金沢城で見られる。前者では、東十八間櫓・北十八間櫓・五間櫓（以上は連結されて一連となる）、四間櫓・十四間櫓・七間櫓（以上は一連）が現存し、かつては百間櫓という長大な多門櫓が存した。後者では、三十間長屋が現存し、五十間長屋が再建されており、かつては四十間長屋・九十間長屋があって、それらは総て二重二階多門櫓だった。

二重櫓の特殊な形状のものに、重箱《じゅうばこ》櫓《やぐら》がある。上下階の平面が同大の二重櫓は、二段重ねの重箱のような形状から重箱櫓と呼ばれた。江戸城本丸正門の中雀門《ちゅうじゃくもん》枡形《ますがた》に「重箱櫓」と呼ばれた二重櫓があった。重箱櫓は、一般的に一階平面が小規模で、二階を逓減《ていげん》できないような場合に専ら応用され、平《ひら》三間に妻《つま》二間のものが多く建てられた。重箱櫓の一重目屋根は、壁面に取

▲臼杵城畳櫓
大型の重箱櫓。上下階を同大に造ると一階の梁組を単純化でき、櫓の量産に適している。臼杵城や犬山城（愛知県）では重箱櫓を多数建てていた

▲高崎城乾櫓
小型の重箱櫓。特に小型の二重櫓は二階を逓減できないので必然的に重箱櫓となる。二階の階高も極限的に低い

◀金沢城石川門櫓
菱櫓。一階平面が平行四辺形であって、写真右隅が鈍角、左手前隅が鋭角になっているが、注意して見ないとそれに気づかない

り付けただけの腰屋根《こしやね》であって構造的に弱く、当初は軽量で簡易的な板葺《いたぶき》だった櫓も少なくなかった。その場合は、一重目屋根を算入せずに平櫓に扱われた。小規模な重箱櫓の現存例は、高崎城（群馬県）乾櫓だけである。姫路城カの櫓は、五間に三間の大型の重箱櫓であり、臼杵城畳櫓や岡山城西の丸西手櫓も大型の重箱櫓である。

平面が平行四辺形や菱形に歪んだものを菱櫓《ひしやぐら》といい、大坂城山里丸《やまざとまる》や金沢城など各地にあった。曲輪の隅部が直角ではなく、鈍角になっている所に櫓を建てると菱櫓となってしまう。望楼型天守では基部の入母《いりも》屋造《やづくり》の屋根で平面の修正をして上重は長方形や正方形にするが、二重櫓では上重が歪んだままでも構わないので、構造が簡単な層塔《そうとう》型を採用する。そのため、上重が歪んだままになってしまい、菱櫓と呼ばれるのである。金沢城では、一階平面が歪んだ望楼型三重櫓を変則的に菱櫓と呼んでおり、それが再建されている。現存する石川門枡形に建つ二重櫓も、平行四辺形平面の二重櫓である。その一方、築城年代が天正期に遡る姫路城では、櫓台が歪んでいるのは当たり前で、二重櫓のル・ワ・カの櫓・「に」の門続櫓、平櫓のイの渡櫓・トの櫓などが菱櫓に相当するが、ことさら菱櫓とは呼ばれていない。

特殊な用途の櫓

櫓は、籠城時には敵に対する物見、弓や鉄砲の射撃の陣地、兵員の寝泊まりなどに使われ、平時においては主に倉庫として使われていたが、特殊な用途がある

▲岡山城月見櫓
城内側。二階の縁側の雨戸を開けたところ

場合には、それを櫓の名称とした。月見櫓・富士見櫓・潮《しお》見櫓《みやぐら》・太鼓櫓《たいこやぐら》・台所櫓・井戸櫓・着到櫓《ちゃくとうやぐら》などがあった。

江戸時代の城主は櫓には決して上がらなかったが、月見櫓は例外だった。月見の宴のために、上階の東南の開口部をゆったりと取り、上る満月を眺められるようにする。岡山城本丸月見櫓（二重二階、地下一階）と松本城天守に付属する月見櫓（一重一階、地下一階）が現存し、ともに縁側を設けた優雅な櫓である。また現存の高松城（香川県）北の丸（新曲輪）月見櫓（三重櫓）は、別名が着《つき》見櫓《みやぐら》であって、海からの着船を監視した櫓と言われ、内部が質素で上階の開口部も大きくなく、典型的な月見櫓ではない。

富士見櫓は、東海・関東地方の城に設けられた。江戸城本丸に現存する三重櫓が富士見櫓と呼ばれる。川《かわ》越《ごえ》城（埼玉県）では、天守代用の三重櫓が富士見櫓（櫓台の土塁だけ現存）と呼ばれた。浜松城（静岡県）では本丸の高台にあった平櫓を富士見櫓と呼んだが、櫓跡の発掘調査では城内側が開放的に造られた座敷だったことが分かり、城主がこの富士見櫓内に立ち入ったことが推測される。潮見櫓（赤穂《あこう》城〈兵庫県〉・宇和島城〈愛媛県〉・福岡城）は海城《うみじろ》にあって、潮の満ち引き

▲江戸城富士見櫓

▲広島城太鼓櫓（戦災前）

を監視したもので、城主は入らなかった。

　太鼓櫓は、江戸時代に最も活用された重要な櫓で、城門の扉の開閉を指示する合図の太鼓を打った場所である。掛川城《かけがわ》（静岡県）に現存例があり、原爆で焼失した広島城二の丸太鼓櫓が復元されている。なお、姫路城に現存する太鼓櫓は、往時は太鼓櫓としては使われておらず、本来の太鼓櫓は内郭正門の桜門脇にあった三重櫓だった。また、櫓門の渡櫓が太鼓を打つ場に用いられた例もあり、それは太鼓門と呼ばれた。太鼓門の現存例は、彦根城と土浦城（茨城県）にある。不開門《あかずのもん》などを除いて総ての城門は、日の出とともに一斉に開き、日の入りとともに一斉に閉じられていた。城門を開閉する門番にその刻限を指示し、城門を通行する藩士や城下町の町人にそれを知らせる必要から、総ての城に太鼓櫓あるいは太鼓門が設けられていた。城内や城下町の隅々まで太鼓の音を届かせるため、一般的に城の表側に位置する二重櫓の二階に太鼓が置かれた。松江城二の丸に再建された太鼓櫓は、高石垣上に聳《そび》えているので、平櫓である。城によっては、太鼓の代わりに鐘を使い、それを鐘櫓という。福山城（広島県）に現

▲福山城鐘櫓　多門櫓の上に鐘楼を載せたもの

▲姫路城井郭櫓　井戸枠の周りの板敷きは流し

存する鐘櫓は、多門櫓の屋根上に二階を上げたものである。

台所櫓は、山城《やまじろ》や平山城《ひらやまじろ》の本丸に置かれ、籠城の際の炊事に使われた。城内の御殿には大規模な台所が必ず建てられたが、広い御殿が建てられない狭い本丸の場合には、台所だけを独立して建てて籠城に備えていた。現存しないが姫路城本丸（備前丸）や宇和島城本丸（台所の礎石が現存）には、そうした大きな台所があった。姫路城の連立式天守では、その中庭にも二階建ての台所（現存）がある。その一方、独立した台所を設けず、櫓内を台所とした例が大洲城《おおず》（愛媛県）の台所櫓で、天守と渡櫓で連結している。その台所櫓の一階は六間に四間もあって一般的な櫓より大きく、炊事のために一階の三分の一を土間にしている。

井戸櫓は、文字通り内部に井戸をもつ櫓である。姫路城に現存する井戸櫓（今は井郭櫓《いのくるわやぐら》と呼ばれる）は、内部に井戸を設けた平櫓であって、井戸端が広いので櫓内は井戸が四分の一を占める。姫路城内では、天守群の北腰曲輪《きたこしぐるわ》の口の渡櫓内にも井戸がある。岡崎城（愛知県）天守の付櫓は井戸櫓であった。

着到櫓は、籠城や合戦に先んじて味方の将兵の参陣を検分する物見櫓である。十七世紀初期に記された大工技術書『愚子見記《ぐしけんき》』などによると、本丸と二の丸の間に建て、三重櫓が望ましいとする。現存例はなく、着到櫓と呼ばれた実例も少なかったが、三原城（広島県）本丸正面や府内城《ふない》（大分市）大手門脇（東の丸隅）にあった着到櫓は、二重櫓であって、本丸や二の丸へ到着する軍勢を検分できた。

格納物資による櫓の名称

以上のような用途に対して、平時における格納物資を櫓の名称とした例は、はるかに多い。名称から格納物資が直ちに分かるので、便利である。格納物資には、籠城に備えた兵糧、籠城時に使う武器や武具、御殿で使う物品類がある。津山城（岡山県）には、兵糧を納めた塩櫓・干飯櫓《ほしいいやぐら》・荒和布櫓《あらめやぐら》・道明寺櫓《どうみょうじやぐら》、武器・武具を納めた鉄砲櫓・弓櫓・玉櫓・長柄櫓《ながえやぐら》・昇櫓《のぼりやぐら》、物品を納めた紙櫓・白土櫓《はくどやぐら》などがあった。岡山城本丸には、干飯櫓・旗櫓・槍櫓・弓櫓・大納戸櫓《おおなんどやぐら》・小納戸《こなんど》櫓《やぐら》・数寄方櫓《すきかたやぐら》・伊部櫓《いんべやぐら》・油蔵櫓《あぶらぐらやぐら》などがあった。

兵糧では、塩・糒《ほしいい》（干飯《ほしいい》）・荒和布（荒布《あらめ》）が一般的である。塩は櫓に蓄えれば塩櫓というが、土蔵に蓄えた場合は塩蔵という。岡山城天守の付櫓（二重二階）の一階には塩が蓄えてあったので、その階は塩蔵と呼ばれた。糒は米を蒸して乾燥させた非常食で、炊かなくても直ぐに食べられた。籠城には不可欠な兵糧であったが、泰平の世が続くとその維持経費が大変で、莫大な量の糒を定期的に入れ替えることができず、江戸時代後期以降は放置されることが多かったと思われる。荒和布は若布《わかめ》を分厚くしたような海藻で、乾燥させると体積が極めて小さくなるので保存食として有益であった。野菜の代用として多くの城で貯蔵されていたが、これも泰平の世になると放置されることになった。津山城にあった道明寺櫓は、道明寺粉《どうみょうじこ》（干飯の一種）を納めた珍しい櫓だった。

　幕末に編纂された『金城温古録《きんじょうおんころく》』によると、名古屋城では、糒は木箱に入れて糒多門（本丸北多門櫓）や本丸丑寅櫓・御深井丸土蔵などで保管され、荒和布は俵に詰めて荒和布多門（本丸東中央多門櫓）に入れてあった。元禄四年（一六九一）に調査したところ、古い糒は腐ったり鼠がかじったりして散々であって、一割ほどが廃棄されたという。糒多門には当時、糒五十四石（約九・七二立方メートル、一〇八〇〇人日分）、荒和布多門に荒和布は八千六百四十貫（約三二トン）もあったという。文政六年（一八二三）の調査では、荒和布の量は不明とあって、俵が腐って古びた荒和布が山になっていたらしい。なお、兵糧で最重要の米は莫大な量が必要だったので、櫓では到底納まり切れず、巨大な米蔵を六棟も建てて保存されていた。

　櫓に格納された武器・武具類には、鉄砲・弓・弓矢・石火矢《いしびや》（大砲の一種）・大筒《おおづつ》（同）・槍・玉（弾丸）・焔硝《えんしょう》（塩硝《えんしょう》、火薬の材料）・具足（鎧兜）・旗（旗指《はたさし》物《もの》、敵味方の区別のため背中に差した小旗）・馬具・武具（鎧兜等の防具）などがあった。それらにより鉄砲櫓・弓櫓などの名称が付けられた。これらの武器・武具の多くは、籠城や出陣に際して主に足軽などの兵卒に支給されるものであった。したがって、鉄砲櫓は鉄砲を撃つ櫓ではなく、大量の鉄砲を格納しておく櫓である。一城に鉄砲櫓は一棟しかないので、その内部は鉄砲で埋め尽くされていたであろう。なお、士分の者については武器・武具は自前である。刀・脇差は当然に自前なので、刀櫓は存在しない。

　そのほかの物品類を収めた櫓には、大納戸櫓・小納戸櫓・家具櫓などのように御殿で使われる道具や什器などを収めた櫓や、紙櫓・油櫓・味噌櫓・書物櫓・御帳櫓・銭櫓など台所や役所で使う物品を収めた櫓があった。

なお、役所が管轄する物品倉庫として使われた櫓については、所管する役所（役職）の名によって数寄方櫓・掃除方多門《そうじかたたもん》などのように「方」を付けたり、幕府が支配した大坂城では、具足方預櫓《あずかりやぐら》・鉄砲方預櫓・弓方預櫓・大番頭預櫓のように「預櫓」と呼んだ。臼杵城の畳櫓も畳方が管理する櫓だったと考えられる。

特別な由緒による櫓の名称

用途や格納物資による名称だけではなく、伏見櫓・千貫櫓《せんがんやぐら》といった特別な由緒などから命名された櫓もある。それらの櫓は特別な名称をもつことが重要であって、天守とともに城の権威を示す役割があった。

伏見櫓は、豊臣秀吉が京都郊外の伏見に築城した伏見城から移築された櫓であることを誇示する名称である。晩年の秀吉は本城の大坂城ではなく、伏見城を本拠としていた。慶長五年（一六〇〇）の関ヶ原の戦い前に西軍に攻められて伏見城は落城焼失し、戦後に徳川家康の命令で再築された。したがって江戸城が天下を制する将軍の府城として不動の地位を得る以前、伏見城は全国を制する政治の中心だった城である。伏見城は元和五年（一六一九）に廃城が決定された。伏見城天守は二条城へ移築され、主要な櫓は江戸城西の丸、大坂城二の丸、福山城本丸、尼崎城《あまがさき》（兵庫県）本丸な

▲大坂城千貫櫓と大手門
大手門を守る千貫櫓は石山本願寺の堅固な櫓の故地に建つという

どへ移築された。江戸城伏見櫓（二重櫓）は関東大震災で大破し、大坂城伏見櫓（三重櫓）は太平洋戦争で戦災焼失し、尼崎城伏見櫓（三重櫓）は明治初期に取り壊された。なお、大坂城伏見櫓は新式の層塔型だったので、そのまま移築されたものではなく、大改造されたか、あるいは移築自体が誤伝だったかもしれない。城戸久博士は移築説を否定している。

福山城は、西国外様《とざま》大名を監察する役割をもって譜《ふ》代《だい》大名・水野勝成《かつなり》が築城した大城郭で、現存の伏見櫓（三重櫓）はその象徴としての役割があった。なお、福山築城以前に当地方の中心だった神辺《かんなべ》城（広島県福山市）は廃城とされ、神辺城から福山城へ移築された櫓は、神辺一番櫓（三重櫓）・二番櫓（二重櫓）・三番櫓（三重櫓）・四番櫓（二重櫓）の名称をもった。当該地方の支配権力を福山城が継承したことを顕示したと言える。

大坂城の大手門脇に現存する千貫櫓は、かつてこの地にあった石山本願寺を織田信長が攻めた時に、横矢の強力な櫓の攻略に手を焼き、その攻略の恩賞に千貫を懸けたという伝えによって命名された。石山本願寺跡に築かれた豊臣大坂城から徳川再築大坂城に櫓名が継承されたらしく、由緒深い。

▲福山城伏見櫓
福山城の格式を高めるため、目立つ本丸正面に伏見城から移築された

御殿の一部とされた櫓

平山城の本丸は平城《ひらじろ》に比べて狭かったので、本丸御殿の殿舎の総てを郭内の平地に並べることは困難であった。正確に言えば、安土桃山時代の御殿なら収まっ

たが、江戸時代の肥大化した御殿となると敷地不足になったのである。江戸時代になると、城主（藩主）と家臣が対面する専用殿舎の表御殿（玄関・広間・書院）、城主が居住した中奥《なかおく》（居間・寝間《ねま》・湯殿《ゆどの》・茶室など）、台所、藩政の執務が行われた役所、城主の休息所である奥御殿（奥居間・奥寝間・長局《ながつぼね》など）、および付属屋（番所・供腰掛《ともこしかけ》・土蔵など）が必要となった。

安土桃山時代に築城された城郭では、本丸が旧規格で狭かったので、江戸時代になると、その狭い本丸を見限って二の丸や三の丸などに城主の御殿を移転させた例が多い。姫路城がその代表例であった。姫路城では、三の丸に城主の御殿を移転したが、本丸（備前丸）に建つ櫓や多門櫓内部は対面所（明治に焼失）や長局（焼失）などに使われ、現存する折廻《おれまわ》り櫓《やぐら》・帯《おび》の櫓《やぐら》の内部も座敷である。および西の丸の多門櫓であるカの渡櫓・ヨの渡櫓は長局、化粧櫓は座敷である。なお、長局は御殿女中の住まいであった。

その一方、狭いながらも旧来の本丸の御殿機能を維持した城郭では、隅櫓・多門櫓などの内部を御殿の一部に使っていた。例えば丹波《たんば》亀山城（京都府亀岡市）では、多門櫓を長局に使っていた。また、津山城では徹底して櫓の内部を有効利用しており、本丸正門の表《おもて》鉄門《くろがねもん》（櫓門）二階が御殿入り口の式台《しきだい》と広間、備《びっ》中櫓《ちゅうやぐら》（再建）が奥御殿、それに続く多門櫓が長局、裏鉄門《うらくろがねもん》二階が御殿の廊下であった。現存する高知城本丸納戸蔵《なんどぐら》は、城外側から見ると短い多門櫓で、内部は本丸御殿に付属する座敷である。

第二節　天守代用櫓

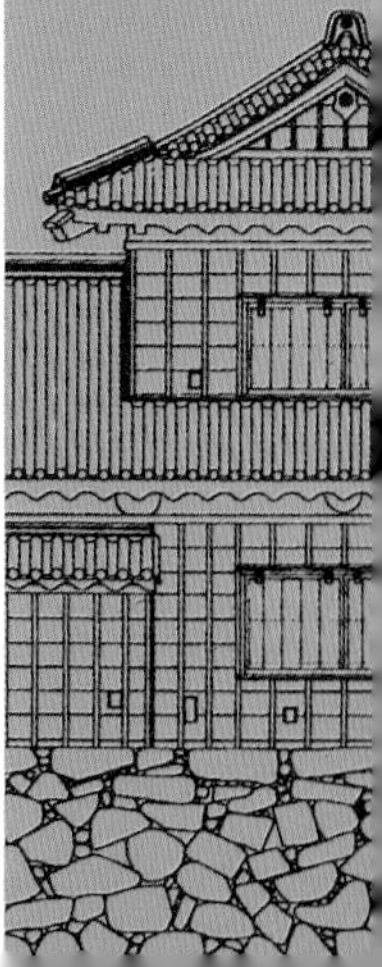

天守の再建と新造

元和元年（一六一五）の武家諸法度の公布によって、城の新規築造や増築が原則的に禁じられてしまった。天守は城の象徴であるため、その新規建造も禁止されたものと解釈される。したがって、法度公布時に天守が未建だった城では、幕末に至るまで原則的に天守は新造されなかった。

しかし、法度公布時に天守をもっていた城では、天守の所有がいわば既得権益と見なされ、その天守の造《ぞう》替《たい》や再建を行ったとしても、城の新造や増築には当たらない。そのため天守の再建や造替については、一般的に幕府は許可していた。高知城・松山城（愛媛県）・和歌山城・小田原城（神奈川県）など多くの城では、火災等で失われた天守の再建が行われている。また、宇和島《うわじま》城（愛媛県）・高松城（香川県）・備中《びっちゅう》松山城（岡山県高梁市）・会津若松城（福島県）などでは老朽化した天守の造替（大改修を含む）が行われた。法度は、新たに城を築いたり、防備を増強したりすることを禁じて現状維持を命じたものだったので、当然な権益である。

この権益は個々の城に与えられていたもので、必ずしも大名家に与えられたものではない。天守のある城から天守がない城へ大名が転封《てんぽう》しても、一般的には天守を新造していない（あるいは許可されていない）。例えば、二重天守をもつ笠間《かさま》城（茨城県）から赤穂《あこう》へ転封した浅野氏は、新たに赤穂城（兵庫県）を築き、本丸に大きな天守台まで築造したが、天守は不建に終わった。もちろん転封を繰り返していた譜代《ふだい》大名たちには、天守所有の権益は全くなかった。

ただし、城に関する幕府の政策は、法度以外は不文律であり、総ての城や大名に普遍的に適用されるものではなく、さらに法度の例外的な許可も少なくない。島津（鹿児島城）・黒田（福岡城）・鍋島（佐賀城）・小笠原（小倉《こくら》城〈福岡県北九州市〉）・藤堂（津城・伊賀上野城〈ともに三重県〉）・越前松平（福井城）・前田（金沢城）・水戸徳川（水戸城）・伊達（仙台城〈宮城県〉）・上杉（米沢《よねざわ》城）・最上《もがみ》（山形城）・佐竹（久保田城〈秋田市〉）といった大身の大名の城では、当初から天守がないか、あるいは途中で天守を喪失しても再建していない。その事情については、幕府からの直接規制や幕府への憚《はばか》りによる自主規制、あるいは江戸時代中期以降の財政難、外様《とざま》と譜代《ふだい》・親藩《しんぱん》の差などの要因があって、一律には判断できない。

そのようなさまざまな事情で天守をもたなかった城では、天守の代用として（あるいは代用だったと推測される）三重櫓《やぐら》が存在した例が少なくなかった。

天守代用の三重櫓

元和当時に天守がなかった城では、それ以後、一般的に公式な天守の創建は認められなかったので、天守を欲した大名は三重天守級（一般的に一階の平《ひら》側の規模が六間《けん》以上）の三重櫓を建てて、「三階櫓」や「三重櫓」と公称して、天守の代用とした。また、元和当時に天守を有していても、その後に天守を喪失した時に天守をもてない家格（概ね五万石未満）だった場合や、幕府に遠慮して正式の天守を建てなかった場合でも三重櫓で代用された。

なお、四重以上は総て天守と見なされたので、四重の天守代用櫓はない。また、二重では天守らしくないので、二重の例もない。小松城の本丸櫓は二重三階であったが、天守台上に建つ数寄屋《すきや》風楼閣《ろうかく》だったので例外である。したがって、天守代用櫓は三重櫓に限られる。内部の階数は天守の格式には無関係なので、天守代用の三重櫓には、三階・四階・五階の例があった。

現存する丸亀城天守と弘前《ひろさき》城天守が、天守代用の三重櫓の好例である。丸亀城は、元和元年（一六一五）の一国一城令で廃城となっていた城を、寛永十八年

（一六四一）に転封してきた五万石の山崎氏が再築したものである。弘前城は、寛永四年に天守を落雷焼失したが、四万七千石だった津軽氏には天守再建が許されず、十万石に列したのを機会に文化七年（一八一〇）に悲願だった天守再建が成就した。それが現存天守であるが、実質的には天守であっても、名目上は三重櫓だった。

二十五万石で徳川御三家の水戸城ですら、天守の創建が法度公布に間に合わず、天守代用の三重櫓（戦災焼失）だった。しかし、三重櫓とはいえ、三重五階の高楼《こうろう》で、規模は公式天守の宇和島城天守より大きかった。有力大名の上杉氏の米沢城、前田氏の金沢城、越前松平氏の福井城、池田氏の鳥取城などにあった、三重天守を超える巨大な三重櫓も天守代用櫓であった。

そうした天守代用の三重櫓と公式な天守との相違は、幕府が公認したか否かだけにあって、規模や意匠においてはほぼ同等だった。それとは対照的に、天守代用の三重櫓とそれ以外の三重櫓とでは、一般的に窓の配置が異なる。備中松山城天守のような例外はあるが、一般的に天守や天守代用三重櫓は四方に向けて窓を開く。それに対して通常の櫓は城内側に向けて窓を開かない。天守は籠城時に城の四方を見渡す物見《ものみ》の役割があるが、櫓は局地的な防備が役割なので、城外側だけを見渡せれば用が足りるからである。また、城内側に窓を開くと、郭内の御殿を見下ろしたり、郭内の火災に類焼したりする不具合が生じるからである。

また、千鳥破風《ちどりはふ》や唐破風《からはふ》は装飾効果が高いので、天守や天守代用三重櫓では、四面に多用される傾向があるが、通常の櫓では、天守より破風の数を減らしたり、全く破風を設けなかったりする。現存する彦根城西の丸三重櫓には全く破風がない。城外側にだけ破風を設け、城内側には破風なしとする櫓の例も多く、現存の名古屋城本丸の隅櫓《すみやぐら》がその好例である。

天守と同等の意匠をもった天守代用三重櫓は、四面とも窓や破風を設けているので、どちらから眺めても正面であるとして、「八方正面の櫓」と呼ばれた。「八方正面の櫓」は、「三階櫓」や「御三階」などとともに天守代用三重櫓を意味した。

天守代用櫓の例

次に、主な天守代用三重櫓を挙げておく。近世城郭としての築城や改修が、西日本より遅れて元和以降になった関東・東北地方に多かった。また、天守とは違って、ほとんどの例が明治維新まで存続し、明治初期の廃城で取り壊されている。

◆福山城（松前城、北海道） 旧国宝、昭和二十四年（一九四九）焼失、鉄筋コンクリート造で再建

◆弘前城（青森県） 重要文化財、旧天守台は別に現存

◆白石《しろいし》城（宮城県） 大櫓、木造で再建

◆米沢城（山形県） 本丸にあった二基の三重櫓のうち東北隅のもの

◆白河《しらかわ》小峰《こみね》城（福島県） 木造で再建

◆三春《みはる》城（福島県） 望楼《ぼうろう》型

◆水戸城（茨城県） 三重五階、戦災焼失

◆古河《こが》城（茨城県） 三重四階

▲福山（松前）城三重櫓（焼失前）

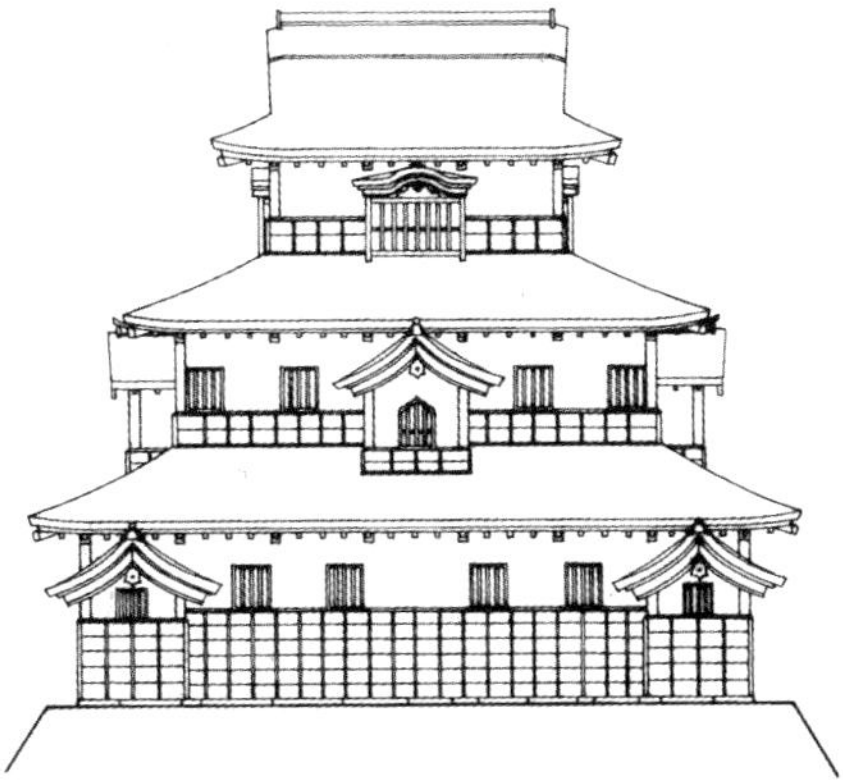

▲米沢城本丸丑寅櫓復元立面図

◀古河城三階櫓（取り壊し前）

◆高崎城（群馬県）
◆川越《かわごえ》城（埼玉県）　富士見櫓
◆忍《おし》城（埼玉県行田市）
◆関宿《せきやど》城（千葉県野田市）
◆長岡城（新潟県）
◆新発田《しばた》城（新潟県）　木造で再建
◆高田城（新潟県上越市）　木造で模擬再建
◆金沢城（石川県）　三重五階、望楼型、宝暦九年（一七五九）焼失
◆小松城（石川県）　本丸櫓　二重三階、数寄屋風楼閣
◆福井城本丸巽櫓《たつみやぐら》　四重五階天守を焼失後に建築
◆吉田城（愛知県豊橋市）　鉄櫓《くろがねやぐら》、鉄筋コンクリート造で模擬再建
◆岩村城（岐阜県恵那市）　追手三重櫓
◆津城（三重県）　本丸丑寅櫓《うしとらやぐら》・戌亥櫓《いぬいやぐら》　天守台上にあった代用三重櫓は焼失
◆伊勢亀山城（三重県）　公式天守を江戸時代前期

▲新発田城三階櫓（取り壊し前）

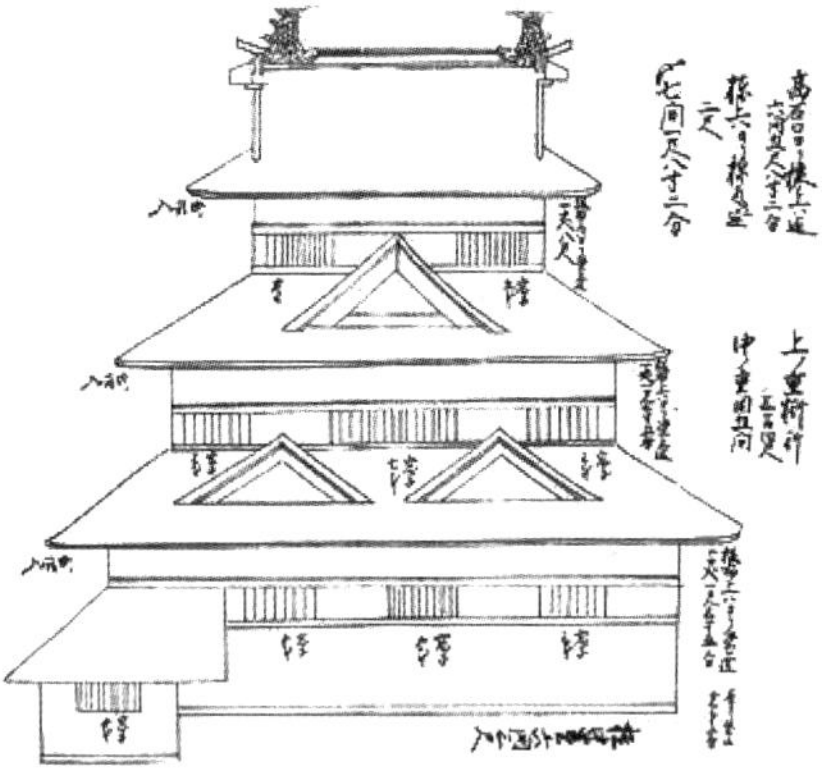
▲高崎城三階櫓絵図

▶福井城本丸巽櫓（取り壊し前）

に取り壊した後に建築
◆園部城《そのべ》（京都府南丹市）小麦山三階櫓、明治二年（一八六九）創建
◆明石城《あかし》（兵庫県）本丸　坤櫓《ひつじさるやぐら》　重要文化財、天守台は別に現存するが天守は不建
◆鳥取城二の丸三階櫓　本丸にあった二重天守は元禄五年（一六九二）に焼失
◆丸亀城（香川県）重要文化財
◆久留米城（福岡県）本丸巽櫓
◆岡城（大分県竹田市）
◆延岡城《のべおか》（宮崎県）

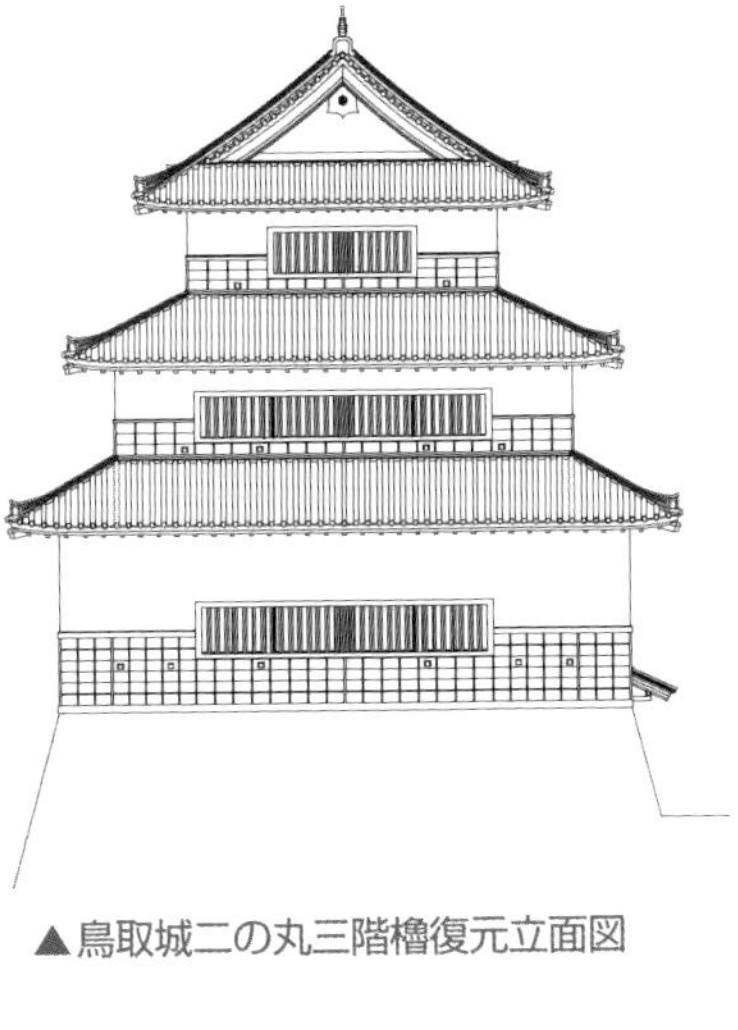
▲鳥取城二の丸三階櫓復元立面図

▲明石城本丸坤櫓

第三節　櫓の構造

櫓の平面と構造

一般的に櫓《やぐら》の一階平面は天守より小さい。現存最小の公式天守である宇和島《うわじま》（愛媛県）城天守は六間《けん》四方であるが、天守代用三重櫓だった丸亀城（香川県）・弘前《ひろさき》城（青森県）の天守は六間に五間である。しかし、名古屋城の本丸隅櫓《すみやぐら》（二重三階櫓）は七間に六間、大坂城の二の丸隅櫓（二重二階櫓）は八間に七間や七間に六間もあって、幕府が築いた城の隅櫓は三重天守より大きな一階平面をもつ。

天守代用三重櫓、あるいは江戸城・名古屋城・大坂城・二条城の巨大な隅櫓のように、概ね五間に四間以上のものは、天守と同じように、一階平面の中央に身《も》舎《や》を置き、身舎は一室から数室の部屋に仕切る。十七世紀中期以降のものは、間仕切りの戸や壁を省略して柱だけを立てることも多い。身舎の四周には廊下状の入側《いりがわ》（武者走《むしゃばし》り）を廻らせる。入側の幅は一間が普通であるが、大坂城の隅櫓は平面が特に大きいため一間半とする。身舎境の間仕切りを省略した場合は、弘前城天守・彦根城西の丸三重櫓・高松城（香川県）旧東の丸艮《うしとら》櫓（三重櫓）・新発田《しばた》城（新潟県）旧二の丸隅櫓（二重櫓）のように半間とすることが多いが、そうした例では入側柱も間引くことが多いので、入側を設けたというよりは補強柱を外壁から半間の位置に加えたとみることもできる。

天守や櫓に用いられる梁は、太い材が得やすかった松が圧倒的に多い。松材の梁は利便性と経済性（強度）から長さ二間から三間が普通である。一間未満では、柱間隔が狭すぎて不便である。三間を超えると折れやすくなるので極端に太い材が必要となって不経済であ

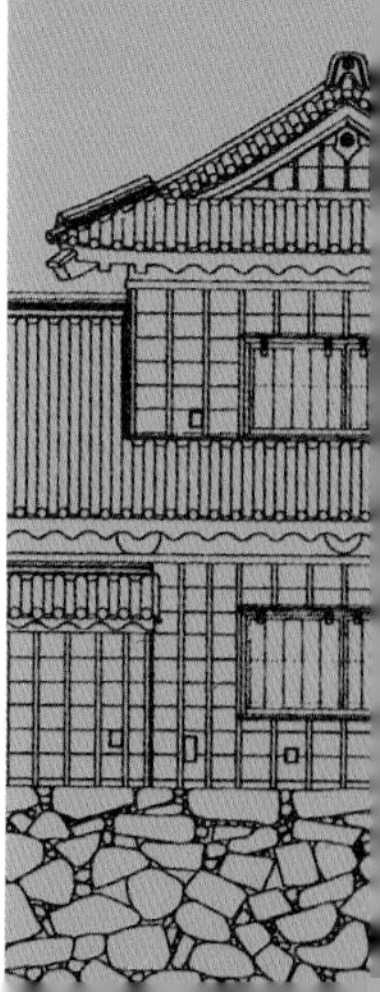

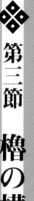

る。したがって、梁が渡る方向である妻《つま》側（梁間《はりま》）が二間や三間しかない小型の櫓では、表側から裏側まで一本の梁で架け渡せるので、内部には柱は全く不要である。小型の櫓では、内部には柱は一本もなく、外壁にだけ柱（側柱）が立つ。

　また、大型の櫓では入側柱が立て並べられるので、表側と裏側の入側柱の距離が三間以下ならそこに梁を渡し、名古屋城や大坂城のように三間を超える場合は、身舎内に間仕切りの柱を加えて梁間が三間以下となるようにする。

　妻側が三間を超え、入側がない場合は、櫓の中央部に独立した太い柱を一本（稀に二本）立て、その柱に牛梁《うしばり》という太い梁を桁行方向に渡し、牛梁上に直交させて梁を架ける。すなわち三間を超える梁は、その途中で下から牛梁で支えて強度を高める。牛梁上で梁を継ぐことも多い。上田城（長野県）の西櫓（二重櫓）では、牛梁の中央を太い丸太柱で支えている。

▲松山城一の門南櫓
柱がない小型櫓の内部。３間に２間の平櫓で、梁（写真上方）は長さ２間しかない

柱間の寸法

　柱間の寸法の決め方は、天守と櫓ではかなりの相違がある。天守では京間《きょうま》の六尺五寸間が基本であって、地方によっては六尺三寸間や六尺間などが使われ、十七世紀中期以降になると、補強のために短い寸法も現れた。

　ところが櫓では、幕府の城は別として、六尺五寸間は少数派であって、六尺三寸間や六尺間など短い柱間が多く用いられた。さらには六尺未満の短い柱間寸法も多々見られる。それらについては、補強のために柱

▲上田城西櫓
独立柱と牛梁。櫓の中央に太い柱を１本だけ立てて牛梁を支え、牛梁に直交して梁を架け並べる

を密に立てた場合もあるが、櫓台の平面規模が天守と比べて格段に小さく、石垣築造誤差を入側幅で吸収できないため、石垣の実長に柱間を単純に割り付けた場合も多々あった。そうした場合では、中途半端な柱間寸法となっている。さらには、建築年代や城主の違いによって、同じ城内でも櫓ごとに相違した基準柱間寸法になっていることも珍しくない。

櫓の平面の歪み

石垣の築造技術が未完成だった時期には、石垣の屈曲部が直角とはならず、鈍角や鋭角になってしまうのが常であった。特に慶長五年（一六〇〇）の関ヶ原の戦い以前に築造された石垣は、最初から直角ではなく意図的に鈍角に折り曲げた例も多く、鎬隅《しのぎすみ》と呼ばれる。石垣の隅部が正確に直角となるのは、概ね慶長十五年以降である。

『図説 近世城郭の作事　天守編』で詳しく述べたように、望楼《ぼうろう》型天守では、歪んだ平面であっても、基部の入母屋造《いりもやづくり》の屋根で見切りをつけ、その上に載る望楼部は歪みのない正方形や長方形平面にできた。その一方、新式の層塔《そうとう》型天守では、基部に入母屋造の屋根がないので、歪んだ天守台には建てることができなかった。それに対して櫓では、平面の歪みはさほど気にされず、歪んだ平面をもつ層塔型の二重櫓は珍しくない。そうした二重櫓は、その平行四辺形や台形平面から菱《ひし》櫓《やぐら》と呼ばれる。

大坂城本丸北の山里曲輪《やまざとくるわ》東北の鎬隅にあった菱櫓（二重櫓）は、まるで雛祭りの菱餅みたいな形状で、史上随一の扁平な菱形平面であった。西北の鎬隅では、城外側を鈍角に、城内側を直角に建てた台形平面の二

▲姫路城トの櫓
歪みの著しい櫓。小型の切妻造の平櫓で、平行四辺形に近い台形平面。歪んだ櫓の多い姫路城内でも顕著な例。写真右隅が鋭角、左手前隅が鈍角になっており、菱櫓であることは誰でも気づく

重櫓が建てられていて、片菱櫓と呼ばれた。望楼型の菱櫓は、金沢城(石川県)石川門枡形《ますがた》の隅櫓が現存する。なお、平櫓《ひらやぐら》は平行四辺形や台形のものが珍しくはないが、一般的にそれらは菱櫓とは言わない。歪みの著しい現存例では、姫路城トの櫓が挙げられる。「と」の一門の続櫓《つづきやぐら》であるが、櫓台の平面が著しく歪む。

安価な櫓

櫓は天守に比べて平面や階数がかなり小規模なため、柱や梁には細い材が使われる。柱は五寸（一五センチ）角以下のものも多い。材質は高級な檜は珍しく、松や杉や栗といった安価な樹種が一般的であった。

柱の表面も手斧《ちょうな》で削っただけで、鉋《かんな》が掛かっていない荒仕上げが一般的である。それだけではなく、皮を剝《む》いただけの丸太柱もかつては多く使われていた。丸太ではないにしても、柱の角に皮を剝いただけの部位が残った面皮柱《めんかわばしら》は多くの櫓に使われた。上下の太さに差が少ない面皮柱は、茶室や数寄屋《すきや》に使われる高級材であるが、櫓に使われた面皮柱は根元が太く、上部が細くなる低級材が普通で、上部は平らな面がなくなって丸太になった柱も平気で使われ、柱自体が少し曲がっている雑材もまま見られた。そうした現存例では、大洲《おおず》城（愛媛県）三の丸南隅櫓が挙げられるが、昭和の修理によって大半の柱が通常の角柱に取り替えられているので、当初材の柱を捜さなければならない。櫓門の渡櫓《わたりやぐら》では、丸亀城大手門が丸太柱を使う典型例である。

ところで、明治初期の廃城時に全国で夥《おびただ》しい数の櫓や城門が競売に掛けられて取り壊された。その結果、高麗門《こうらいもん》や薬医門《やくいもん》は社寺の門として移築されているが、櫓や櫓門の移築例は珍しい。櫓に使われていた材木が

▲大洲城三の丸南隅櫓
丸太材の柱。柱は総て丸太または面皮柱であって、しかも少し曲がっている。梁を受ける太い側柱の間に立つ間柱は、間伐材よりも細くて、もはや柱とは言い難い。壁は中塗り仕上げのまま

明治初期の民家と比べて低級なもので、さらにその時期には耐用年限に近づいていたため、薪にしかならなかったからであろう。なお、近年に木造再建された櫓の大部分には、高級な無節の檜が使われており、本来の櫓の姿を誤解させている。高級な檜材の使用は、名古屋城など一部の城の櫓に限られていたのである。

破風

最上重および望楼型の基部に使われる入母屋破風《いりもやはふ》は別にすると、櫓には千鳥破風《ちどりはふ》や唐破風《からはふ》や切妻破風《きりづまはふ》といった飾りの破風の使用は少ない。飾りの破風を全くもたない櫓がむしろ標準的であった。天守や天守代用の三重櫓に破風が多く飾られるのとは対照的である。

飾りの破風をもつ隅櫓が現存する城は、江戸城・名古屋城・二条城・大坂城といった幕府系の城や、姫路城・明石城（兵庫県）・岡山城・高松城といった大城郭に限られる。幕府系の城では、出窓型の石落《いしおとし》の上に破風を設けて飾っており、それが特徴となっている。なお、弘前城・松山城（愛媛県）・熊本城などにある古い望楼型の櫓では、基部の入母屋破風や屋根裏階の明《あ》かり採《と》りの千鳥破風が見られるが、飾りのための破風ではない。

櫓に飾りの破風を全くつけなかった城は、古写真で確認すると、土浦城（茨城県）・津城（三重県）・府内《ふない》城（大分市）などがあった。今治《いまばり》城（愛媛県）では、本丸北隅櫓を除いて、城内に多数あった二重櫓には破風がなかった。その唯一の例外の本丸北隅櫓は、天守を失った今治城のいわば天守代用櫓だったので、千鳥

▲新発田城旧二の丸隅櫓
飾り破風のない櫓

▲姫路城二の櫓
軒唐破風をもつ平櫓

破風を一つ設けて飾られていた。本丸北隅櫓があった櫓台は改造されて、現在は模擬五重天守が建てられている。

平櫓は格式が低いので、妻の入母屋破風や切妻破風しかないが、姫路城の二の櫓には軒唐破風《のきからはふ》が付けられている。また、多門櫓《たもんやぐら》が屈曲する部位では、隅棟を下ろすだけで十分であるが、そこに入母屋破風を設けて単調さを防ぐことは姫路城でよく見られる。

窓・狭間

櫓の窓や狭間《さま》は天守と大きな相違はないが、城内側にそれらを開かないことが天守と相違する。窓については、郭内の火災から類焼を防ぐため、また郭内にある御殿を見下ろさないためという理由がある。狭間については、城内側に敵が侵入した時点で既にその曲輪を防衛する意義がなくなっているからである。櫓門二階の渡櫓においても背面側には窓や狭間を設けないのが通例である。

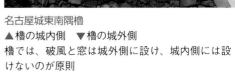

なお、石落は狭間と同様に郭内側には設置する必要がない。櫓の城内側には石垣や土塁《どるい》がないことも多く、そもそも石落の設置が不可能なことが多い。

名古屋城東南隅櫓
▲櫓の城内側　▼櫓の城外側
櫓では、破風と窓は城外側に設け、城内側には設けないのが原則

第四節　櫓の形式

二重櫓

二重櫓《やぐら》の内部構造は二階が通例で、すなわち二重二階櫓である。望楼《ぼうろう》型の櫓であっても、一階平面の規模が小さいので一階と二階の規模の差は少なく、天守のように上階が下重の屋根に沈み込んで屋根裏階となることはない。したがって、望楼型と層塔《そうとう》型とを問わず、二重櫓は内部が二階となるのである。なお、名古屋城本丸隅櫓《すみやぐら》は本来、三重櫓であるが、城外側の初重の屋根を省略している（城内側は省略していない）ので、二重三階櫓となっている。これは例外的な事例である。

籠城時の隅櫓の機能としては、城兵の生活の場となるほかに、城外を遠く見渡して敵の動向を窺うことや、城壁を登ってくる敵を見つけて狙撃することが重視される。そのため一階建ての平櫓《ひらやぐら》よりも二階建ての二重櫓のほうが役に立つので、関ヶ原の戦い後では正式な隅櫓は二重櫓であった。二重目の屋根は、天守に準じて正式に入母屋造《いりもやづくり》とするが、現存する福岡城南の丸多《た》門櫓《もんやぐら》脇の隅櫓や臼杵《うすき》城（大分県）卯寅口門《うとのくちもん》脇櫓は略式の切妻造《きりづまづくり》である。福岡城では、櫓や櫓門に切妻造を多用しており、福岡城独特の意匠であった。

さて、望楼型の二重櫓は、やや長めの長方形平面に入母屋造の屋根を架け、その上に棟を直交させた二重目を載せる形式が典型例である。関ヶ原の戦い以前に建てられた櫓の多くはそうした望楼型の二重櫓だったと考えられ、毛利輝元《もうりてるもと》の広島城に多数存したが、関ヶ原以前の現存例はない。関ヶ原以降では、松山城（愛媛県）野原櫓《のはらやぐら》と金沢城（石川県）石川門菱櫓だけが現存し、津山城（岡山県）本丸備中櫓《びっちゅうやぐら》や岡崎城（愛知県）東曲輪《ひがしくるわ》東隅櫓が木造で再建されている。しかし、

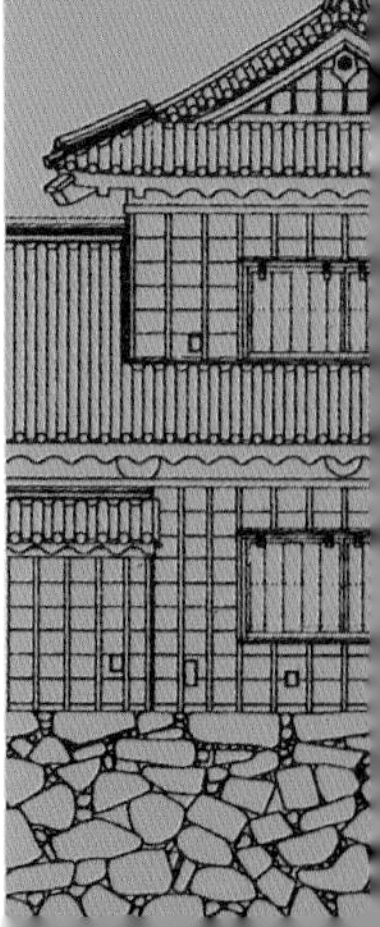

▲福岡城南の丸多門櫓脇隅櫓
切妻造の二重櫓

▲松山城野原櫓
望楼型の二重櫓

▲二条城西南隅櫓
層塔型の二重櫓

▲江戸城桜田巽櫓
出窓型石落をもつ二重櫓

▲大洲城高欄櫓
高欄をもつ二重櫓

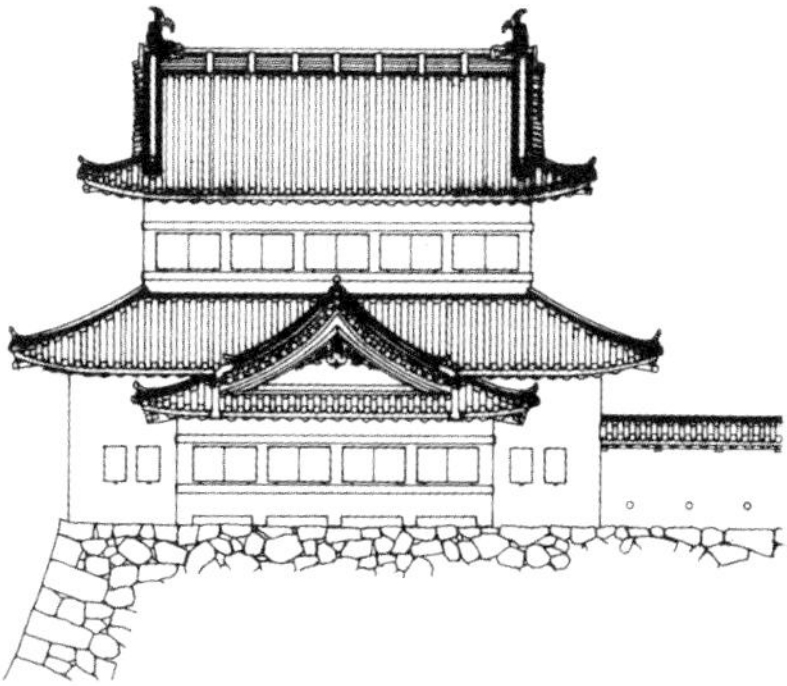

▲名古屋城西の丸月見櫓復元立面図
出窓型石落をもつ二重櫓の初例

層塔型天守の登場とともに二重櫓も層塔型が主流となり、望楼型の二重櫓は少数派となっていった。

それに対して層塔型の二重櫓は、正方形平面に近いものが多く、千鳥破風《ちどりはふ》や唐破風《からはふ》などの装飾が全くない例が一般的である。新発田《しばた》城（新潟県）旧二の丸隅櫓、上田城（長野県）本丸西櫓ほか二棟、備中松山城（岡山県高梁市）本丸二重櫓、大洲《おおず》城（愛媛県）苧綿櫓《おわたやぐら》、府内《ふない》城（大分市）人質櫓《ひとじちやぐら》、日出《ひじ》城（大分県）鬼門櫓《きもんやぐら》などが現存する。このうち大洲城苧綿櫓は、一階が三間《けん》に二間半しかなく、この種の二重櫓としては現存最小である。

それらと対照的に、現存の大洲城高欄櫓《こうらんやぐら》では、二階の城外側に高欄を設け、二重目の屋根に唐破風を飾っている。天守と渡櫓《わたりやぐら》で連結された櫓なので、小天守としての扱いを受けたものと考えられる。

また、江戸城（現存は桜田巽櫓《たつみやぐら》・伏見櫓）、大坂城（千貫櫓《せんがんやぐら》・一番櫓・六番櫓）、二条城（東南隅櫓・西南隅櫓）、甲府城（山梨県）といった幕府系の城では、層塔型二重櫓の一階に出窓型の石落《いしおとし》を設け、その上に千鳥破風・唐破風・切妻破風・入母屋破風を付けて飾る形式が一般化していた。譜代《ふだい》大名の城だった鶴ヶ岡城（山形県）・小田原城（神奈川県）などにも採用され、外様《とざま》大名の城では、築城年代が慶安元年（一六四八）と新しい赤穂《あこう》城（兵庫県）の隅櫓や元禄十三年（一七〇〇）に再建された新発田城本丸辰巳櫓（木造で再々建）にも採用された。出窓型の石落に破風を付けた二重櫓の初例は、慶長十七年（一六一二）頃に建てられた名古屋城西の丸月見櫓（明治二十四年（一八九一）の濃尾大地震で破損撤去）だったと考えられる。

特殊な二重櫓

天守とは異なって、軽微な二重櫓では特殊な構造のものもある。一階と二階の平面を同じ大きさに造った二重櫓は、重箱《じゅうばこ》を二つ積み上げたような形から重箱櫓《やぐら》と呼ばれる。姫路城西の丸カの櫓・岡山城西の丸西《にし》手櫓《てやぐら》・臼杵城畳櫓・高崎城（群馬県）乾櫓《いぬいやぐら》などが現存する。高崎城乾櫓は三間に二間しかなく、重箱櫓にしなければ二重櫓として成立しない極小規模である。なお、臼杵城卯寅口門脇櫓は切妻造の二重櫓であるが、一階と二階を同大としており、重箱櫓の一種とするこ

臼杵城卯寅口門脇櫓
▲切妻造の重箱櫓風の二重櫓
◀切妻造の櫓の二階内部

▲岡山城西の丸西手櫓
重箱櫓

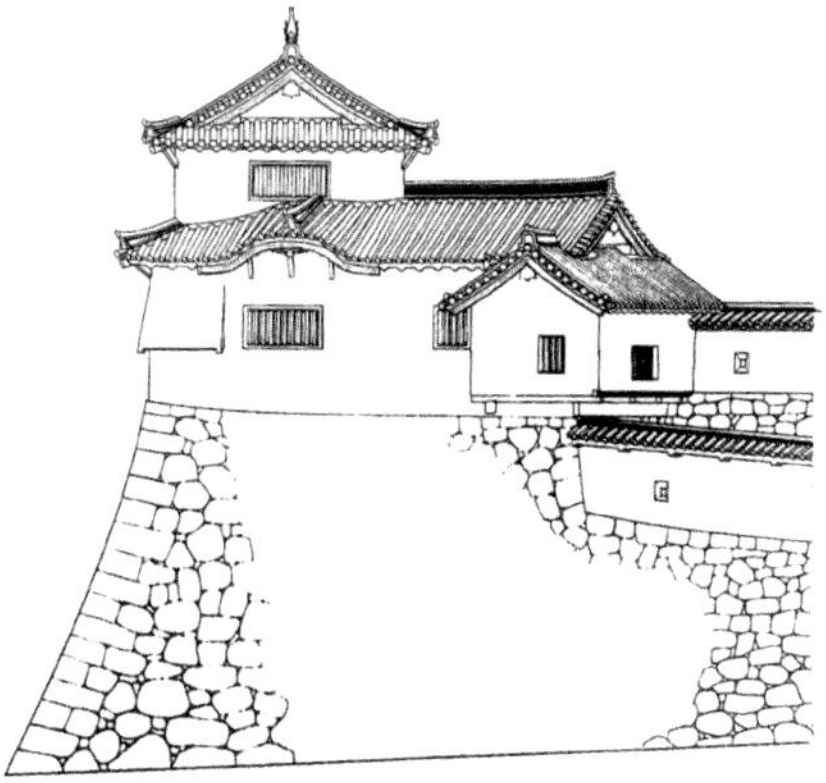

姫路城「に」の門続二重櫓
▲城外側　▼城内側
◀立面図

ともできる。一般的に切妻造では重箱に見えないので、重箱櫓には加えない。

もう一つ特殊な二重櫓としては、正方形平面から角の四分の一を欠き取って矩折《かねお》り平面（L字形平面）とした隅櫓で、大坂城二の丸乾櫓が現存し、名古屋城二の丸や西の丸に四棟が存在した。大坂城の乾櫓《いぬいやぐら》では、角を欠き取らなければ八間四方の超大型二重櫓となってしまうもので、欠き取りによって面積の四分の一を節約している。名古屋城にあった同種の櫓も大型の隅櫓であった。駿府《すんぷ》城（静岡県）二の丸巽櫓《たつみやぐら》（木造で復元）は二重三階櫓の平面を矩折りとした大型隅櫓であった。そうした矩折り平面の大型の隅櫓は、防備に直接は役立たない郭内側を省略して建築面積を抑えつつ、曲輪の隅部の石垣上を長く防備できる性能をもち、さらに実際の建築面積より大きく見える利点がある。幕府系の巨大城郭に建てられた櫓の一形式で、慶長十七年（一六一二）頃の名古屋城の隅櫓が初例だったと考えられる。

矩折りとはせずに東北の角を斜めに少しだけ切り取った二重櫓が日出城に現存する。これは鬼門の方角である東北隅を欠くことによって鬼門除けとしたものであって、鬼門櫓と呼ばれる。

そして、四面を正面とする天守や天守代用三重櫓では有り得ない、櫓ならではの形式が二重櫓には存在する。現存の岡山城月見櫓と大洲城台所櫓がその代表例である。ともに望楼型の二重櫓であるが、望楼型の基部となる一重目の入母屋破風は城外側だけに造られ、城内側は層塔型に準じて寄棟造《よせむねづくり》にして葺《ふ》き下《お》ろしている。月見櫓の場合は、城内側の二階の二面に縁側を廻して月見の趣向に設えてあるので、観月に邪魔な入母屋破風が省略されたものである。台所櫓では、城内側の入母屋破風を省略（節約）したため、一重目の寄棟造の隅棟《すみむね》（四五度方向に降る棟）が二階の外壁隅部に納まっておらず、やや見苦しい。

話変わって、姫路城「に」の門に付属する二重櫓は、一階平面が著しく歪んでいるが、望楼型とはせず、かといって層塔型でもない極めて特殊な形式である。石垣の出隅《ですみ》が鈍角となった鎬隅《しのぎすみ》で、そのため一階平面は不等辺四角形になっている。現存する二重櫓では、全国一の歪んだ平面である。しかも、「に」の門から続く地下道がこの櫓の下で折れ曲がって通り抜ける。その上、地下道が坂道になっていて次第に上がってくる

▲大洲城台所櫓
隅棟が二階外壁隅に納まらない二重櫓

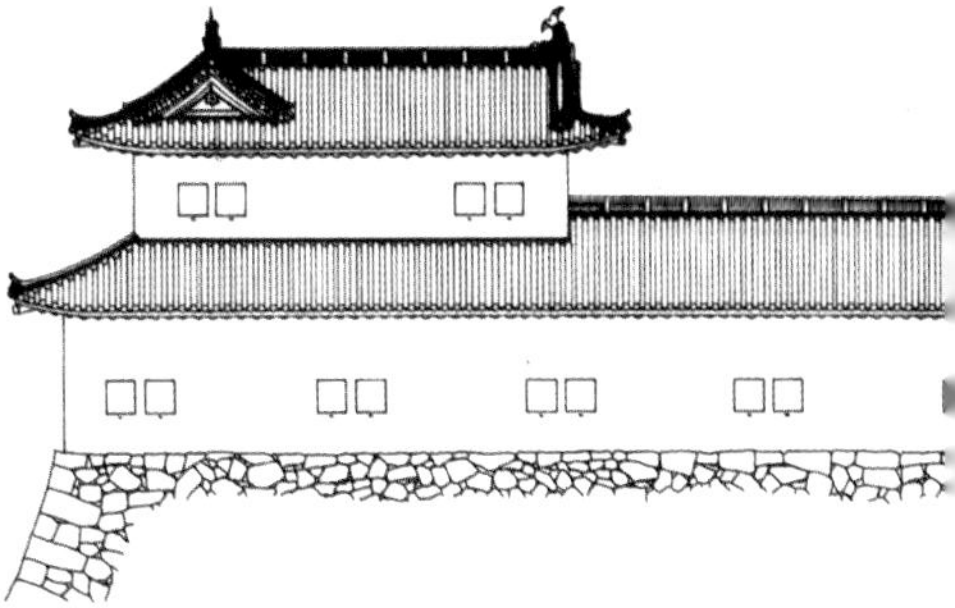

▲名古屋城西の丸未申櫓復元立面図
矩折り平面の二重櫓

日出城鬼門櫓
▲東北隅の切り欠き部分の内部
◀隅を切り欠いた二重櫓

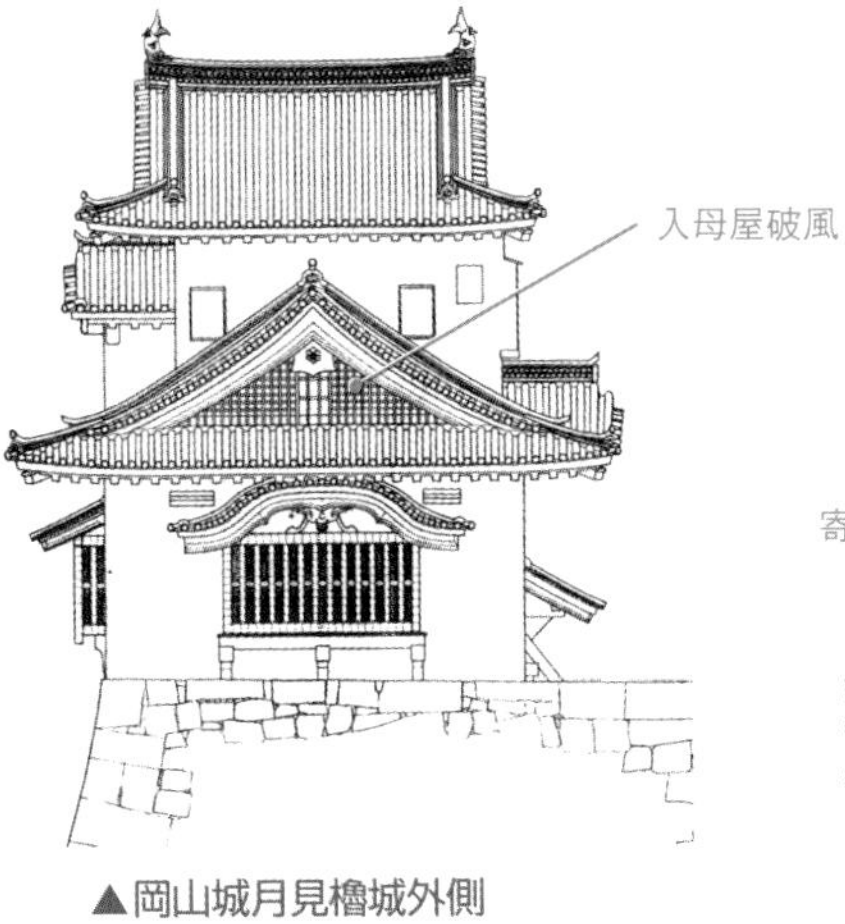

▲岡山城月見櫓城外側

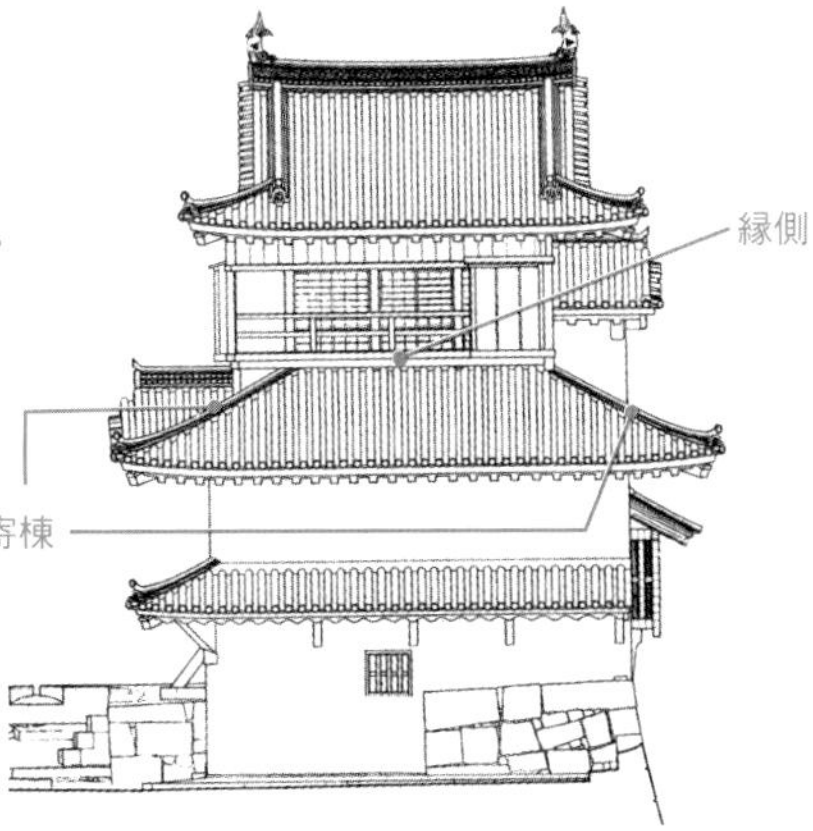

▲岡山城月見櫓城内側

ので、一階平面の城内側隅部がその通路によって欠き取られている。そうした一階に架かる屋根は、出隅側を歪んだまま寄棟造に葺き下ろし、櫓門である「に」の門の側へは切妻造屋根を伸ばして、「に」の門の切妻造の屋根上に直交させて被せ、地下道の出口側では一重目屋根を止めて、代わりに庇屋根《ひさしやね》を付けている。奇想天外な構造で、類例はない。

三重櫓

三重櫓は天守級の大型櫓であって、公式な天守がない城では天守代用の三重櫓としても使われた。もちろん、総て正式な入母屋造である。一般的な城では、隅櫓は二重櫓を用い、三重櫓は建てられなかった。三重櫓を隅櫓として建てていた城は、幕府が築いた江戸城・大坂城・名古屋城（ただし二重三階櫓）や有力外様大名の姫路城・岡山城・熊本城といった大城郭、西国の外様大名を監察するために幕府が築かせた明石城（兵庫県）・福山城（広島県）・高松城（香川県）など特別な城にほぼ限られていた。なお、佐賀城・高知城・西尾城（愛知県）など公式天守をもった城では、天守が建つ曲輪以外の重要な曲輪（佐賀城西の丸、高知城二の丸、西尾城本丸）に、いわば副天守として三重櫓を上げていた。

三重櫓の標準的な一階平面は五間四方や五間に四間で、現存例では、前者に高松城北の丸月見櫓・旧東の丸艮《うしとら》櫓、後者に彦根城西の丸三重櫓や明石城本丸巽櫓がある。それに対して天守代用の三重櫓は六間以上が一般的である。その一方、現存最小の三重櫓は、弘《ひろ》前《さき》城（青森県）二の丸の三棟の隅櫓で、三棟とも一階と二階が四間四方の正方形平面である。二階を一階と同大に造ることによって、一階が小さいにもかかわらず二階を大きくでき、その結果、三階を三間四方と標準的な規模にすることに成功している。いわば二重の重箱櫓の上に三重目を載せたような形式である。史上最小の三重櫓は西尾城本丸丑寅櫓《うしとらやぐら》で、一階・二階が三間二尺（二〇尺）四方しかない層塔型だった。

公式な三重天守をはるかに超える大規模な三重櫓も現存する。名古屋城西北隅櫓（御深井《おふけ》丸《まる》戌《いぬ》亥《い》櫓《やぐら》、三重三階）が八間に七間、熊本城宇土櫓《うとやぐら》（三重五階、地下一階）が九間に八間もあるが、前者は清洲城（愛知県）天守を移築大改造したものと考えられ、後者は初代の

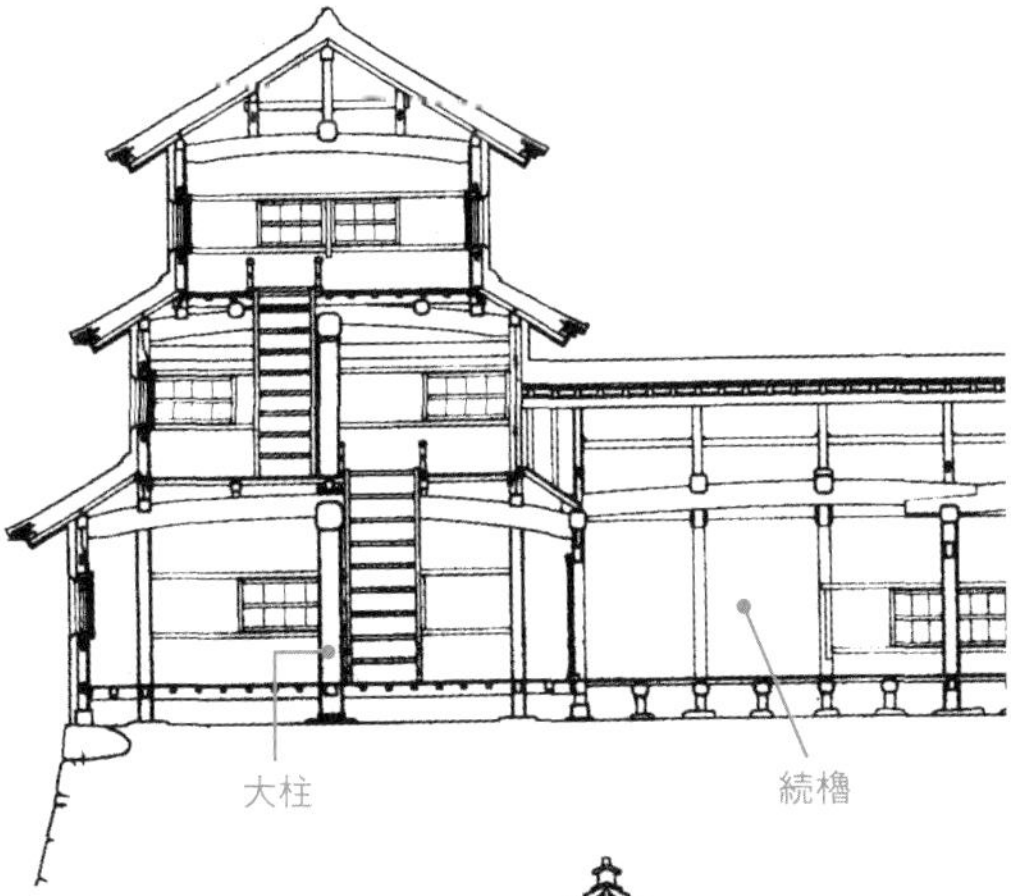

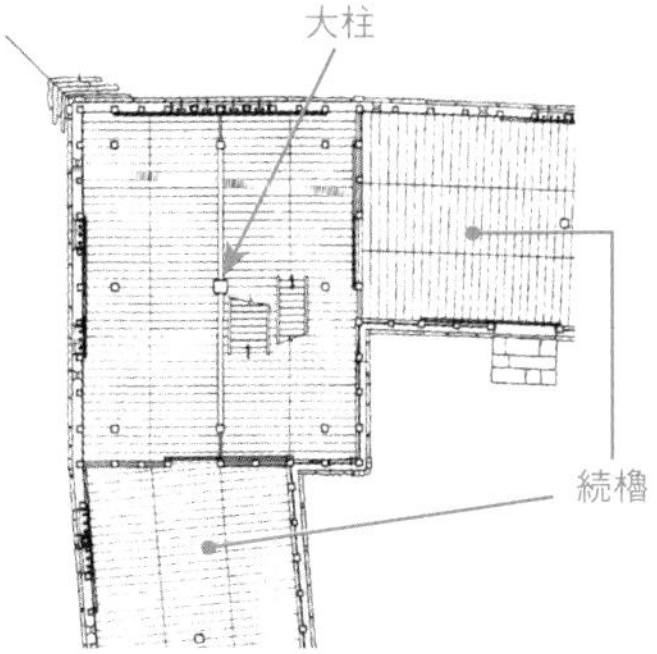

彦根城西の丸三重櫓
◀断面図　▲一階平面図
大型の層塔型三重櫓

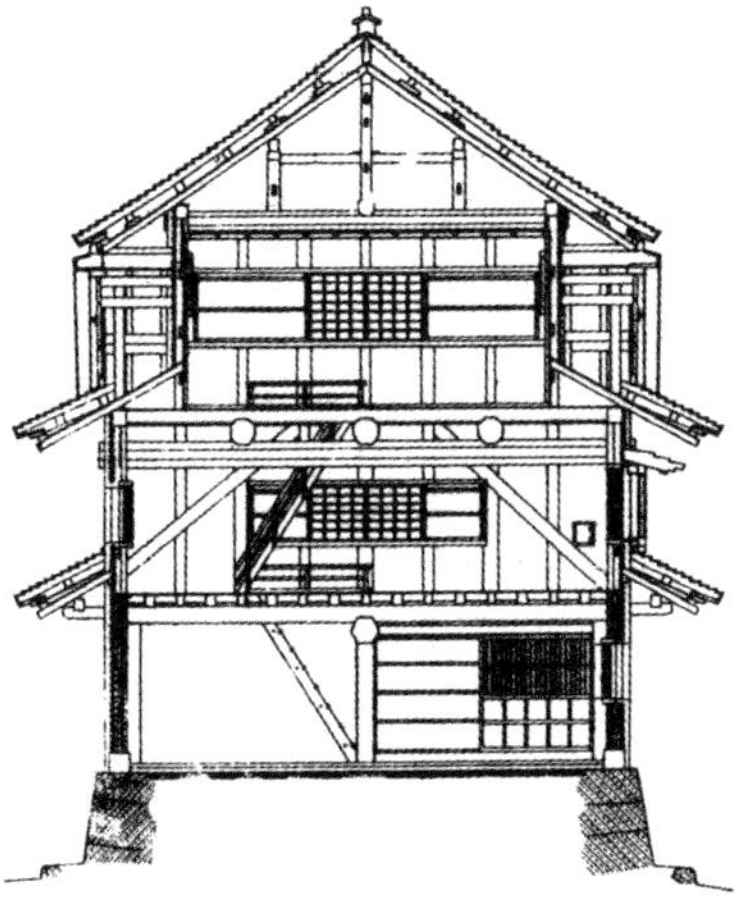

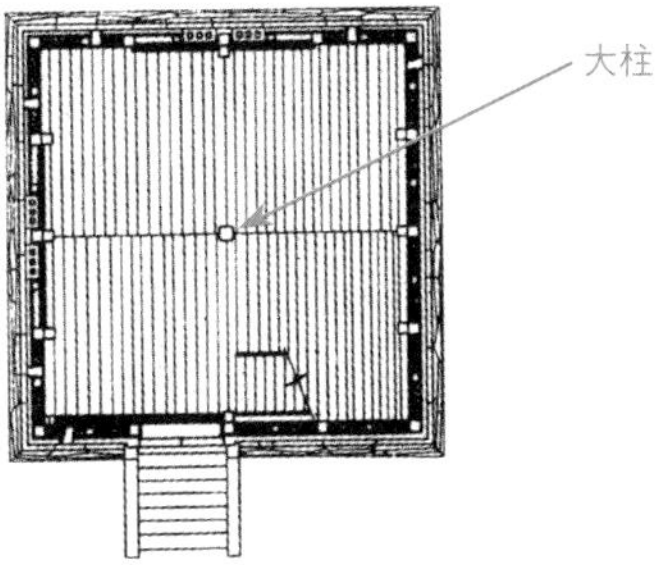

弘前城二の丸未申櫓
◀断面図　▲一階平面図
小型の望楼型三重櫓

◀大坂城本丸（幕末）
東面に並んだ層塔型三重櫓　江戸幕府が再築した大坂城は城郭史上最大の櫓群を有していた。特に本丸の隅櫓 11 棟は総て三重櫓で、他城の三重天守より大きかった。将軍慶喜の大坂城退去後に放火により全焼

熊本城（隈本城と称した古城）天守を移築して地階を加えたものと推定される。三重櫓は一般的に穴蔵をもたないが、宇土櫓の場合は、穴蔵のない天守を移築して新たに穴蔵を付加したもので、特殊な例である。

三重櫓には当然にして、望楼型と層塔型がある。建築年代が古いものに望楼型が多く、もちろん層塔型は慶長十五年（一六一〇）頃より新しい。もと天守だったと考えられる熊本城宇土櫓は別として、現存最古の三重櫓は福山城伏見櫓で、元和八年（一六二二）の福山城築城完成時までに伏見城の松の丸東櫓を移築したものであることが判明している。一階と二階を八間に四間という細長い長方形平面として入母屋造の屋根を架け、その上に棟を直交させて三階（三重目）を載せる古式な形式の望楼型である。弘前城二の丸に現存する三棟の三重櫓は、ほぼ同形同大の望楼型で、一階と二階が正方形平面であることを除いて、その形式は福山城伏見櫓と同じように古式である。

古写真や絵図によれば、岡山城本丸にはそのような古式な望楼型三重櫓が六棟もあったことが分かり、そのうち最大であった大納戸櫓《おおなんどやぐら》は一階と二階が十一間に五間半と特大の三重四階櫓だった。沼《ぬま》城（亀山城、岡山市）天守を慶長六年（一六〇一）頃に移築したと伝わり、その壮大さと古様な外観からは天守だったという伝えは信頼できる。また、明治初期までは熊本城内には宇土櫓を含めて五棟もの三重五階櫓が存しており、慶長十二年頃までに建てられた古式な望楼型三重櫓だった。それとは対照的に、金沢城では伝統的に古式な望楼型の二重櫓や三重櫓が建て続けられており、二の丸菱櫓（木造で復元）がその三重櫓の例である。

層塔型の三重櫓は、各重で逓減《ていげん》するので一階平面が少なくとも平《ひら》側五間は必要で、また平側と妻側の差が一間以内であることが必要条件である。現存最古例は慶長十七年（一六一二）頃に移築改造された名古屋城西北隅櫓であるが、先述のようにこれは清洲城天守だったと考えられる。それ以外では、明石城と高松城に二棟ずつ、江戸城と彦根城に一棟ずつの層塔型三重櫓が現存している。なお、古写真によれば、幕末時には大坂城本丸に十一棟もの層塔型三重櫓が林立していたことが分かる。江戸城本丸・二の丸、尼崎《あまがさき》城（兵庫県）本丸、吉田城（愛知県豊橋市）にも、明治初期まで多数の層塔型三重櫓があった。

平櫓

屋根が一重で内部が一階の櫓は、平櫓と呼ばれた。近代以降は一重櫓や単層櫓とも呼ばれるが、正しい呼称ではない。平櫓は軽微なものが一般的で、妻（梁《はり》間《ま》）を経済的な二間とし、平（桁行《けたゆき》）は三間から五間程度である。本丸や二の丸には立派な二重櫓を建て、三の丸や外郭といった周辺部には軽微な平櫓を建てるのが一般的だった。小規模で軽微なため、入母屋造ではなく、切妻造の平櫓も多数ある。飾りの破風は通常は設けられないが、姫路城ニの櫓には変則的に唐破風が付けられている。

その一方、関ヶ原の戦い前後の平櫓は長大な例が多かったのであり、多門櫓の短いものとも言える。現存の熊本城平櫓は、平七間半、妻二間半と長大であり、その創建（現存建築は幕末再建）は慶長六年（一六〇一）から十二年である。熊本城の監物櫓《けんもつやぐら》はさらに長大で、平十二間に妻三間もあって、多門櫓としてよかろう。広島城の本丸や三の丸などにかつて十二棟存した平櫓は、平七間に妻四間、一棟は八間に四間もある、最大級の平櫓であって、文禄（一五九二～九六）頃に当時百十二万石の太守《たいしゅ》、毛利輝元が創建したものだった。それらが城の周辺部ではなく城の中心部に建てられていたことも注目され、古くは二重櫓とともに防備に重要な櫓であり、多数の兵員の籠城に備えた大建築だったことが窺える。なお、姫路城に現存するイの渡櫓・ニの櫓・太鼓櫓《たいこやぐら》・井郭櫓《いのくるわやぐら》などの平櫓も城の中心部にあり、それらの創建は関ヶ原の戦い以前、早ければ天正期の羽柴秀吉時代に遡る可能性があり、逆に関ヶ原以降に池田輝政が新設した三重櫓や二重櫓は周辺部にあった点からも、古くは二重櫓ではなく平櫓が主流だったと言えよう。

ところで、一階建てのため二重櫓よりも構造上の自由度が高いので、矩折り平面や台形平面などの特殊な平面をもつ平櫓は多く見られる。矩折り平面の現存例には、姫路城ニの櫓・太鼓櫓がある。矩折り平面の二重櫓は特に大型の櫓に限られたが、矩折りの平櫓では梁間が二間しかなく、軽微な点が特徴である。城壁の隅部で敷地に余裕がない場合に有効である。姫路城ロの櫓は、城壁の鎬隅（鈍角に折れ曲がる出隅）に建つので、鈍角に折れ曲がった平櫓である。現存唯一の例であるが、関ヶ原の戦い以前には各地で見られたはず

▲熊本城平櫓
長大な平櫓

▲松山城一の門南櫓
小型の平櫓

▲高松城北の丸渡櫓
標準的な平櫓

▲姫路城二の櫓
矩折り平面の平櫓

姫路城ロの櫓
▲折れ曲がり部の梁組
◀鈍角に折れ曲がった平櫓

である。また、関ヶ原以前の歪んだ平面であっても平櫓なら難なく建てられ、姫路城にはそうした平櫓が多く現存している。イの渡櫓・トの櫓（「と」の一門続《つづき》櫓《やぐら》）・井郭櫓などは台形平面である。彦根城天守の付《つけ》櫓《やぐら》は平櫓であるが、ひどく歪んだ台形平面で、それに対応した梁の架け方は複雑怪奇である。

平櫓は一階建てが原則であるが、曲輪を囲む石塁《せきるい》（堤防状の石垣）上に建てられた場合は、城外側からは平櫓であっても、城内側は石塁下に地階を設けて二重とした府内城宗門櫓《しゅうもんやぐら》のような例もあった。

現存例はないが、二階建ての櫓に屋根を一つだけ架けた一重二階櫓がかつては各地に存した。その場合は一階と二階の間に板葺《いたぶき》の短い腰屋根《こしやね》を付けて水切りとすることが多く、津山城外郭や松代《まつしろ》城（長野市）などにそうした櫓が多数あった。その腰屋根は、厚板二、三枚を横に羽重《はがさ》ねにし、その上に猿頭《さるがしら》（五角形の押《おし》桟《ざん》）を打って留めただけの軽微な板葺である。番所などの出格子窓《でごうしまど》に多用された屋根で、天守や櫓の屋根に使われた場合、屋根の重数には算入されなかった。したがって、猿頭板葺の腰屋根をもった二階建ての櫓は、形状は二重櫓の一種の重箱櫓であっても、当時の扱いは平櫓と変わらなかった。もちろん現代の分類では、二重櫓の一種と見なされる。

平櫓には極めて軽微なものもあった。松代城の二の丸（外郭に相当）の土塁上に点々と建てられていた平櫓は、記録によると、平九尺八寸に妻八尺二寸、平八尺三寸に妻六尺七寸といったもので、四畳半大や三畳大しかなく、「御櫓」と書かれてはいるが、番小屋程度の規模であった。小規模な櫓を外郭の塁線上に点在させて防衛線を構築するのは、近世城郭が確立する前の手法の一つであった。それが松代城を拡張整備した森忠政《ただまさ》に受け継がれていたようで、その後に彼は津山城の外郭にも応用している。

その一方、島原城（長崎県）では、低い外郭の石垣上に五十間（約一〇〇メートル）間隔で平六間（一部は五間）に妻二間半の比較的大きな平櫓を三十一棟も並べていた。平櫓からの鉄砲による横矢掛《よこやがか》りで堀のない外郭を防備した稀有の例であった。

多門櫓

梁間が二間から三間（稀に四間や一間）で、桁行が長大な櫓は、江戸時代には多門櫓あるいは単に「多門」と呼ばれた。多門櫓は一重一階が普通であるが、一重二階や二重二階の例もある。一重のものでは、平櫓の細長いもの（二重櫓の細長いものはない）と多門櫓の短いものとの区別は曖昧であるが、本書では、概ね長辺（桁行）が短辺（梁間）の三倍を超えるものを多門櫓、それ以下を平櫓と定義したい。

先に平櫓の項で紹介した熊本城の監物櫓は、平十二間、妻三間（三間を四つ割）なので多門櫓の短い例となる。しかし、平櫓と多門櫓の中間規模の櫓をどちらか一方に厳密に分類する必要は特になく、読者の自由に任せたい。なお、多門の原義からすれば、櫓の門口（戸口、出入り口）が複数並んでいるものが多門櫓であり、それが一つしかないものは多門櫓とは言えない。監物櫓は門口が三つ並んでいる（総数は四つ）ので、典型的な多門櫓である。

城によっては、多門櫓は「長櫓《ながやぐら》」「長屋」「走り櫓」とも称した。多門とは長屋の別名で、先述のように門口が多数あることから言う。したがって、城内の櫓以外の細長い建物は、共同住宅や物置であっても多門や長屋と呼ばれた。城下町の外れに建てられた足軽の共同住宅や、江戸にあった大名屋敷の周囲を取り巻いていた長屋も多門と呼ばれた。

ところで、江戸時代中期以降の記録に「多聞櫓」と稀に書かれ、近代になって多聞櫓の称が流布して、それが正式な名称となっていた。その理由としては二説ある。一つは、多門櫓が初めて建てられたのは松永久秀の多聞城（多聞山《たもんやま》城、奈良市）で、それに由来する

▲彦根城佐和口多門櫓
戸口が並んだ多門櫓（城内側）。多門櫓の内部は桁行4、5間程度の区画に間仕切り、区画ごとに出入り口を設けるので、城内側にはその戸口が並ぶ

という。もう一つの説では、仏教系の武神として上杉謙信などに崇敬された毘沙門天《びしゃもんてん》は、四天王の一である多聞天の別名で、毘沙門天を祀った櫓だからという。しかし、この二説は同根である。

　十七世紀後期に編纂された大工技術書『愚子見記《ぐしけんき》』には、城の長屋を「多門作《たもんづくり》」(多門造)というのは、多聞天がます多聞山に松永久秀が城を築き二間梁の長屋を造ったからだと記されている。この記録では、多聞山城が起源としながら「多門」と記しており、「多聞」とは記していない。すなわち付会の説である。江戸時代の記録類や絵図には専ら多門櫓や多門と書かれているが、多聞櫓と書くのは後世になってからで、このような付会の説に基づく誤記と言うべきものである。

　さて確実な多門櫓の早例は、天正四年(一五七六)に築城が開始された安土城で見つかっている。その本丸の南正面にある低い石塁の内側下沿いに礎石列が発掘されており、城外側は石垣上に沿って外壁を設け、城内側は石塁下から外壁を立ち上げた構造だったことが分かった。それに近い構造は、現存する姫路城の帯《おび》郭櫓《くるわやぐら》やりの二渡櫓に見られる。幅が一間ほどと狭く、高さも一メートルほどの低い石塁に片足を掛けて建てたような構造で、石垣築造技術が未熟だった時代の多門櫓の形状と言える。

　豊臣大坂城本丸の指図を見ると、本丸周囲を廻る石

▲安土城本丸
多門櫓が建てられていた石塁

▲名古屋城本丸（明治初期）
本丸を囲う長大な多門櫓

塁上に多門櫓が散在していたことが分かり、石塁の幅が二間以上となり、多門櫓がその上に載る形状が定まった。その後は、城内が低い平城《ひらじろ》では、石垣の高さを稼ぐために城壁を石塁として堤防状に立ち上げ、その上に多門櫓を載せた。平山城《ひらやまじろ》では、石塁とはせずに高石垣上に沿って多門櫓を建てる。

関ヶ原の戦い以降になると、主要城郭の防備は圧倒的に強化された。城壁上には多門櫓を建て連ね、後述するように虎口《こぐち》（曲輪の出入り口）は絶対に突破できない枡形門《ますがたもん》になった。広い水堀と高い石垣に多門櫓を加えた城壁は、当時の攻城術では絶対に越えられない防衛線となった。それにより曲輪の形状は単純化して広大な方形になり、江戸時代の大規模化した本丸御殿を収容できた。そうした縄張術は当代一の築城の名手と称えられた藤堂高虎《とうどうたかとら》が主導したもので、彼が徳川家康に見込まれて江戸城本丸の縄張を任されたため、幕府系の大城郭の基本型となった。

高虎の居城の今治城《いまばり》（愛媛県）や津城（三重県）、高虎が築城に加わった公儀普請《こうぎぶしん》（天下普請）の丹波篠山《たんばささ》山《やま》城（兵庫県）や丹波亀山城（京都府亀岡市）では、本丸の周囲を連続した多門櫓で取り巻いていた。その後に幕府が築いた名古屋城・徳川再築大坂城・二条城では、さらに長大な多門櫓が本丸を囲っていた。名古屋城では城内の多門櫓の総延長が六百三十間（六尺五寸間で約一二四一メートル）、徳川再築大坂城では八百七十三間（約一七一九メートル《メートル》）で史上最長であった。それらのうちで現存するのは、江戸城本丸富士見多門十六間と大坂城大手門枡形多門櫓二十八間のみである。

多門櫓の構造

創建年代が早い多門櫓には、複数棟の平櫓などを連続して建て連ねたようなものがある。その代表例が姫路城と熊本城である。

姫路城の天守群北方の腰曲輪に建つ、イの渡櫓・ロの渡櫓・ハの渡櫓・ニの渡櫓・ホの櫓（二重櫓）・への渡櫓は、慶長十四年（一六〇九）頃に建てられたもので、出隅三カ所と入隅《いりすみ》二カ所の屈曲と二カ所の鎬隅を交えて複雑に折れ曲がりながら一連となって長大な多門櫓を形成している。特にハの渡櫓とニの渡櫓は、城壁が緩く湾曲する輪取《わど》りになっているため、多門櫓全体が緩い円弧を描いている。それらの櫓ごとに土壁で完全に仕切られているし、ハの渡櫓とへの渡櫓はそれぞれの内部が二、三室に土壁で間仕切られているので、そもそも渡櫓ではない。現在の名称による各櫓の区画は妥当とは言えず、イ・ロ・ハニ・ホ・への櫓とまとめるか、イ・ロ・ハ西・ハ東・ニ・ホ・へ西・へ中・へ東の櫓と仕切り壁ごとに区分するかであろう。いずれにしても複数棟の平櫓や短い多門櫓と二重櫓を建て連ねた構造である。この辺りの石垣には池田輝政が関ヶ原の戦い後に修築した時期より古い部分があり、櫓の創建は関ヶ原以前に遡る可能性がある。

　熊本城では、本丸東側下の東竹の丸の田子櫓《たごやぐら》・七間櫓・十四間櫓・四間櫓は梁間の相違した平櫓と短い多門櫓を建て連ねたものとなっている。また、東十八間櫓・北十八間櫓・五間櫓が連続し、かつては平櫓（現在は欠失）を挟んで櫓門の不開門《あかずのもん》まで一連であった。これらの櫓は、一部は十九世紀中期に建て替えられてはいるが、慶長六年（一六〇一）から八年頃の創建で、規模形式は当初のものを受け継いでいると考えられる。同じ熊本城でも、本丸西側下の飯田丸五階櫓から西櫓門を挟んで数寄屋丸《すきやまる》五階櫓まで続いていた多門櫓（百間櫓）は、古写真からすれば当初から一棟の多

姫路城天守北腰曲輪の多門櫓群
▲右よりイ・ロ・ハの渡櫓
▼右よりハ・ニの渡櫓・ホの櫓

門櫓として整然と建てられたもので、創建年代が東側より新しく、慶長十二年頃と考えられる。

話を変えて、一般的に多門櫓の内部は長大な一室とする。そうした細長い平面では、長辺（桁行）には長大な外壁があるので地震や暴風に対して強固であるが、短辺（梁間）には梁しかないので脆弱である。そこで桁行三間から五間ごとに、梁間の中央に太い柱を立てたり、耐力壁として土壁を設けたりして短手方向の強度を高める。なお、梁間が四間の場合は、中央の独立柱は牛梁《うしばり》を支えるために不可欠である。現存の多門櫓では、独立柱をもつ例は、金沢城石川門続櫓・三十間長屋、彦根城西の丸三重櫓続櫓・天秤櫓、姫路城ハの渡櫓・への渡櫓、高知城本丸東多門・西多門、熊本城十四間櫓・源之進櫓《げんのしんやぐら》・北十八間櫓である。土壁の仕切りをもつ例は、姫路城リの一渡櫓・リの二渡櫓・熊本城宇土櫓続櫓・東十八間櫓である。梁間が一間半しかない彦根城天守付櫓続多門櫓では、柱のない一室になっている。

現存する彦根城佐和口《さわぐち》多門櫓《たもんやぐら》や熊本城監物櫓や福岡城南の丸多門櫓では、桁行二間から五間ごとに土壁で完全に間仕切っており、部屋が一列に連続したようになっている。部屋どうしの通行の便のために、間仕切り壁には戸を設ける。また、各部屋には、直接に外部から入る戸口を背面側に設ける。多門櫓は平時には種々の物資を格納しておく倉庫として使われるので、そうした間仕切り壁によって物資を仕分けられる。城内にあった長大な土蔵でも同様に四、五間ごとに間仕切られており、そうした多門櫓の間仕切りは土蔵に由来すると考えられる。佐和口多門櫓では、その間仕切り壁の戸の表面に鉄板を張った防火戸としており、間仕切り壁が多門櫓の延焼を止める防火区画とされている。

姫路城西の丸の多門櫓であるカの渡櫓・ヨの渡櫓・タの渡櫓は、内部を奥御殿の長局《ながつぼね》として使ったため、城外側に一間幅の武者走《むしゃばし》りを通し、城内側は多数の小部屋に間仕切ってある。大坂城二の丸大手門続櫓（重要文化財の指定では、大手門の櫓門とその続櫓である多門櫓を合わせて「多聞櫓」としているが正しくない）では、枡形に面して二間幅の武者走りを通し、城内側は三、四間ずつに間仕切って小部屋を設けている。

▲熊本城東十八間櫓
多門櫓内部の土壁の仕切り

▲熊本城東竹の丸の櫓群
左より田子櫓（平櫓）・七間櫓・十四間櫓。平櫓や短い多門櫓を連結して一連の長大な多門櫓を形成

▲彦根城天秤櫓
多門櫓内部に並ぶ独立柱

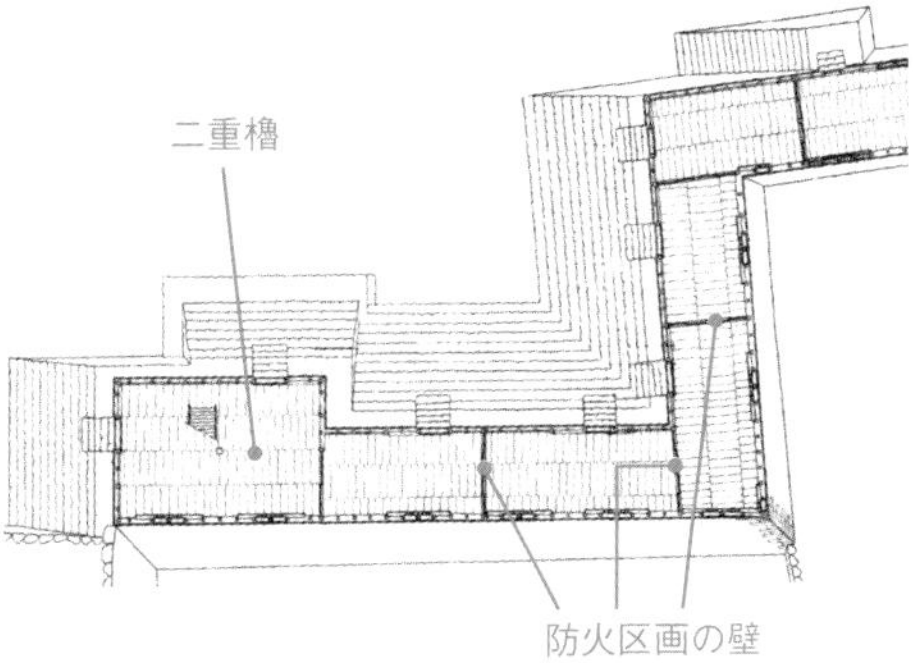

▲彦根城佐和口多門櫓平面図
多門櫓内部の防火区画。多門櫓内部は物品管理の都合で区画するが、彦根城では防火壁で区画し、その戸口には延焼防止のために鉄板を張る

◀姫路城西の丸ヨの渡櫓
長局だった多門櫓の武者走り。一般的に多門櫓には武者走りを設けないが、姫路城西の丸北部の多門櫓は長局（御殿女中の居室）だったので、城内側を居室（写真左側）として壁や板戸で区画し、城外側を長大な武者走りとする

特殊な構造の多門櫓

多門櫓の多くは一重一階であるが、その一部だけを二階建てにしたものや一重二階・二重二階にしたものがある。また多門櫓の階下に城門を設けた例もある。二重櫓や後述する櫓門との区別にはやや混乱が生じているので、煩雑ではあるが説明しておく。

二重二階の多門櫓の現存例は、金沢城本丸付壇《つけだん》の三十間長屋で、長辺約二十六間、短辺三間とし、一階と二階を同大平面とする。片側を入母屋造とするが、もう片側が切妻造なのは、かつては二重櫓が接続していたからだ。城外側には、中央に大きな入母屋造の出窓、左右に唐破風の出窓を突き出す。多門櫓は一重一階であっても究極的な防衛線となるので、二重二階の多門櫓では過剰防衛に当たるが、近世城郭は防衛能力とともに権威の象徴としての威厳性が重視された。二重二階の多門櫓が見せつける絶大なる威光を有力大名、前田家が見出したのであろう。金沢城は早くに五重天守を焼失したが、幕府に憚《はばか》ってそれを再建しておらず、天守に代わる尊厳性を、規制が緩かった（大名屋敷の周囲の長屋と同等の）多門櫓に求めたとも思われる。

金沢城内には、かつて二重二階の多門櫓が多数存し、二の丸五十間長屋（木造で再建）・三の丸九十間長屋・四十間長屋・玉泉院丸《ぎょくせんいんまる》鼠多門《ねずみたもん》（木造で再建）などがあった。総て一、二階を同大平面としていたが、二重二階の多門櫓の場合ではそれが通例であった。このうち鼠

▲金沢城三十間長屋
二重二階の多門櫓（城内側）

▲岡山城本丸（取り壊し前）
三重櫓（右端）に続く二重二階の多門櫓

多門は、多門櫓下に城門を設けていて、二重櫓を渡櫓とした巨大な櫓門と見なすこともできる。しかし、金沢城内にあった他の櫓門（総て渡櫓は一重）の意匠と比べると簡素であるので、多門櫓下に城門を組み込んだ略式の城門（一種の埋門《うずみもん》）としたほうがよい。

古写真から知られる二重二階の多門櫓の例は、岡山城本丸下段の西面、福岡城本丸武具櫓、久留米《くるめ》城（福岡県）本丸正面、鹿児島城本丸北面で、鹿児島城を除いて多門櫓の端部には三重櫓が聳《そびえ》えていた。その偉観は、近世城郭の究極の姿の一つと言える。

姫路城の多門櫓には、二重二階のリの一渡櫓と、一重一階、地下一階のリの二渡櫓がある。両者は戸口で接続しており、リの一渡櫓の二階とリの二渡櫓の一階が結ばれている。後者は、堤防状の石塁に片足を掛けて建つため、城外側から見ると一重一階、城内側から見ると二重二階である。姫路城の帯郭櫓もほぼ同様な構造の短い多門櫓である。なお、天守群に組み込まれているイの渡櫓・ロの渡櫓・ハの渡櫓は、二重二階、地下一階の、一種の多門櫓である。

一重二階の多門櫓の現存例は、津和野城（島根県）山麓居館にある物見櫓《ものみやぐら》である。古写真によれば、丹波

姫路城帯郭櫓
▲城外側　▶城内側
◀半地階の内部
城内側と城外側で重数が異なる多門櫓。半地階の内部の高い床が石塁を囲ったもので、城外側は石塁上に建つので一重、城内側は下に建つので二重

亀山城本丸や鹿児島城本丸東面北側にも一重二階の多門櫓が確認される。また、江戸にかつてあった大名屋敷を囲む長屋には、一重二階のものが多く存したが、もちろん、それらは多門櫓と同じ構造である。

一重一階の多門櫓の折れ曲がり部や端部を二重二階にした例に、彦根城天秤櫓と熊本城宇土櫓続櫓がある。天秤櫓はコの字形平面の多門櫓で、その折れ曲がり部二カ所を二階建てにしている。宇土櫓続櫓では、宇土櫓本体とは反対側の端部を二階建てにしている。ともに外観からは二重櫓のようにも見えるが、二重部分の一階は多門櫓の本体と区別なく一連の構造となっているので、多門櫓の一部を二階建てにしたものとされる。

その一方、彦根城佐和口多門櫓は、端部が二階建てになっているが、その二階が載る一階は多門櫓本体とは独立した構造になっているので、二重櫓と判断される。したがって正しくは、二重櫓と多門櫓が接続したものである。福岡城

▲津和野城物見櫓
一重二階の多門櫓。城山の麓にあった居館を囲う多門櫓。一重二階の多門櫓は有力大名の江戸藩邸の周囲にも建てられた

▲彦根城佐和口多門櫓
多門櫓の端部に接続する二重櫓。長大な多門櫓の端部に大きな二重櫓を建てる。かつては反対側の端に櫓門があり、さらに多門櫓が続いていた

◀熊本城宇土櫓続櫓
一部を二階建てにした多門櫓。三重五階の宇土櫓に続く多門櫓で、その端部の屋根上に小さな二階を上げて二重櫓に見せ掛ける

南の丸多門櫓の端部に建つ二重櫓二棟（一棟は復元再建）も構造的には独立しているので、二重櫓と多門櫓とすべきである。

また、彦根城天秤櫓では、長大な多門櫓の中央部に櫓門を設けている。この櫓門部分は他城の独立した櫓門を移築して、多門櫓のなかに組み込んだものである。移築に際して、櫓門二階の梁間を半間後方に拡張して、多門櫓の本体と一連のものに改造されているので、現状からは、そこを独立した櫓門とは見なせず、全体をまとめて多門櫓として扱うのは妥当であろう。

多門櫓の鬼門（東北）隅を切り欠いて鬼門除けとした例は、鹿児島城本丸にあった。その石垣の東北隅部に小さな入隅が設けられていることから、そこにあった一重二階の多門櫓の隅を切り欠いていたことが分かり、古写真からも確認される。現存例では、姫路城の天守群北腰曲輪に建つ、への渡櫓に見られる。多門櫓の載る石垣に小さな入隅があり、への渡櫓の隅部がそれにともなって切り欠かれ、その上部の屋根が宙に浮いたようになっている。

▲彦根城天秤櫓

多門櫓に組み込まれた櫓門。堀切（尾根を分断する空堀）に面して建つ長大な多門櫓で、堀切を渡る木橋に向けて櫓門を開く。多門櫓の正面両端は二重櫓で、その後方にさらに折れ曲って伸びる。全体でコの字形平面をなす。その二重櫓は構造的には多門櫓の屋根上に二階を上げたものであり、櫓門は多門櫓と一体となっている

▲姫路城への渡櫓

鬼門除けに切り欠かれた多門櫓。横矢を掛けるために石垣に入隅を設けるが、本例では多門櫓の入隅の壁面に窓や狭間がないので鬼門除けの入隅。多門櫓は入隅によって壁面が折れ曲がるが、その屋根は切り欠きを無視して架けられ、屋根裏が大きく外側へ露出している

第五節　櫓の数

近世城郭には夥《おびただ》しい数の櫓《やぐら》が建ち並んでいたが、明治以降にそれらの大部分が失われた現状から、かつての威容を窺い知るのは容易ではない。そこで、江戸時代の古記録や絵図、取り壊し前の古写真などから知られる櫓の数を次に記しておく。櫓の数には、幕府・外《と》様《ざま》大名・譜代《ふだい》大名による差異、地域や来歴による差異があり、また外様大名の城では各大名の好みによる差異も顕著に見られるので、それらを知っていただくために典型的な城を選んでおいた。各城の城主と石高《こくだか》は築城（あるいは大々的な増改築）時のものである。

櫓の数は江戸時代を通じて多少の変動があったが、資料から分かる時期のものを挙げたので、必ずしも同時期のものとは限らない。なお、櫓数が広島城とともに全国最多であった姫路城と熊本城を挙げないのは、平櫓《ひらやぐら》や多門櫓《たもんやぐら》や二重櫓が複雑に連なった構造のため、正確に棟数を算定できないからである。

幕府系の城・藤堂高虎の城

◆名古屋城

慶長十五年（一六一〇）、尾張徳川六十一万石

［三重櫓・二重三階櫓］　四棟（現存三棟）

［二重櫓］　七棟

［多門櫓］　一四棟（延長六百三十間）

◆大坂城

元和六年（一六二〇）・寛永七年（一六三〇）再築、幕府直轄

［三重櫓］　一二棟

［二重櫓］　一四棟（現存四棟）

［多門櫓］　二六棟（延長八百七十三間、現存一棟）

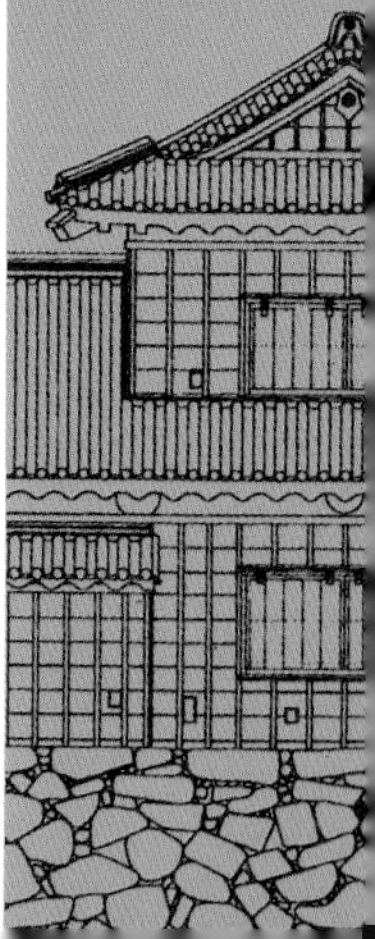

◇津城（三重県）
慶長十六年（一六一一）改修、藤堂高虎《とうどうたかとら》二十二万石
[三重櫓] 二棟
[二重櫓] 四棟
[平櫓] 一二棟
[多門櫓] 八棟（延長二百二十五間）

幕府が公儀普請《こうぎぶしん》（天下普請）で築城した大城郭では、縄張が藤堂高虎流になっており、本丸など主要な曲輪《くるわ》を多門櫓で完全に取り巻いていた。そのため多門櫓は一棟ずつの長さが極めて大きく、総延長も驚くほどに長い。本丸の隅櫓《すみやぐら》は他城の天守を超えるような三重櫓（名古屋城では三重櫓と同等の二重三階櫓）を複数並べ、二の丸には大型の二重櫓を建てたが、平櫓を全く建てなかった点に特徴がある。櫓の総数自体は外様大名が築いた大城郭である広島城・岡山城や姫路城・熊本城と比較して随分と少なかったが、個々の櫓の規模が巨大だったので、建築面積では逆にはるかに大きかった。

高虎が自己の居城として築いた津城は、外郭にも平櫓を並べていたこと以外は、幕府の城と共通していた。高虎の築城術が幕府に受け継がれたことが分かる。

▲名古屋城本丸多門櫓（明治前期）

西国の外様大名の城

◇広島城
天正十七年（一五八九）、毛利輝元《もうりてるもと》百十二万石、慶長六年（一六〇一）増築、福島正則《まさのり》四十九万石
[二重櫓] 三五棟（再建一棟）
[平櫓] 三〇棟（再建一棟）

［多門櫓］　一一棟（延長二百二十八間、再建一棟）

◆岡山城
天正十八年（一五九〇）、宇喜多秀家《うきたひでいえ》五十七万石、慶長六年（一六〇一）改修、小早川秀秋《こばやかわひであき》五十一万石、元和元年（一六一五）頃改修、池田忠継《ただつぐ》・忠雄《ただお》三十一万石
［三重四階櫓］　一棟
［三重櫓］　六棟（別の資料では二重櫓の一部を三重櫓として一二棟）
［二重櫓］　二四棟（現存二棟）
［多門櫓］　一八棟（延長百七十五間）

◆松江城
慶長十二年（一六〇七）、堀尾吉晴《ほりおよしはる》二十四万石
［二重櫓］　五棟（再建一棟）
［平櫓］　六棟（再建二棟）
［多門櫓］　一二棟（復興一棟）

◆萩城（山口県）
慶長九年（一六〇四）、毛利輝元三十六万石
［三重櫓］　一棟
［二重櫓］　一九棟
［多門櫓］　三棟（延長九十三間）

▲松山城野原櫓・乾櫓

◆松山城（愛媛県）
慶長七年（一六〇二）、加藤嘉明《よしあき》二十万石
［二重櫓］　一四棟（現存二棟、再建三棟、復興一棟）
［平櫓］　五棟（現存三棟、再建二棟）
［多門櫓］　三棟（再建一棟）

◆高知城
慶長六年（一六〇一）、山内一豊《かずとよ》二十万石
［三重櫓］　一棟
［二重櫓］　七棟
［多門櫓］　九棟（延長七十八間、現存三棟）

◆宇和島城《うわじま》（愛媛県）
慶長元年（一五九六）、藤堂高虎七万石、寛文二年

（一六六二）改修、伊達秀宗《だてひでむね》十万石
［二重櫓］ 一棟
［平櫓］ 二棟
［多門櫓］ 一棟（延長二十一間）

◆小倉城《こくら》（福岡県北九州市）
慶長七年（一六〇二）、細川忠興《ただおき》三十九万石
［二重櫓］ 一六棟
［平櫓］ 一七棟

◆鹿児島城
慶長七年（一六〇二）、島津家久《いえひさ》七十二万石
［多門櫓］ 四棟

西国の外様大名の城には、豊臣五大老の居城として慶長五年（一六〇〇）の関ヶ原の戦い以前に築かれた広島城・岡山城があるが、関ヶ原の論功行賞で東国から栄転してきた豊臣系大名（津山城〈岡山県〉を築いた森忠政《ただまさ》はやや後れた）および関ヶ原以前から西国に本拠をもっていた豊臣系大名がほぼ新規に築城（松江城・津山城・松山城・今治城《いまばり》〈愛媛県〉・高知城・小倉城・福岡城・唐津城〈佐賀県〉・熊本城など）、あるいは関ヶ原以前の城郭を大改修した城郭（姫路城・鳥取城・米子城《よなご》〈鳥取県〉・岡山城・広島城・徳島城・高松城〈香川県〉・宇和島城など）が圧倒的に多い。慶長二十年まで続いた築城盛況期とは、主に西国の外様大名の城普請が集中した時期であった。豊臣系の外様大名は、城造りに長けており、壮大な石垣、天守、数多くの櫓や城門を築いた。

したがって、広島城・岡山城をはじめ姫路城・熊本城・小倉城・津山城などは櫓の数で全国最多であった。松山城や宇和島城は全国的に見れば櫓数がかなり多いが、西国では標準的だった。なお、広島城で平櫓が多いのは、関ヶ原の戦い以前に創建されたからであって、二重櫓の多くは関ヶ原以降に福島正則が建て増したものである。また、姫路城・岡山城・高松城・熊本城には天守以外に多くの三重櫓を建てており、萩城や高知城でも天守以外に三重櫓一棟ずつを建てていたのは、西国の大城郭の特徴である。

そうした豊臣系大名でも、堀尾吉晴の松江城、山内一豊の高知城などは、西国の他城からすれば比較的に櫓が少なく、大名ごとの好みが現れている。関ヶ原の負け組の毛利輝元は広島城を失って萩城を築いたが、もとの広島城よりかなり縮小している。島津家久にい

たっては、幕府を憚《はばか》ってか、二重櫓を全くもたない館造りの鹿児島城を築いている。

東国の外様大名の城

◆仙台城（宮城県）
慶長六年（一六〇一）、伊達政宗五十八万石、寛永十五年（一六三八）増築
[三重櫓]　四棟
[二重櫓]　一棟（再興一棟）
[平櫓]　一棟
[多門櫓]　二棟（延長七十八間）

◆米沢城（山形県）
慶長六年（一六〇一）改修、上杉景勝《かげかつ》三十万石
[三重櫓]　二棟（一棟は天守代用）
[二重櫓]　四棟
[多門櫓]　四棟
◆山形城
十六世紀末～慶長改修、最上義光《もがみよしあき》五十七万石
[三重櫓]　一棟
[二重櫓]　七棟
[平櫓]　九棟（再建二棟）

◆盛岡城（岩手県）
十六世紀末改修、南部信直《なんぶのぶなお》十万石、延宝元年（一六七三）改修
[三重櫓]　一棟（もと天守代用、後に天守）
[二重櫓]　三棟
[平櫓]　一棟
[多門櫓]　二棟

◆会津若松城（福島県）
文禄元年（一五九二）、蒲生氏郷《がもううじさと》九十一万石、寛永十六年（一六三九）頃増築、加藤明成《あきなり》四十万石
[二重櫓]　一〇棟（再建一棟）
[多門櫓]　六棟（再建一棟、復興一棟）

◆白河小峰城《しらかわこみね》（福島県）
寛永六年（一六二九）、丹羽長重《にわながしげ》十万石
[三重櫓]　一棟（天守代用、再建）
[二重櫓]　五棟
[平櫓]　五棟
[多門櫓]　一棟

◆二本松城（福島県）
寛永五年（一六二八）頃改修、加藤明利三万石、

寛永二十年（一六四三）改修、丹羽光重十万石
［櫓］なし

◆上田城（長野県）
寛永三年（一六二六）再築、仙石忠政《せんごくただまさ》六万石
［二重櫓］七棟（現存三棟）

◆弘前《ひろさき》城（青森県）
慶長十五年（一六一〇）、津軽信枚《つがるのぶひら》四万石
［三重櫓］五棟（一棟は天守代用、現存四棟）
［多門櫓］一棟（延長十一間）

関ヶ原以降の築城盛況期の東国には、城造りに長けた豊臣系の外様大名が少なく、東国のうち甲信・東海・関東地方の大部分は親藩《しんぱん》・譜代の大名が占めていた。東国でも北寄りの東北地方には、新潟・関東・東北地方出身の外様大名が多く存在した。彼らは豊臣系の城郭の特徴である石垣や天守の築造が不得手であったり、幕府に対する遠慮などから天守の創建を断念したりした。仙台城・米沢城・山形城といった大身の大名の城に天守はなく、櫓数も西国大名の城に比べると半分以下であったが、三重櫓を有したことで面目を保っていた。それも仙台城では、正保三年（一六四六）の大地震で三重櫓四棟が崩れてしまい、以後、再建されなかった。盛岡城も武家諸法度《ぶけしょはっと》公布後に根本的に改修されたので、もちろん櫓はわずかだった。それに対して弘前城は、禄高が小さい割に三重櫓を多く建てており、異色である。

その一方、会津若松城は豊臣系外様大名が築いた城

▲二本松城
櫓が建てられなかった石垣

▲上田城南櫓

であって、東北唯一の五重天守を有していた。しかし、櫓数は禄高に比して極めて少なかった。白河小峰城も豊臣系外様大名が築いたが、武家諸法度公布後の築城のため天守は代用の三重櫓で済ませ、櫓数も多くない。そして、二本松城に至っては、壮大な石垣はあるが、櫓は全く建てられなかった。前城主が改易となった城に櫓を新設することを憚ったものと考えられる。

また、甲信地方には豊臣系外様大名が関ヶ原前後に築いた甲府城（山梨県）・小諸城《こもろ》（長野県）・松代城《まつしろ》（長野市）といった古城があるが、櫓数は極めて少ない。真田《さなだ》氏の上田城は関ヶ原の戦い後に完全に破却され、しばらくしてから再築された城である。その完成前に工事が中止されているが、それでも二重櫓が七棟もあって、禄高の割に櫓は多かった。

譜代・親藩大名の城

◆鶴ヶ岡城（山形県）
元和八年（一六二二）改修、酒井《さかい》忠勝《ただかつ》十四万石
［二重櫓］　二棟
［多門櫓］　二棟（延長三十四間）

◆高崎城（群馬県）
慶長三年（一五九八）、井伊直政《いいなおまさ》十二万石
［三重櫓］　一棟（天守代用）
［二重櫓］　四棟（現存一棟）

◆佐倉城（千葉県）
慶長十六年（一六一一）、土井利勝《どいとしかつ》三万石
［二重櫓］　二棟

◆川越城（埼玉県）
寛永十六年（一六三九）改修、松平信綱《のぶつな》六万石
［三重櫓］　一棟（天守代用）

▲佐倉城の堀と土居

[二重櫓] 二棟

◆水戸城(茨城県)

寛永二年(一六二五)改修、徳川頼房《よりふさ》二十五万石

[三重櫓] 一棟(天守代用)

[二重櫓] 四棟

[多門櫓] 四棟

◆松本城

十六世紀末改修、石川数正八万石、慶長十八年(一六一三)以降譜代

[二重櫓] 五棟

[平櫓] 一棟

[多門櫓] 一棟

◆浜松城(静岡県)

十六世紀末改修、堀尾吉晴、慶長六年(一六〇一)以降譜代

[二重櫓] 三棟

[平櫓] 一棟

[多門櫓] 一棟(延長二十二間)

◆吉田城(愛知県豊橋市)

十六世紀末改修、池田輝政《てるまさ》十五万石、慶長六年(一六〇一)以降譜代

[三重櫓] 五棟(一棟は天守代用、模擬復興一棟)

[二重櫓] 三棟

[多門櫓] 二棟

◆岡崎城(愛知県)

十六世紀末改修、田中吉政《よしまさ》、慶長六年(一六〇一)以降譜代

[二重櫓] 一八棟(再建一棟)

[平櫓] 一棟

[多門櫓] 一〇棟

◆宮津城(京都府)

天正八年(一五八〇)、細川藤孝《ふじたか》十二万石、慶長六年(一六〇一)改修、京極高知《きょうごくたかとも》・高広《たかひろ》十二万石、寛文九年(一六六九)以降譜代

[二重櫓] 六棟

[平櫓] 四棟

[多門櫓] 九棟(延長二百三十六間半)

◆明石《あかし》城(兵庫県)

元和五年(一六一九)、小笠原忠真《おがさわらただざね》十万石

[三重櫓] 四棟(現存二棟)

[二重櫓] 六棟

[平櫓] 一〇棟

◆福山城（広島県）
元和六年（一六二〇）、水野勝成《かつなり》十万石
［三重櫓］　六棟（現存一棟）
［二重櫓］　一六棟（再興二棟）
［多門櫓］　二二棟（延長二百九十一間、現存一棟）

天正十八年（一五九〇）以降、関ヶ原の戦い以前は、徳川家康配下の城は関東地方にしかなかったが、関ヶ原以降になると、譜代・親藩大名の城は近畿地方や東海・中部の東国に広がった。さらに元和元年（一六一五）の豊臣氏の滅亡後は、主に全国の有力外様大名の改易や転《てん》封《ぽう》によって譜代・親藩大名が次第に西国や東北地方へと進出していった。したがって、譜代・親藩大名の城は、築城の時期や沿革によって、関東地方、甲信・東海地方、西国・東北地方の三つに大別できる。

関東地方の譜代・親藩大名の城は、一般的に公式の天守がなく、三重櫓をその代用とした。櫓は二重櫓を数棟設けるだけで、平櫓はほとんどなかった。御三家の水戸城ですら櫓数は西国の小大名の居城と同程度しかなく、特別に天守を上げていた佐倉城ですら二重櫓二棟だけだった。

甲信・東海地方の大部分は、天正十八年（一五九〇）以前は徳川家康の所領だったが、家康の関東移封後は豊臣系外様大名が多数転封してきて、それまでの中世的な城郭を近世城郭に改修した。石垣や天守が築かれ、多数の櫓が創築された。関ヶ原以降は再び譜代・親藩

▲明石城本丸坤櫓・巽櫓

▲福山城神辺一番櫓・伏見櫓・多門櫓（明治初期）

大名の城となったが、城の規模や櫓数などは、関ヶ原以前の外様大名が改修した時のものがほぼそのまま踏襲されている。甲府城・松本城・掛川城《かけがわ》（静岡県）・浜松城・吉田城・岡崎城などがそうした例である。これらの城は、関ヶ原以前の豊臣系中小大名の城の規模や櫓数を江戸時代になっても踏襲したものと考えられる。その櫓の数は関東地方の譜代大名の城よりやや多い程度だった。しかし、田中吉政が改修した岡崎城は極めて多数の二重櫓があり、池田輝政が改修した吉田城には五棟もの三重櫓があった。それらは大名ごとの特色が残ったものと考えられる。

全国で有力な外様大名が無嗣断絶や不行き届きなどで改易になった後は、その旧領には譜代・親藩大名が入封した。大城郭だった東北の山形城・会津若松城、西国の宮津城・姫路城・津山城・松江城・松山城・小倉城などは譜代・親藩大名の居城となった後も、大きく改修されることはなかった。それとは相違して、新たに城を築いたり、旧城を改修したりした城もあり、東北地方では鶴ヶ岡城、西国では明石城・福山城・高松城がそうした例である。近くに多数の櫓を擁した外様大名の大城郭がなかった鶴ヶ岡城では、酒井忠勝が幕府重鎮で十四万石の太守《たいしゅ》だったにもかかわらず、関東地方の譜代大名の城と同様に、二重櫓をわずか二棟建てたに過ぎない。それとは対照的に、西国の明石城・福山城では、十万石の譜代大名なのにもかかわらず、三重櫓を多数並べており、特に福山城の櫓数は西国の有力外様大名の城すら超えるものであった。この両城は、西国大名衆を監察する役目をもっており、浅野氏の広島城、池田氏の岡山城といった西国でも最大の城に対して遜色がないことが重要だった。また、高松城は改易となった生駒《いこま》氏が築いた四国の大城郭だったが、四国監察の役目を果たすためにさらなる増築がなされ、三重櫓が林立していた。

特筆すべきは宮津城《みやづ》である。織田信長の許可を得て細川藤孝が創築し、関ヶ原以降に外様大名の京極氏が増改築した名城で、京極氏の改易後に譜代大名の居城となった。京極氏の改修によって本丸の全周を多門櫓と二重櫓で囲んでおり、譜代大名の城としては破格に厳重だった。しかし、京極氏改易後に破損個所を幕府が修築する際には櫓が多すぎるとのことで、一部の二重櫓や多門櫓を修理せずに解体し、土塀に変える建議がなされている。

第六節　代表的な現存櫓

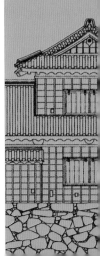

旧天守の櫓

熊本城宇土櫓

宇《う》土《と》櫓《やぐら》は、三重五階、地下一階の望楼《ぼうろう》型の高楼《こうろう》である。高さ二五メートルという高石垣上に建つ。宇土櫓は大小天守に次ぐ熊本城「三の天守」と言われており、これを天守と見なせば、全国最高の天守台に載っていると言える。その台座石垣は、加藤清正の高度な築造技術をしても、歪んだ台形平面になっており、築造年代の古さを示す。しかし、石垣の隅部の算木積《さんぎづみ》のやや未完成な（隅石《すみいし》が痩せている）点から判断すれば、慶長四年（一五九九）頃築造の大天守台（全く算木積でない）よりは新しく、同十四年頃に小天守台（ほとんど痩せない算木積）を増築した時よりは古い。宇土櫓台から東側に続く石垣は、算木積にならない古式なも

▲熊本城宇土櫓
入母屋造を３段重ねにして、その入母屋破風と同大の千鳥破風を設け、最上階に廻縁をもつ。現存最古の天守である

ので、しかも上下二段に築かれて宇土櫓台と同じ高さになっている。その石垣は大天守台に近い慶長四年頃のものと考えられるので、宇土櫓台石垣はもと二段だったものを一段に改造されたものである。

宇土櫓には穴蔵《あなぐら》があるが、その穴蔵に架かる梁が一階床《ゆか》組《ぐみ》とは離れている。現存例では、穴蔵の梁に一階床組が直接に載るのが常識なので、宇土櫓には元来は穴蔵がなかった、すなわち他所から穴蔵のない建物を移築して穴蔵を新設したものと考えられる。したがって、宇土櫓を現在の位置に移築した際に、台座石垣も改築されたものと判断される。

そして宇土櫓の一階平面は、驚くほど古式である。一階は、平《ひら》九間《けん》（六尺五寸間）余り、妻《つま》八間もあり、五重の松本城天守よりわずかに大きい。その身舎《もや》は六室に分かれ、四周を一間幅の入側《いりがわ》が取り巻くが、その北側（城外側）では入側が二重になっている。現存の類例はないが、信長の安土城天主の二階には二段の縁、すなわち入側（武者走り《むしゃばしり》）と広縁《ひろえん》があったと『信長《しんちょう》公記《こうき》』に記されている。宇土櫓に見られる二重の入側は、安土城天主の唯一の後継であって、書院造《しょいんづくり》の殿舎の面影を残す高い格式と古式を示している。また、宇

熊本城宇土櫓
▲一階の二重入側。写真中央の柱の両側が入側
▼穴蔵の梁組。上方の一階の床組（床板・根太・大引）と穴蔵の梁が離れている

土櫓の一階内部に使われている当初の柱には、室町時代を思わせるような細かくて浅い手斧《ちょうな》の刃痕が残っている。建築年代は間違いなく十六世紀後期に遡る。

ところで、宇土櫓は外観も崇高である。その最上階・五階には廻縁《まわりえん》が設けられ、天守と同等の格式を見せる。外側に廻縁を付けた櫓は珍しく、大洲《おおず》城（愛媛県）高《こう》欄櫓《らんやぐら》と松本城天守付属の月見櫓しか現存例がない。宇土櫓の五階は三間四方で、関ヶ原の戦い以前の天守最上階の規模（安土・大坂・広島・岡山など）と同じで、最上重の入母屋《いりもや》の妻面を一階の平側に向ける点も同じである。

もっと注目すべきは、屋根の構成である。一重一階の大きな入母屋造を基部として、その上に望楼を載せた望楼型天守と言えるが、二階は大きな入母屋造の屋根に埋没した屋根裏階となっており、三階には二重目の入母屋造の屋根を被せ、望楼はその上に載せている。四階も屋根裏階となり、望楼である最上階・五階に三重目の入母屋造の屋根が架かる。要するに、入母屋造の建築を三段重ねにして、それぞれの間に屋根裏階を挟んだ構造である。この二つの屋根裏階の採光のために、それぞれ平側に巨大な千鳥破風《ちどりはふ》を設けて窓を開いているが、あまりにも大きな千鳥破風であるため、まるで四方に破風を向けた四方入母屋造のように見える。草創期の望楼型天守では、基部の入母屋屋根に埋没する屋根裏階の明《あ》かり採《と》りのために、宇土櫓のように大きな千鳥破風を設けたもの（類例は江戸中期再建の高知城天守）と、入母屋造の屋根を載せた大きな出窓を設けたもの（類例は岡山城や松江城天守）とがあり、前者の現存最古の例として学術的に貴重である。

▲熊本城宇土櫓
千鳥破風内部。屋根裏階である二階の採光のために設けられた巨大な千鳥破風で、その大きな妻壁（写真左方）には格子窓が並ぶ。居住性を高めるために内側に障子を引く

なお、この三段重ねの入母屋造に巨大な千鳥破風付きといった宇土櫓の特異な造形は、西南戦争で焼失した熊本城天守の屋根構成に極めて類似している。宇土櫓が熊本城天守の造形の原型となった、換言すれば、三重の宇土櫓を五重に拡大して熊本城天守が成立したのである。

さて、宇土櫓という名称から宇土城天守を移築したものと言われてきたが、その名称は後世に付けられたもので以前は平左衛門丸《へいざえもんまる》五階櫓と呼ばれていたことを北野隆博士が明らかにしている。小天守が宇土城天守を移築したものという宮上茂隆《みやがみしげたか》博士の説もある。筆者の見解では、宇土櫓は隈本《くまもと》城の天守を慶長八年（一六〇三）前後に現在地へ移築改造したものと考える。加藤清正が天正十六年（一五八八）頃から修築を始めたのが隈本城で、現在の熊本城本丸から南西八〇〇メートルにあった古城《ふるしろ》（現在は熊本県立第一高等学校の構内）である。その本丸に相当する場所に建てられていた天守が宇土櫓の前身で、天正十八年頃には完成していたと考えられる。したがって、現存最古の天守建築で、豊臣大坂城天守の完成時より五年ほど後の建築となろう。

名古屋城西北隅櫓

三重三階の層塔《そうとう》型の隅櫓《すみやぐら》である。名古屋城では、本丸に二重三階の隅櫓を三棟建てていたが、三重櫓は城内唯一であった。旧称は御深井丸《おふけまる》戌亥櫓《いぬいやぐら》で、本丸の西北に位置し、武器を蓄えていた重要な曲輪《くるわ》の隅櫓である。清洲《きよす》城（清須城、愛知県）小天守を移築したもの

▲名古屋城西北隅櫓
四重や五重の天守に匹敵する平面規模をもつ隅櫓で、現存最大の層塔型三重櫓である。清州城天守を移築改造か

と伝えられ、別称を清洲櫓という。戦災焼失した名古屋城小天守が清洲城天守を移築したものと伝えられていたが、名古屋城小天守は移築された痕跡がなく、規模が十三間に九間もあって清洲城天守としては大きすぎること、二重二階なので天守建築ではないことなどから、西北隅櫓が清洲城天守を移築改造したものと考えられる。

一階平面が平八間（六尺五寸間）、妻七間もある大型櫓で、周囲に一間幅の入側を設け、身舎は四室（十八畳大と十二畳大が各二室）に分かれるが、間仕切りは失われている。城外側の二面の中央には、間口四間の大きな出窓を突き出し、入母屋破風を載せ、その床面を石落《いしおとし》としている。幕府系城郭に多用された出窓型石落の最古かつ最大のものである。

一階平面は、四重の高知城天守より大きく、まさに天守の風格である。柱に不要な仕口《しぐち》（部材を組み合わせる切り欠き）が各所に見られ、移築されたことを明白に示している。無駄な仕口があること、平面規模の割に高さが低いこと、層塔型という新しい形式になっていることなどから、移築に際して大きく改造されたことが分かる。もちろん出窓型石落も移築時に付加されたものである。清洲城天守が前身建物である蓋然性は高く、もとは望楼型の三重四階か四重五階天守で、織田信雄《のぶかつ》か福島正則《まさのり》が清洲城主だった十六世紀末の建築、あるいは慶長十五年（一六一〇）の名古屋城築城前に松平忠吉《ただよし》が城主だった時の建築であろう。

三重櫓

福山城伏見櫓

福山城（広島県）は、西国の外様《とざま》の雄藩が並ぶ中に、譜代《ふだい》大名・水野勝成《かつなり》が西国鎮武の幕命を帯びて元和八年（一六二二）に完成させた城である。岡山城や広島城といった外様大名の大城郭に見劣りせぬよう、最新鋭の層塔型五重天守を建てる一方、その頃に廃城となった伏見城の櫓や城門を幕府から拝領し、将軍家の威光を誇示した。

福山城本丸南正面の筋鉄《すじがね》御門《ごもん》脇の要所に建つ伏見櫓は、二階内部の梁の刻銘「松ノ丸ノ東やく□」（松の丸の東櫓）により、伏見城の表看板であった松の丸東櫓を移築したものであることが明確である。伏見城は関ヶ原の戦いの前哨戦で落城焼失しているので、徳川家康によって戦後の慶長六年（一六〇一）頃に再建された三代目伏見城の櫓とされている。しかし、極めて古式な形状から豊臣秀吉が慶長二年に築いた二代目伏見城の櫓が残っていたものと考えられる。

　大規模な三重三階の櫓で、一階と二階は平八間（六尺五寸間）に妻四間半の同大平面である。その著しく細長い長方形平面に入母屋造の屋根を架け、その上に棟を直交させて四間四方の三階を載せている。最古式の望楼型天守のような姿である。外壁は総て白漆喰《しろしっくい》の塗籠《ぬりごめ》であるが、一階と二階は、柱と長押《なげし》の形を壁面に浮き出させる真《しん》壁造《かべづくり》になっていて、その古雅な姿は豊臣時代の伏見城天守を彷彿とさせる。現存する櫓のなかで、これほどの品格を漂わせているものはほかに一棟もない。

　また、一階と二階の窓は、窓台が極めて低く、弓矢にて下方の敵を狙うための仕様であると考えられる。そのような低い窓台は、彦根城天秤櫓の中央部の櫓門二階に相当するところや、同城の太鼓門《たいこもん》二階に見られ、この二例は関ヶ原の戦い以前に建てられた他城の櫓門

福山城伏見櫓
▲刻銘
◀外観
▶低い窓台
梁に残る刻銘によって伏見城からの移築が確実な三重櫓。刻銘が白いのは調査時に塗られた白墨が放置されているため

を移築したものであって、格子窓《こうしまど》の古い仕様と言える。

ところで、一階平面は、三間四方の部屋二室を身舎とし、身舎をL字形に囲んで二方に入側を取る。その入側の幅は、側面は二間とし、正面は約一間半である幅八尺七寸を二つ割りにした二間とする。福山城では、この伏見櫓は妻側二方と平側一方の三方が本丸の外側に面しているので、入側は本来、外側三方に配置されるべきであって、現状の入側配置は不合理である。入側がL字形に配されているのは、曲輪の隅に建てられた隅櫓だったからで、伏見城東の丸の隅に建てられていたために外ならない。

一階の柱は新旧混在しているが、その中で四本は他の柱より格段に太く、特に質の高い檜材であって、手斧はつりが細かく丁寧で年代が古いことを示しており、しかも無駄な仕口を埋めた傷が多い。すなわち転用古材である。その太さからすると五重天守の柱材と思われ、材質の良さから秀吉が建てた初代伏見城（指《し》月《げつ》）天守の柱材で、慶長元年（一五九六）に慶長伏見地震で倒壊し、二代目伏見城（木幡山《こわたやま》）再建に際して松の丸東櫓に転用されたものと推測される。

▲福山城伏見櫓
一階内部。写真左方の入側柱は、右方の２本の入側柱と比べて極端に太い良材である。天守に使われるような柱であって、天守の古材が再利用されたものと考えられる。地震で倒壊した初代伏見城天守の残材であろう

弘前城二の丸未申櫓・辰巳櫓・丑寅櫓

弘前城《ひろさき》（青森県）の二の丸には、未申櫓《ひつじさるやぐら》・辰巳櫓《たつみやぐら》・丑寅櫓《うしとらやぐら》の三棟の隅櫓が現存する。ほぼ同形同大の望楼型の三重三階櫓であって、土塁《どるい》上に低い櫓台石垣を築き、その上に建てられている。

未申櫓は一階（一重目）と二階（二重目）を四間（六尺五寸間）四方に造り、二重目屋根を望楼型基部の入

母屋造とし、その上に三間四方の三階（三重目）を載せる。三重櫓としては限界的に小型であるにもかかわらず、三階を天守並みの三間四方にできた画期的な形式である。正方形平面とするのは、層塔型の櫓が専らとなった慶長末期以降の新しい時代の好みであるが、一階と二階を同大にした望楼型であって、二重目と三重目の屋根の向きを直交させることは古式である。未申櫓は一階内部の中央に太い柱を一本だけ立てており、一般的な櫓の構造となっているが、二階内部に独立した柱がなく、牛梁《うしばり》が長さ四間を持ち放す欠陥構造になってしまい、やや心配である。三階は四方から半間ずつ縮小するので、二階と柱筋が総てずれてしまい、三階の側柱《がわばしら》を立てるために梁の上に柱盤《ちゅうばん》を渡している。その点は層塔型五重天守と同じ構造である。

外壁は漆喰の塗籠である。二階の城外側に二間幅の出格子窓《でごうしまど》、三階の妻側に一間幅の出格子窓を開いており、格調が高い。屋根勾配《こうばい》は極めて緩く、積雪が落下しないように配慮されている。屋根は栩葺《とちぶき》（柿板《こけらいた》より厚めの板で葺いたもの、現状は銅板葺）であって、瓦を使わない寒冷地対策となっている。なお、三階に天井を張っており、櫓として破格に格式が高い。

▲弘前城二の丸丑寅櫓
外観は重厚な望楼型三重櫓。三階の左右に望楼型の入母屋破風を設けるが、各階ともに正方形平面なので層塔型でも建築は可能。二階と三階は出格子窓で格調が高い

辰巳櫓と丑寅櫓は、未申櫓とほぼ同形同大ではあるが、この二棟は内部に独立柱がない。また、丑寅櫓は六尺三寸間であって、建築年代が相違するようだ。三重櫓や二重櫓を城内に複数棟建てる場合は、規模や意匠を少しずつ相違させて変化をもたせることが多い。それに対して、弘前城では総ての三重櫓の規格をほぼ統一しており、建築の効率化と城の意匠の統一が図られている。そうした類例は上田城（長野県）の二重櫓があるが、三重櫓の例はない。

明石城本丸坤櫓・巽櫓

明石《あかし》城（兵庫県）は、元和五年（一六一九）に譜代大名の小笠原忠真《おがさわらただざね》が幕命によって新たに築いた平山城《ひらやましろ》である。本丸西面には巨大な天守台が築かれたが、ついに未建に終わった。その規模からすると五重天守の台座である。本丸の四隅には三重櫓が上げられ、そのうち南正面の坤櫓《ひつじさるやぐら》と巽櫓《たつみやぐら》が現存する。ともに層塔型の三重三階櫓であるが、坤櫓は巽櫓の一・五倍の面積をもつ。坤櫓は天守台のすぐ南正面に建てられており、本来は小天守に相当する櫓であるが、天守未建により天守代用三重櫓であった。明石城の築城に当たって、坤櫓は廃城となった伏見城から移築、巽櫓は船上《ふなげ》城（兵庫県明石市）天守を移築したという伝承があるが、寛永期（一六二四〜四四）の本丸火災で焼失し、現存の櫓はその後に再建されたものと考えられている。

坤櫓の一階は、平六間に妻五間であるが、身舎を平四間（五尺七寸五分間）に妻三間（五尺七寸間）として、幅六尺五寸の入側を廻らせた規模である。身舎の中途半端かつ六尺より短い柱間寸法については、六尺五寸を一間として平三間半に妻二間半と計画し、それを尺単位の完数値の二十三尺に十七尺に切り上げ、さらにそれを四間・三間に割ったものと推測されなくもない。このような設計方法は寛永期以降になって現れたと考えられ、そうであれば、当時最先端の技法で設計されたものと言える。ただし、石垣築造誤差によって本丸城壁から突出している妻側の寸法が計画通りにならな

明石城本丸坤櫓
▲城外側　▼城内側

かったため、変則的な寸法（石垣に合わせて割り付け）を採らざるをえなかったかもしれない。入側柱は立つものの、柱間には建具《たてぐ》・壁などが全くなく、内部は一室として扱われている。

坤櫓の外観は、漆喰の塗籠である。一般的な層塔型三重櫓より飾りの破風が多く、また四方に窓を開く点で、天守代用の三重櫓であることが分かる。特に破風の配置は、四面が総て相違している。城外側では平は一重目に軒唐《のきから》破風《はふ》、二重目に千鳥破風、妻は逆に並べて一重目に千鳥破風、二重目に軒唐破風とし、城内側では平は二重目に軒唐破風と千鳥破風を同時に用いる珍しい形式とし、妻は一重目に千鳥破風となっている。四面を異なった意匠とするなど創意に溢れており、三重櫓の破風配置としては全国で最も技巧的である。

巽櫓の一階は、平五間に妻四間であるが、身舎を平三間（五尺六寸間）に妻二間（六尺五寸間）として、幅六尺五寸の入側を廻らせた規模である。身舎の平の柱間寸法が中途半端なのは、六尺五寸の二間半を三間に割ったためと推測されるが、巽櫓では平側の石垣を突出させており、坤櫓の場合と同様に石垣築造誤差も否定できない。

巽櫓の外観も漆喰の塗籠で、飾りの破風も付けられるが、坤櫓より少し控えめで、二重目の軒唐破風二つが省略されている。また、城内側に窓を開かない点では、完全に隅櫓の形式である。坤櫓が短辺である妻を正面に向けるのに対し、巽櫓は長辺である平を正面に向けており、本丸正面の趣を左右で変えることは、日

明石城本丸巽櫓
▲城外側　▼城内側

本の城の意匠として基本であって好感がもてる。小さい巽櫓の長辺を正面に向けることで、左右の櫓の規模を同等に見せる点も巧みである。

高松城北の丸月見櫓・旧東の丸艮櫓

高松城（香川県）は、豊臣系外様大名の生駒《いこま》氏が築いた最新鋭の海城《うみじろ》であった。生駒氏改易後、寛永十九年（一六四二）に高松城主となった松平頼重《よりしげ》（水戸光圀《みつくに》の兄）は、西国の外様大名の監察の幕命を受け、高松城の増改築を開始し、寛文十年（一六七〇）には天守を造替《ぞうたい》した。その普請の仕上げに延宝四年（一六七六）に北の丸月見櫓、同五年に東の丸艮櫓《うしとらやぐら》などが新築された。両者は、もとは海に直面して建っていたが、艮櫓は昭和四十二年（一九六七）に現在地の太鼓櫓跡に移築されている。なお、高松城内には、これら現存の二棟のほかに、三の丸龍櫓《りゅうやぐら》、桜の馬場の太鼓櫓と烏櫓《からすやぐら》、合わせて五棟もの三重櫓が存在した。それらの櫓もほぼ同じ頃に建てられたと考えられる。福山城・明石城とともに三重櫓が多く、幕府の西国外様大名監察を権威づけるものであった。

この月見櫓は本来、着見櫓《つきみやぐら》といい、藩主がこの櫓脇の水手御門《みずのてごもん》から参勤交代の出入りをしたため、船の到着を窺う櫓だったという。三重三階、層塔型の櫓で、平櫓の続櫓《ひらやぐらつづきやぐら》を従える。一階は五間（六尺五寸間）四方で、二階は四間四方、三階は三間四方と整然と逓減《ていげん》する。

月見櫓一階の海側には、平に唐破風造の出窓（昭和復元）、妻に切妻造《きりづまづくり》の出窓を設け、その床面を石落とする。陸側には、平に唐破風造の突き出しを介して続櫓を繋げ、妻に切妻造の向拝《ごはい》（玄関）を設ける。二重目屋根には妻に軒唐破風を飾る。この意匠において、破風だけに着目すると、陸側海側ともに唐破風を一重目は平に、二重目は妻に設け、切妻破風を一重目妻に設けている。すなわち櫓の本体が四方から見て完全に左右対称、四方正面に造られており、天守の意匠に通じる。そして極めて珍しい切妻造の向拝は、左右対称に見せるために特設されたものであることが分かる。外壁は塗籠で、各階の窓の上下に白木の長押を廻らすが、長押の隅部が留仕口《とめしぐち》（四五度に切り合わせる接合部）になっておらず、本来は塗り込めて長押形《なげしがた》にすべきものである。鉄砲狭間《てっぽうざま》は隠狭間《かくしざま》（一階の三つのみ現状は開口）となっている。

この月見櫓の構造は極めて特異であって、一階から三階まで、中央に太い柱を一間四方に配置し、その四本の柱は二階で継いでいるが通柱《とおしばしら》として扱っている。類例がない新機軸である。一階と二階の入側柱は、三階の側柱と同じ位置に立てており、二間四方の身舎を中心にして入側だけ逓減させて上階を積み上げる新しい層塔型三重天守の構造に準じているが、中央の四本の柱の存在によって各階が総柱《そうばしら》になっている。総柱は構造を強化する工夫と考えられるが、丸亀城（香川県）天守一階の総柱とは違う原理であって、合わせて注目したい。

その一方、艮櫓は外観意匠も全く相違したものとなっている。その一階は五間余りの正方形平面であって、月見櫓よりわずかに大きい層塔型の三重三階櫓である。一階は身舎を四間（六尺三寸間）四方とし、その周囲に四尺幅の入側を設ける。入側柱は二間ごとにしか立てておらず、したがって八本しかない。身舎の中には間仕切りはないが、柱によって八畳大の四室に区画したようになっている。入側幅が半間ほどしかなく、入側柱を間引くのは、江戸時代中期以降の三重櫓や小型天守の特徴であって、その現存最古例である。柱間寸法が月見櫓と相違するのは、入側の幅を半間より少し広めたため、一階全体の規模をほぼ五間四方とするための調整だったと考えられる。

艮櫓の二階は、身舎を三間（六尺三寸間）四方とし、入側幅を六尺三寸の半分とした、四間四方の規模で、それ以外は一階と同様である。入側柱が一階の柱と総

高松城北の丸月見櫓
▲城外側　▼城内側

てずれてしまっており、層塔型の一般的な構造である。三階は二階の身舎と同じ大きさの三間四方で、身舎と入側の区別はなく、中央に柱が一本立つ。

艮櫓の外観は、全国一の厳めしさである。城外側に当たる三つの隅には、櫓の大きさに比べて極めて大振りな石落を付ける。白漆喰の塗籠の石落で、外側に大きく鋭く張り出す袴腰《はかまごし》型である。また各階には数多くの鉄砲狭間を並べるが、その形状は円形・三角形・正方形・長方形のとりどりで、開口部は途中を窄《すぼ》める鼓《つづみ》型《がた》（通常は内側を大きくするアガキ）なので外側が比較的に大きく、狭間の所在が強調されている。石落と狭間で重武装した姿で敵を威嚇しており、櫓の姿を見ただけでも近寄り難い。その重装備に負けじと、頂部を著しく突き上げた大きな千鳥破風を一重目妻側に飾っており、この凝縮した造形は他に類を見ない。この千鳥破風は大棟を二重目屋根の斜面に沿わせて登らせる新型で、岡崎城（愛知県）天守に倣ったものと考えられる。二重目屋根の平側に軒唐破風を設ける。

月見櫓と艮櫓は、同時期の同規模の三重櫓であるが、構造も外観も全く相違しており、同じ城内の櫓とは思えない。さらに、大正期に取り壊されてしまった鳥櫓は、古写真によると一階が櫓台から張り出し、飾りの破風が全くない層塔型三重櫓で、三階は出格子窓であった。龍櫓の外壁は、他の三重櫓とは違って下見《したみ》板《いた》張りであった。三重櫓の形式がとりどりだったのが高松城の特色である。

▲高松城旧東の丸艮櫓
かつては海に直面して建っており、旧櫓台は香川県県民ホールの背後に残っている。全国一重厚な層塔型三重櫓で、大きな千鳥破風と石落が特徴

彦根城西の丸三重櫓

彦根城の創築の際に小谷城《おだに》（滋賀県長浜市）の天守を移築したという伝承があるが、小谷城ははるか以前に廃城となっていたので、全く信用できない。大津城や長浜城（ともに滋賀県）などの櫓を移築していた可能性はある。しかし、現存の三重櫓は、幕末に櫓台の石垣を積み替えられており、その際に古材を一部だけ再利用して新築されたもので、後述するように創建当初の形式を全く残していない。したがって、嘉永六年（一八五三）の新築再建である。

三重三階の層塔型の隅櫓で、二方向に続櫓（多門《たもん》櫓《やぐら》）を従える。一階は、六尺五寸間で平五間に妻四間の規模に造られているが、柱配置は新式である。平においては、中央四間を六尺五寸間とし、両端間は半間（三尺二寸五分）ずつとする。妻においては、中央四間を四尺八寸七分五厘間とし、両端間は半間ずつとする。すなわち、妻の中央は六尺五寸の三間を四つ割りとした寸法になっており、側柱を密に立てている。また、入側は半間幅であって、入側柱は各面とも両端と中央にしか立てず、間引かれている。この手法の応用は弘前城天守が先行する。内部は間仕切りが全くなく、一体の空間となっている。中央には太い大柱《おおばしら》（心柱《しんばしら》）を立て、二階までの通柱とする。

二階は平四間（六尺五寸間）に妻四間（四尺八寸七分五厘《りん》間、実質は三間）で、一階の身舎の規模に等しく、中央に大柱が一階から立ち上がる。三階は、二階の四方から二尺ずつ縮小した規模で、それを平側は四等分した五尺五寸間、妻側は二等分した七尺七寸五分間とする。このような綿密な寸法計画は、江戸時代中

▲彦根城西の丸三重櫓
L字形平面の多門櫓の折れ曲がり部に建つ層塔型三重櫓

期以降の特徴である。

外観は、最上重以外に破風が全くない、層塔型の原初形である。外壁は塗籠とし、彦根城の他の櫓と同様に城外側は太鼓壁とする。石落がないのは彦根城の特色で、鉄砲狭間は蓋がなく、開放されている。なお、慶長創建時には、一階の規模は同じ五間に四間で、三重三階の望楼型の櫓だったはずである。

二重櫓

松山城乾櫓・野原櫓

松山城（愛媛県）は、慶長七年（一六〇二）から豊臣系外様大名の加藤嘉明《よしあき》が築城を始めており、その際に創建された二重櫓が本丸北側に二棟残っている。

乾櫓《いぬいやぐら》は本丸搦手口《からめてぐち》の乾門を守る隅櫓で、本丸から大きく突出した高石垣上に建ち、三面を城外に向けている。細長い入母屋造の二重櫓の後方に短い入母屋造の平櫓（続櫓）を突き出したような構造で、一階はL字形平面をなす。本体の二重櫓部分は、石垣が突き出した部分の全長を守備するため、細長くなっている。石垣が歪んでいるので、本体の隅部は鈍角になっている。本体一階の平は七間（六尺五寸間）、妻は三間半で、後方の平櫓部分は、平二間に妻三間である。室内は、二重櫓と平櫓の接続部に柱を一本立てる外、柱はなく、一室となっている。二階は四方から四分の一間ずつ逓減した平六間半に妻三間である。

外壁は太鼓壁であって、外側に下見板を張る。鉄砲狭間はアガキのある木製の箱を壁体に埋め込んだもので、外側に薄い板戸を引くが、当初からのものかは不明である。本体一階の両端と平櫓の端に戸袋型の石落を設ける。半間幅の格子窓を二つずつ並べて開き、突《つき》上戸《あげど》を吊る。

野原《のはら》櫓は乾櫓の東方にある鎬隅《しのぎすみ》に建つ二重櫓である。一階は平四間（八尺一寸間）に妻三間（六尺五寸間）であるが、この平四間は六尺五寸間で五間に相当する。したがって、やや細長い長方形平面になっており、それに入母屋屋根を架ける。二階は二間（八尺一寸間）四方であって、棟の方向を一重目屋根と直交させる古式な望楼型である。寸法が煩雑なので六尺五寸を一間としてみると、五間に三間の一階に二間半四方の二階を載せたことになる。一階の石落と戸口を除いて、本柱と同等の間柱《まばしら》を立てているので、側柱間は平

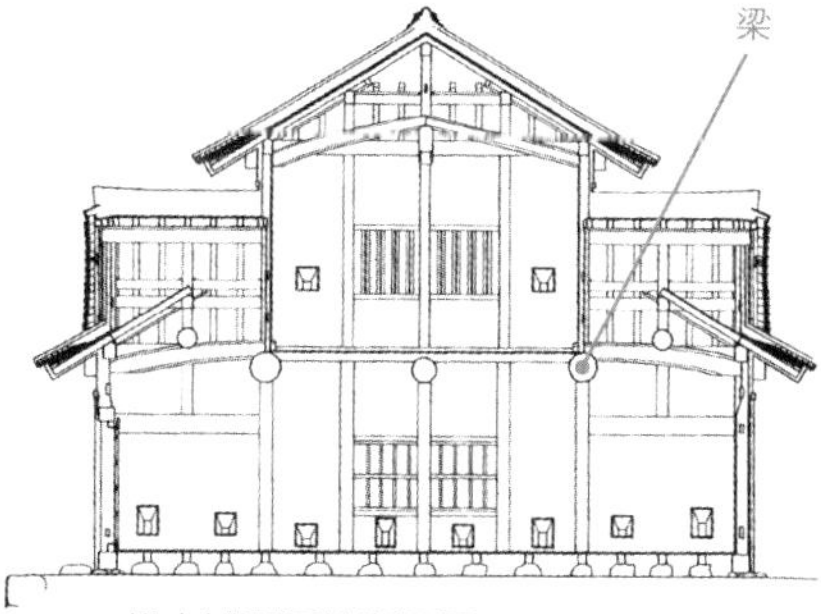

▲松山城野原櫓断面図

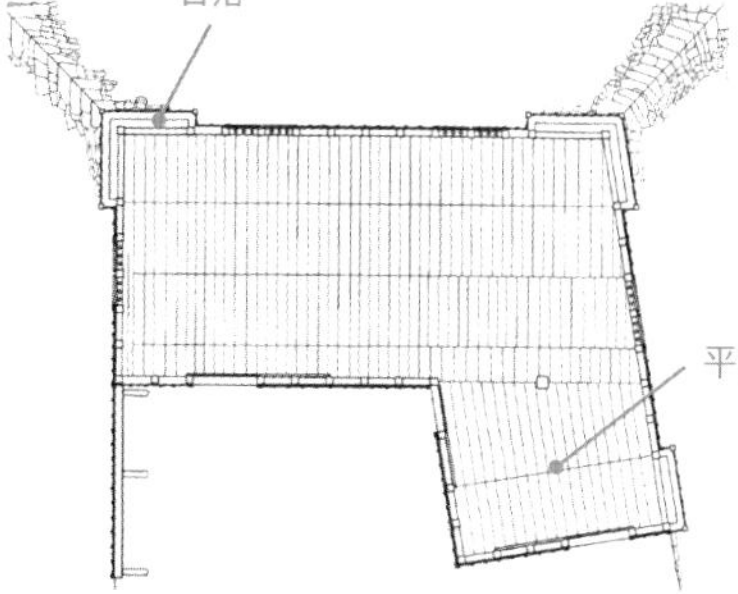

▲松山城乾櫓一階平面図

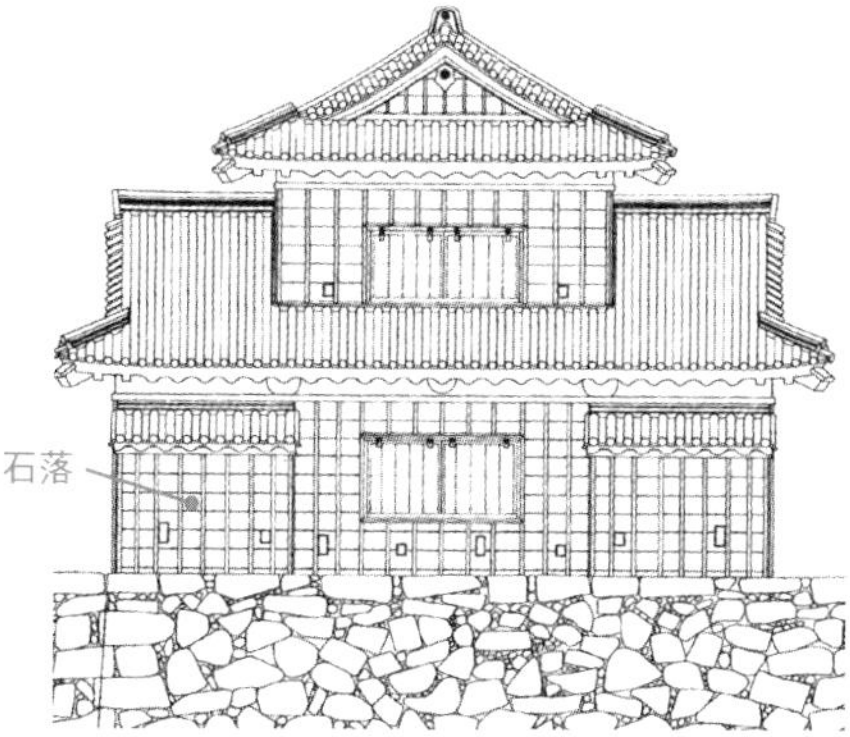

▲松山城野原櫓城外側立面図

▲松山城乾櫓城内側立面図

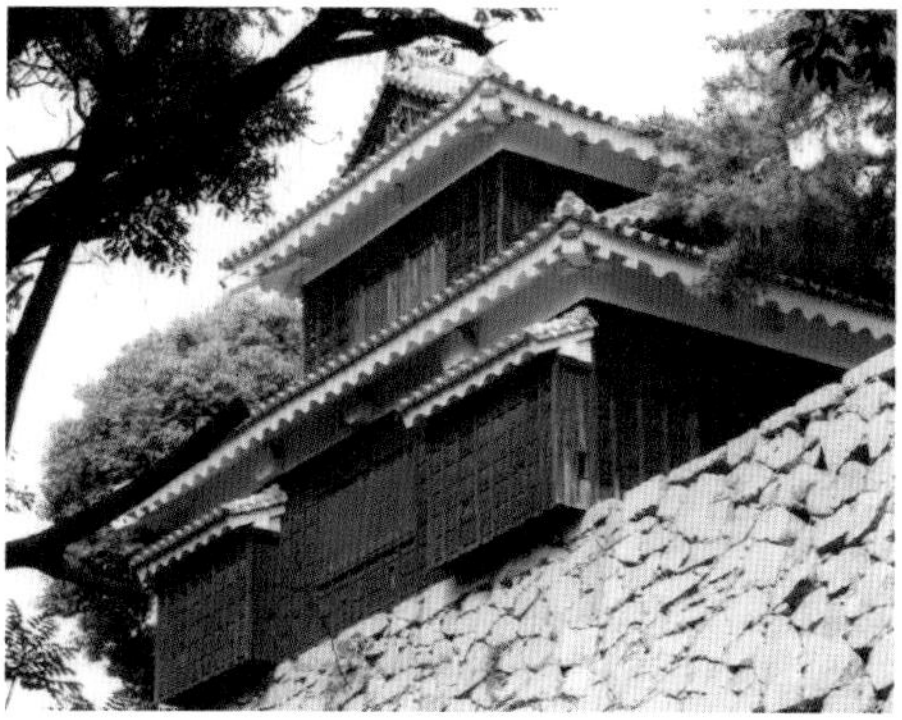
▲松山城野原櫓
一重目と二重目の屋根の向きを直交させる古式な二重櫓。戸袋型石落が厳めしい

▲松山城乾櫓
細長い大型の二重櫓は関ヶ原以降に多く建てられたが、現存例は乏しい

で四尺ほど、妻で半間ごとに密に立てられており、頑丈である。

平の柱間寸法が通常の一間より長いのは、六尺五寸間のままで五間に柱を配置すると、二階の側柱が一階の梁に載らなくなるからだ。そこで、五間を四つに割ることで、架けられる梁を三本とし（五間では梁は四本）、その三本の梁上に二階の側柱を総て載せるために二階の正面幅を一階平の半分としたものである。このような技巧的な柱間の寸法計画は類を見ず、驚きである。

野原櫓の外壁は、乾櫓と同じく太鼓壁で、下見板張りとする。戸袋型の石落を両端に設ける。

名古屋城西南隅櫓・東南隅櫓

名古屋城本丸は北西隅に天守が建ち、他の三隅には三重天守級の巨大な二重三階の隅櫓が建つ。明治二十四年（一八九一）の濃尾《のうび》大地震までは、各櫓には多門櫓が接続していた。古くは、本丸の未申櫓・辰巳櫓・丑寅櫓と称していたが、近代になって西南隅櫓・東南隅櫓・東北隅櫓と改称された。徳川家康によって慶長十七年（一六一二）に建てられたが、昭和二十年（一九四五）に大小天守とともに東北隅櫓が焼失し、西南隅櫓・東南隅櫓が現存する。両櫓は破風等の配置以外は同形同大である。なお、西南隅櫓は大正十年（一九二一）に大雨によって櫓台石垣とともに崩壊し、当時、名古屋城を所管していた宮内省の手で復旧したものである。

西南隅櫓は、一階と二階（一重目）を平七間（六尺五寸間）に妻六間の同大に造り、一間幅の入側を廻ら

▲名古屋城西南隅櫓
一階と二階を同大に造り、その間の腰屋根を省略した画期的な意匠の隅櫓

す。身舎は十六畳一室と十二畳二室（二階は十二畳三室ほか）に間仕切る。二階の平に三間幅、妻に四間幅の出窓型石落を設ける。三階（二重目）は平五間に妻四間に縮小し、十八畳の身舎を城内側に設け、入側でその三方を囲む。三階は長押を打ち、天井（大正時代）を張る。外壁は塗籠で、三階の窓の上下には長押形を付ける。出窓の屋根は、入母屋造で、妻のものはさらに軒唐破風を加える特殊形である。一階外壁の下部に床下換気口があり、珍しい工夫である。なお、城内側では、一階と二階の間に腰屋根《こしやね》を設けるので、三重櫓に類する。鯱《しゃち》は青銅の鋳造であるが、明治四十三年（一九一〇）に江戸城から移されたものである。

東南隅櫓は西南隅櫓とほぼ同形同大であるが、三階に天井を張らないこと、妻の出窓の屋根を切妻造にすること、城外側の二重目屋根の平に軒唐破風を飾ることなどが相違する。焼失した東北隅櫓では平の出窓屋

▲名古屋城東北隅櫓（戦災前）
切妻破風の出窓型石落を並べた、類例がない意匠の隅櫓

名古屋城東南隅櫓
▲三階内部　▶外観

根を比翼切妻造《ひよくきりづまづくり》としており、本丸の三棟の隅櫓の外観意匠を少しずつ変化させて画一化を防ぐ城の美学が窺える。

名古屋城本丸の三棟の隅櫓は、一階と二階を同大平面とし、その間の腰屋根を省略したもので、実質的には層塔型の三重櫓である。本丸を囲繞《いにょう》する多門櫓が接続するため、多門櫓の外壁よりも隅櫓の初重外壁を屹立させることによって、本丸の端部の景観を引き締めるのが意匠上の狙いであったと推測される。腰屋根の省略によって間延びした隅櫓の初重外壁に対しては、その二階に出窓型石落を突き出して意匠を調《ととの》え、さらに、その屋根の形式をさまざまに変化させることで意匠の単調化・画一化を避けている。すなわち最も美を追求した隅櫓だと言えよう。

岡山城月見櫓

岡山城本丸に建つ月見櫓は、外様大名の池田忠雄《ただお》によって元和元年（一六一五）から寛永九年（一六三二）までに新築された。城外側からは二重二階櫓に見えるが、城内側は石垣が一段低くなっていて、半地下階を設けているので三重三階櫓に見える。平城の櫓に多用された構築法であるが、現存例は少ない。一般的に櫓は城外側と城内側で意匠を相違させるが、この月見櫓ほど顕著な例はほかにない。

城外側の西面と北面は、総塗籠とし、窓の格子には鉄板を巻き厳重に防備する。それに対して城内側の東面と南面は、最上階に縁側を設け、完全に開け放つことができる。そこから望月《もちづき》の上るのを眺める趣向であ

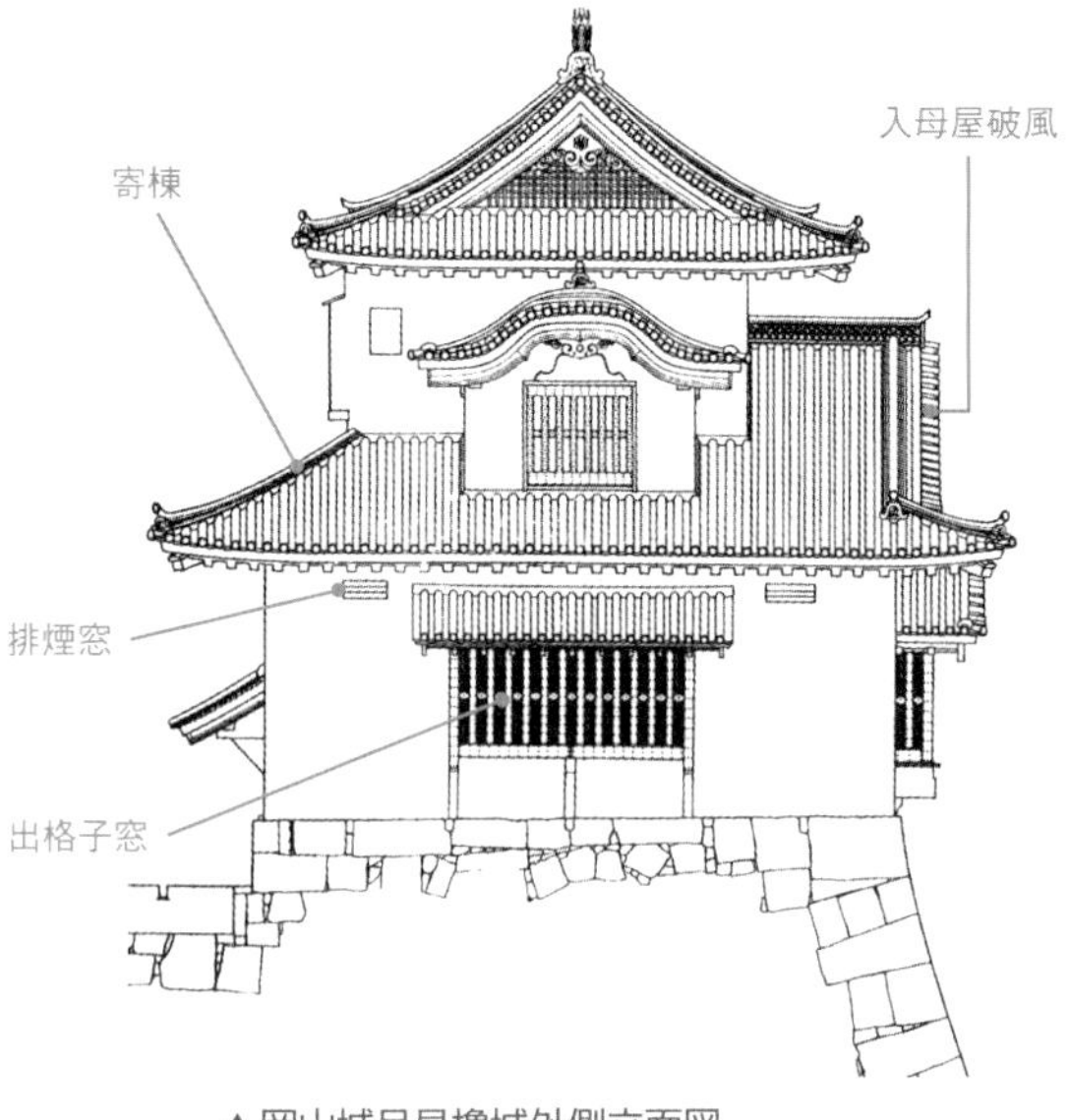

▲岡山城月見櫓城外側立面図

る。また、西面は一重目に入母屋破風を設けた望楼型であるが、反対側の東面は寄棟《よせむね》に納める層塔型である。西面一階には唐破風造の出格子窓、北面一階は屋根を葺《ふ》き下《お》ろした出格子窓で、二階には唐破風造の出窓、そして南面には軒唐破風を設けて飾られるが、東面は観月の邪魔にならないように破風を付けない。四面四様の意匠で、その創意の高さは全国無比の櫓である。なお、一階の城外側には排煙窓を開く。櫓の排煙窓は姫路城（忠雄の父・輝政《てるまさ》の築城）以外では珍しかったが、池田氏の築城術の特徴である。

一階は、城内側隅に三間（六尺三寸間）に二間の部屋（もとは畳敷き）を設け、それを二間幅より少し広い入側でL字形に囲む。入側の床には開き戸（蓋）が並んでおり、戸を開けると地階に通じている。現代住宅の床下収納庫のようなもので、そのような細やかな工夫は姫路城大天守と共通している。

二階は三間（五尺五寸間）四方の部屋（もとは畳敷き）であって、城外側に入母屋《いりもや》破風《はふ》の間《ま》と唐破風造の出窓（内部は階段）を、城内側は半間幅の縁側を設けている。この縁側は、二階床面より五〇センチメートルも高い位置（一重目屋根が上がってくるため）にあって、外に出るようにはなっていない。また、一階と二階は全く柱筋が一致しておらず、一階の梁組《はりぐみ》と二階の床組は完全に分離しており（禅宗・浄土宗寺院の二重門の構造と同じ）、櫓の構造からは逸脱するものである。一階・二階ともに柱には長押を打ち、天井を張っており、通常の櫓とは根本的に相違する高級仕様になっている。

岡山城月見櫓
▲二階内部　▼一階床下物入れの戸

大坂城千貫櫓・乾櫓・一番櫓・六番櫓

　大坂城の二の丸には四棟の二重櫓が現存する。そのうち千貫櫓《せんがんやぐら》・乾櫓は徳川秀忠《ひでただ》による大坂城再築第一期工事で元和六年（一六二〇）の建築、一番櫓・六番櫓は家光《いえみつ》による第三期工事でそれぞれ寛永七年（一六三〇）・同五年の建築である。幕府によって建てられたこれら大坂城の櫓は、全国最大級の二重櫓であって、乾櫓を除いて層塔型の新式櫓である。

　千貫櫓は大手門を守備する重要な隅櫓で、当地にあった石山本願寺の城門を織田信長が攻めあぐねた時の恩賞の値によって命名されたという。現存最大の二重櫓である。一階は平八間（六尺五寸間）に妻七間で、一間半幅の入側を廻らせ、身舎には二十四畳二室と八畳二室を取る。二階は四方から半間ずつ縮小し、平七間に妻六間であって、入側の幅を一間に減じること以外は一階とほぼ同じである。二階の身舎には天井を張っており、格式が高い。一階の城外側には三間幅の出窓型石落を設け、出窓の上部は、平には一重目屋根に千鳥破風、妻は切妻造の屋根を架ける。破風の間はない。外壁は塗籠である。城内側には窓を設けておらず、巨大ではあるが、天守の格式はもたない。一階の規模は高知城天守を優に超えるもので、幕府の城の超絶性を見せつける。しかし、一階が巨大であるのに比して二階の逓減が少なく、鈍重な趣であることは否めない。

　乾櫓は、巽櫓・坤櫓・伏見櫓（三重櫓）とともに二の丸の北半を守る重要な隅櫓である。城内で唯一の矩《かね》折《お》り平面の二重櫓であって、八間（六尺五寸間）四方の正方形平面から城内側の角部分を四分の一欠き取った平面である。したがって、城外側を向く二面はともに平で八間ずつ、石塁《せきるい》上に載る妻は四間ずつである。一階・二階ともほぼ同じ平面で、八畳間三室を矩折りに並べ、欠き取られた部分を除いて一間幅の入側を廻らす。一階・二階が同大の二重櫓は重箱櫓《じゅうばこやぐら》と呼ばれるが、この乾櫓は矩折り平面のいわば重箱櫓である。一階の城外側二面には、三間幅の出窓型石落を設け、切妻屋根を架ける。城内側には窓を開かない。

　二の丸の南面の出隅《ですみ》にはかつて東の一番櫓から西の七番櫓までの七棟の二重櫓が建ち並んでいたが、そのうちの一番櫓と六番櫓が現存する。

　一番櫓においては、一階は平七間（六尺五寸間）に妻六間で、一間半幅の入側を廻らせ、身舎には二十四

◀大坂城千貫櫓
三重天守を軽く超える一階平面をもつ超巨大二重櫓。城外側は一階中央に出窓型石落を設けており、幕府の二重櫓の典型的な意匠である

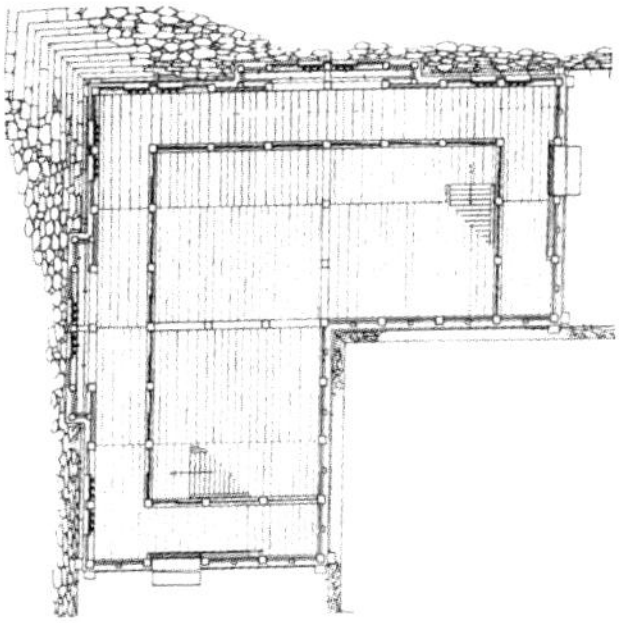

▲大坂城乾櫓一階平面図

◀大坂城乾櫓
城外側。石垣の出隅に沿って矩折りに曲がる特殊な二重櫓で、全国最大規模の例

▲大坂城一番櫓
大型の二重櫓で、出窓型石落の上に千鳥破風を飾る。櫓下の基礎石には石狭間を切る

▲大坂城六番櫓
出窓型石落の屋根を変化させることによって隅櫓の意匠を多様化させ、単調さを避ける

畳二室を取る。二階は平五間半に妻四間半であって、身舎は一階と同大に造り、入側幅は一階の半分にした四分の三間である。一重目屋根の平に千鳥破風を飾り、城外側の一階の平に幅二間の出窓型石落を設ける。二階の身舎に天井を張らず、千貫櫓より略式になっている。また、一階は千貫櫓より一回り小さいが、それでも小型の三重天守と同等の規模をもつ。城外側では、一階の側柱の土台下に切石《きりいし》の布基礎《ぬのきそ》を敷き、そこに石《いし》狭間《ざま》を穿つ。他城では見られない大坂城の櫓の特色で、第二期工事と第三期工事の櫓に設置されたものである。

六番櫓の一階は、千貫櫓とほぼ同じ平面であって、平八間（六尺五寸間）に妻七間で、一間半幅の入側を廻らせ、身舎には二十四畳二室と八畳二室を取る。二階は千貫櫓より入側が二尺狭い四尺五寸幅となっている。二階の身舎の部屋境では敷居を省略し、また天井もなく、簡略化されている。一重目屋根の平に千鳥破風を飾り、城外側の二面に出窓型石落を設ける。平の石落は三間幅で、上に千鳥破風が位置し、妻の石落は二間半幅で切妻屋根を架ける。一番櫓と同様に、石狭間を設ける。

姫路城カの櫓

姫路城西の丸の南東隅に建つ二重二階櫓である。西の丸は、池田氏の跡を受けて元和三年（一六一七）に姫路城主となった譜代大名、本多《ほんだ》忠政《ただまさ》が改修を行っており、その際に石垣の多くが積み替えられた。カの櫓はその時に本多氏が建てた隅櫓と考えられる。一重目

姫路城カの櫓
▲外観　▼二階内部

と二重目を同大平面とする重箱櫓で、岡山城西の丸西手櫓とともに現存最古の例である。

平五間（六尺五寸間）に妻三間で、主柱と同じ太さの間柱を立てる。上下階ともに内部は一室で、一階は土間である。二階床梁《ゆかばり》が三間梁にしては極めて細く、構造的に問題がある。二階の小屋組《こやぐみ》も洗練されておらず、池田時代の櫓とは趣が相違する。

上田城西櫓・南櫓・北櫓

上田城は天正十一年（一五八三）に真田昌幸《さなだまさゆき》が築城し、秀吉の配下になって同十八年に豊臣系城郭に改修したと考えられる。ところが、慶長五年（一六〇〇）の関ヶ原の戦いの直前に秀忠が率いる徳川本隊を籠城戦で足止めさせたため、戦後処理で徹底的に取り壊されてしまった。元和八年（一六二二）に真田信之《のぶゆき》に代わって上田城主となった豊臣系外様大名の仙石忠政《せんごくただまさ》（六万石）は、寛永三年（一六二六）から同五年にかけて上田城の再築工事を行っており、本丸に同形同大で七棟の層塔型二重櫓を新築した。そのうちの西櫓は原位置に残されており、南櫓と北櫓は明治期に城外に移築改造されていたが、太平洋戦争中に本丸表門両脇

上田城西櫓
◀内部中央の丸太柱　▲外観
飾りの破風や石落がない簡素な意匠の隅櫓。櫓の意匠は意図的に相違させるのが通例だったが、上田城内の隅櫓は総て同型同大

の櫓台上に再移築されて現存する。これらの櫓名は昭和移築後に付けられたもので、当初からの呼称ではない。また、南櫓と北櫓のどちらか一方の原位置は現在の北櫓の場所であり、もう一方は西櫓の北方の虎口《こぐち》脇にあったと考えられる。

　西櫓は、一階は平五間（六尺五寸間）に妻四間の比較的に大きな二重櫓である。室内中央に太い丸太の大柱を立てて牛梁を受け、それに直交させて梁を渡す、二重櫓の標準的構法を用いる。二階は四方から二尺ずつ縮小し、一階と同様に平五間に妻四間に等分割する。したがって、平は五尺七寸間、妻は五尺五寸間となる。天守や櫓では、縮小した上階においても一階と同じ基準柱間寸法を使い、柱間数や入側寸法の減少で逓減に対応するのが一般的であるが、この西櫓のような寸法計画は寺院の二重門の場合に近く、異例である。外壁は下見板張りで、格子窓には古式に突上戸を吊る。鉄砲狭間はあるが、石落はない。なお、側柱には筋交《すじか》いが多数用いられているが、幕末に付加されたものである。

　南櫓・北櫓は、櫓の位置によって窓と入り口の配置は相違したはずであるが、それ以外については、創建当初、西櫓と全く同じ形式であった。明治期に城外に移築され、二棟を接続して遊郭に転用されていた。その際に丸太材の大柱を角材に削り落とし、側柱の表面も削り直され、天井を張るなどの改造が行われていた。城内への再移築に際して、大柱は改造されたままであるが、概ね当初の形に復元されている。城内の櫓を総て統一規格（同形同大・同意匠）とした城は珍しく、それが上田城の特色である。

大洲城台所櫓・高欄櫓・苧綿櫓・三の丸南隅櫓

　大洲城は、豊臣系外様大名の脇坂安治《わきさかやすはる》が慶長十四年（一六〇九）に入城して四重天守を建築した平山城である。元和三年（一六一七）に豊臣系外様大名の加藤貞泰《さだやす》（六万石）が入城しており、現存する四棟の二重櫓は加藤氏によって江戸時代後期に再建された。これらの再建年代から、小型の二重櫓の耐用年限は概ね一五〇年から二〇〇年程度だったことが推察される。

　台所櫓は、天守と渡櫓《わたりやぐら》で連結された二重櫓であって、小天守とも言える。平六間（六尺五寸間）に妻四間で、大洲城内では大型の二重櫓である。安政六年（一八五九）の再建である。一階は城外側の二間幅を入側（武者走り）として鉄砲狭間を開くなど防備機能に当て、城内側の四間四方を土間と板敷きの台所とする。平山城や山城では籠城に備えて山上の本丸に台所を設けた例（宇和島《うわじま》城〈愛媛県〉・津和野城〈島根県〉・姫路城など）が少なくなく、大洲城ではそれに櫓を当てたものである。二階は平と妻で縮小幅が相違しているので層塔型にはならず、城外側では入母屋破風を設けて納め、城内側では入母屋破風を省略したため隅棟《すみむね》が二階外壁の隅に納まらないで背面の壁面に当たっている。したがって、層塔型とも望楼型とも言えない特殊な形式である。安政再建前は通常の望楼型であったと考えられる。外壁は下見板張り（一階城内側は塗籠）で、石落はない。かつては天守と反対側の平に多門櫓が接続していた。

　高欄櫓も天守と渡櫓で連結されていた櫓で、いわば小天守である。現在の櫓は幕末の文久元年（一八六一）の再建であって、その際に櫓台石垣も築き直されている。一階は三間（六尺五寸間）四方であって、層塔型の小型の二重櫓である。二階は城外側の二面に高

大洲城台所櫓
▶城内側から見た外観　▲一階内部
◀一重目左側は入母屋造、右側は寄棟造

欄と軒唐破風を付けて飾る。この高欄は見せ掛けのものので、外には出られない。二重櫓に高欄を設けるのは珍しく、小天守として特別に飾られたものと考えられる。外壁は漆喰の塗籠で、出隅に下見板張りの袴腰型石落を設ける。古くは下見板張りだったが、渡櫓とともに再建時に塗籠に変更された。かつては城内側の平に多門櫓が接続していた。

苧綿櫓《おわたやぐら》は、本丸の山下の肱川《ひじかわ》に面する石垣上に建つ隅櫓で、天保十四年（一八四三）の再建である。戦後の河川改修のため、現在の櫓台石垣は上部に五段ほど石材の積み足しが行われており、当初の櫓台はかなり低かった。一階は平三間（六尺五寸間）に妻二間半であって、層塔型の二重櫓としては最小規模である。飾りの破風は全くなく、外壁は塗籠で、出隅に下見板張りの袴腰型石落を設ける。この石落には窓が開かれており、珍しい。櫓名は、苧綿（麻の繊維）を格納したことから付けられたと考えられる。

三の丸南隅櫓は、城山から少し離れた三の丸の石垣上に建つ隅櫓である。明和三年（一七六六）に再建された。一階は平四間（五尺一寸間）に妻三間（五尺四寸間）であって、柱間寸法を短くして強度を増す新構法になっている。二階は平四間に妻三間であるが、平・妻ともに四尺二寸七分の柱間に統一されているので、二階の寸法を基本として、一階の柱間寸法が決定されたらしい。この寸法は六尺四寸間の二間を三つ割としたものと考えられる。

三の丸南隅櫓に使われている側柱の当初材は、皮を剝《む》いただけの丸太柱や、丸太に近い面皮柱《めんかわばしら》（柱の角部分が丸太同様のもの）が大部分を占め、二階の間柱に至っては極細の曲がった丸太である。このような低級柱材の使用こそ、本来の櫓の特色だったが、これが残る例は稀になってしまった。また、外壁は白漆喰の塗籠で華やかであるが、室内側では中塗《なかぬ》り仕上げで止められており、一般的な櫓の標準仕様を残す貴重な例である。この外壁は太鼓壁になっている。

この南隅櫓の鉄砲狭間は、木製の箱を埋め込んだ鎬《しのぎ》狭間《ざま》（三角形の狭間）であるが、太い孟宗竹《もうそうちく》を用いた大竹壺狭間《おおたけつぼざま》が二つ残っていた。大竹壺狭間は、直径一〇センチメートル、長さ二三センチメートルの竹筒を用い、節の方を外側に置き、室内側から節に向けて割れ目を入れて直径一四センチメートルに開き、竹のタガで留めたものである。狭間内には壁土を詰め込ん

大洲城高欄櫓
◀二階内部　▲外観

大洲城苧綿櫓
◀外観
▶二階内部

▲大洲城三の丸南隅櫓
大洲城では小型の層塔型二重櫓が多く建てられたが、規模や窓・石落の配置が少しずつ相違する

で塗り塞いでおり、隠狭間でもある。軍学書には記述があるが、実例は他にない。このように南隅櫓は、江戸時代に多く存在した標準的な櫓の稀有な現存例として極めて貴重である。

多門櫓

姫路城天守北腰曲輪の渡櫓群

姫路城天守群の北側にある腰曲輪《こしぐるわ》の石垣は、二カ所ずつの鎬隅（鈍角の折れ）と入隅《いりすみ》の折れがあり、また強い輪取《わど》り（凹曲面）が付けられており、他城の直線的あるいは直角の折れの石垣と比べて古式である。出隅は算木積が未発達であり、鎬隅の積み方は古式であって、関ヶ原の戦い以前の石垣がよく残っており、石垣の創築は秀吉時代に遡ると考えられる。その上に連なる渡櫓群は、古式な多門櫓であって、慶長六年（一六〇一）から十五年に池田輝政が建てたものとされているが、一部は秀吉時代の創建の可能性も否定できず、また江戸時代に建て替えられた櫓も認められる。

その渡櫓群は、「ほ」の門北のイの渡櫓から始まり、東へ向けてロ・ハ・ニの渡櫓・ホの櫓と続き、「と」の一門北のへの渡櫓までの六棟が連続し（ロとハの渡櫓間でわずかに離れる）、一連の長大な多門櫓を形成している。北面の延長は合計八四メートル（六尺五寸間に換算して四十二間余り、入隅の妻などを除く）に達する。これらの櫓のうち、鎬隅に位置するホの櫓は二重二階櫓であり、イの渡櫓は独立性が高い平櫓である。ほかの渡櫓は、櫓境や内部の間仕切り壁によって概ね五間ごとに区画されていて中を渡り歩けないので、渡櫓と称するのは相応しくないが、典型的な多門櫓の形式の一つである。また、ハの渡櫓とニの渡櫓は構造的には一棟の多門櫓であるし、への渡櫓は東端部とその西部とを別の櫓として扱うこともできる。いずれにしても、これらの名称は後世に便宜的に付けられたもので、創建当初からのものではない。なお、江戸時代の絵図には、イの渡櫓は菱櫓、その他は塩蔵と記されている。

イの渡櫓だけは、西側が「ほ」の門から続く石垣に接続するため、他の渡櫓より一段高く櫓台石垣を築く。四間四方ほどの入母屋造の平櫓であるが、平面が不等辺四角形に著しく歪んだ菱櫓である。内部は一室で、中央に一本だけ柱（新材）を立て、板敷きとする。歪みが強いため柱間寸法は不定であるが、概ね六尺間で計画され、歪みは端間の長短で調整している。梁が細く古様を呈するが、柱間寸法が短いこと、小屋組の貫《ぬき》が多いことなどからして、十八世紀に造替された可能性もある。棟方向を他の渡櫓と直交させており、端部に位置する櫓の意匠を考慮したと考えられる。二カ所の隅部に袴腰型石落を設ける。

ロの渡櫓は、イの渡櫓より一段下がり、郭内の地面と同高に建つ。イの渡櫓との間の壁は、独自に造っており、独立性が高い。平面は、北東隅が著しく鈍角になっており、そのため桁行《けたゆき》は城外側が八間、城内側が九間と相違する。柱間は五尺五寸五分であるが、イの渡櫓と同様に端間で歪みの調整をする。梁間《はりま》は六尺五寸間の三間に相当し、それを四つに分割する。東端は城壁の入隅になるので、入母屋造とする。内部は土間で、井戸を設けている。外壁は塗籠であるが、その内側は漆喰仕上げを省略し、中塗りのままである。両端に石落を設ける。極めて細い古式な梁が残る一方、太い新しい梁を加えていること、小屋組《こやぐみ》が乱れていること、柱間寸法が極めて短いことなどから、十八世紀以降に古材（秀吉時代の材も含むか）を再利用して造替されたようである。

ハの渡櫓・ニの渡櫓は本来、一棟の多門櫓であって、桁行を五間ずつに壁で間仕切り、二室から構成される。その内、西二室がハの渡櫓、東室がニの渡櫓と呼ばれている。西端は切妻造にして、東端はホの櫓に接続する。鎬隅に建つホの櫓の外壁を東端壁とするため、東端は三角形の隙間が二つ生じて複雑怪奇である。柱間寸法は、多少の乱れはあるが概ね六尺五寸であって、桁行は城外側十五間、城内側十四間であり、梁間は六尺五寸間の三間を四つに分割する。内部は土間で、棟《むね》通《どお》りの牛梁を支えるための独立柱がある。櫓台石垣は極めて強い輪取りがあって、側柱をそれに沿って立てているので、櫓全体が強い曲線を描いて湾曲する。全国唯一の例であって、古い時代の多門櫓の構築法を残すものとして貴重である。この櫓の梁は極めて細く、古式であって、六尺五寸を基準柱間寸法としていることなどから、慶長創建時のものと考えられる。

ホの櫓は、独立性の高い二重二階櫓であり、一階は平五間（概ね六尺五寸間）に妻四間である。二階は四方不均等にわずかに縮小する（すなわち層塔型ではない）が、両側に多門櫓が接続するので、全く気がつか

姫路城北腰曲輪ホの櫓
▲城内側
◀二階内部
▶二階唐破風の間

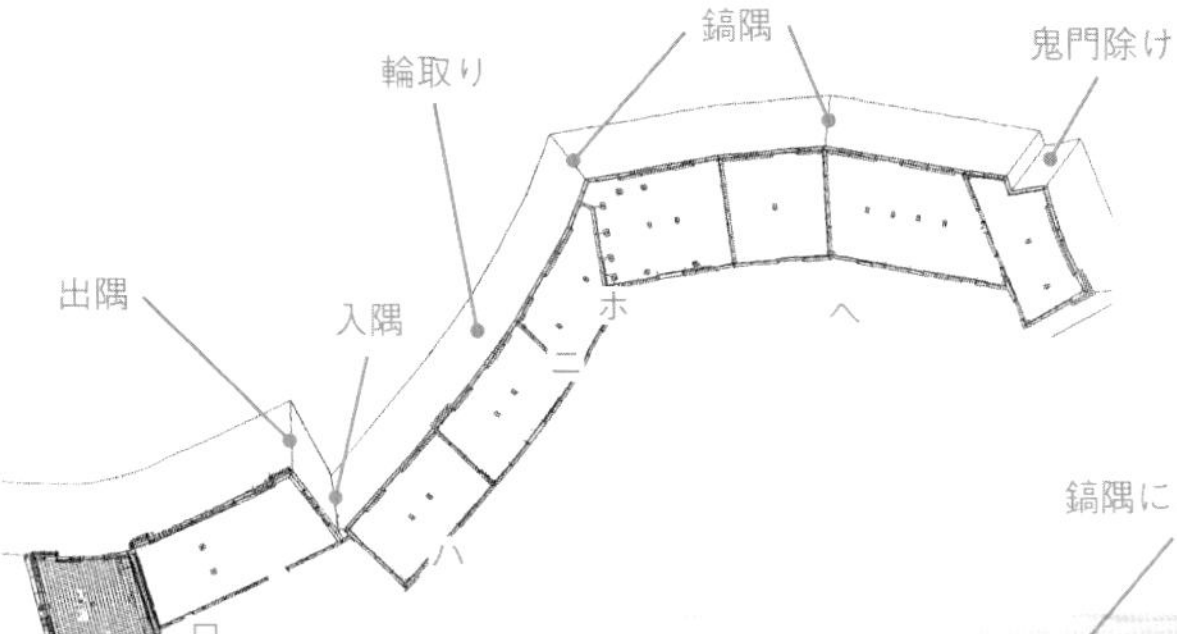

▲姫路城北腰曲輪渡櫓群の平面図
イの渡櫓からへの渡櫓が城壁の複雑な屈曲に合わせて連続する

▶姫路城北腰曲輪への渡櫓
城内側。写真中央より左寄りのところにある鎬隅でわずかに折れ曲がり、右端では強く折れ曲がっている

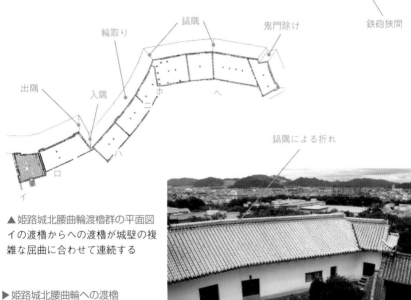

姫路城北腰曲輪イの渡櫓
▲城内側
◀内部

◀姫路城北腰曲輪ロの渡櫓
内部。細くて直線的な梁と簡略な小屋組は古式であるが、後補の曲がった太い梁も混じる。内壁は中塗り仕上げ

姫路城北腰曲輪ハ・ニの渡櫓
▲ニの渡櫓内部（ホの櫓側）
▶城内側の強い輪取り

ない。一階は土間の一室で、中央に一本の独立柱がある。二階（二重目）は入母屋造で、城外側の一重目屋根に大きな軒唐破風を付け、それに破風の間を設けて鉄砲狭間を開く。軒唐破風に破風の間を設けるのは異例であるが、大天守の二重目屋根南正面にある軒唐破風と同様な手法である。梁が細いこと、六尺五寸間であること、構造が層塔型になっていないことなどからして、慶長創建の二重櫓と考えられる。

への渡櫓は、ホの櫓の東に続く多門櫓で、三室に壁で区画されている。西より一室目（桁行四間、梁間四間）と二室目（桁行は城外側五間余、城内側六間半余、梁間四間）の境が鎬隅に位置し、そこで鈍角にわずかに折れ曲がり、二室目は強く歪んだ台形平面である。東室（桁行は城外側五間ほど、城内側六間余、梁間は二間半ほどを四つ割）は矩折りに接続する入母屋造であるが、その北東隅は櫓台石垣の小さな入隅に当たり、壁面はそれに合わせて屈曲する。その一方、屋根は入隅を無視して架けられているので、大きく入隅上方に突き出している。このような大胆な屋根架構は、縄張が旧式で複雑な屈曲が多い姫路城ならではの傑作である。なお、この櫓の東室は梁が太くて新しいので、十八世紀から十九世紀の再建と考えられる。

姫路城リの二渡櫓・リの一渡櫓・チの櫓

姫路城本丸（備前丸ともいう）の南一段下の二の丸（山里曲輪《やまざとくるわ》や上山里曲輪《かみやまざとくるわ》ともいう）の正門である「ぬ」の門に続いて、リの二渡櫓・リの一渡櫓・チの櫓が矩折りに建ち並んでおり、一連の多門櫓を形成している。これらの城門や櫓は池田輝政によって慶長期に創建されたものであるが、多門櫓の旧態を残すものとして貴重である。

二重櫓門である「ぬ」の門に向かって右側の高い櫓台上に、リの二渡櫓が屋根や壁を接して連なるが、両者はそれぞれの外壁で仕切られており、内部を行き来できない。リの二渡櫓は一重一階、地下一階の矩折り平面であって、櫓台が一段低いリの一渡櫓の二階に通じている。リの一渡櫓は二重二階であって、二重二階の隅櫓であるチの櫓に接続している。

リの二渡櫓は、「ぬ」の門に続いて桁行五間半に梁間四間（六尺五寸で三間）の櫓を建て、その矩折りに桁行七間に梁間二間半の櫓を連結した平面で、それぞれ端を入母屋造にする。六尺五寸間を基準としながら、

▶姫路城リの二渡櫓・リの一渡櫓・チの櫓
城外側。別構造の３棟の櫓を連結して一連の多門櫓を形成している

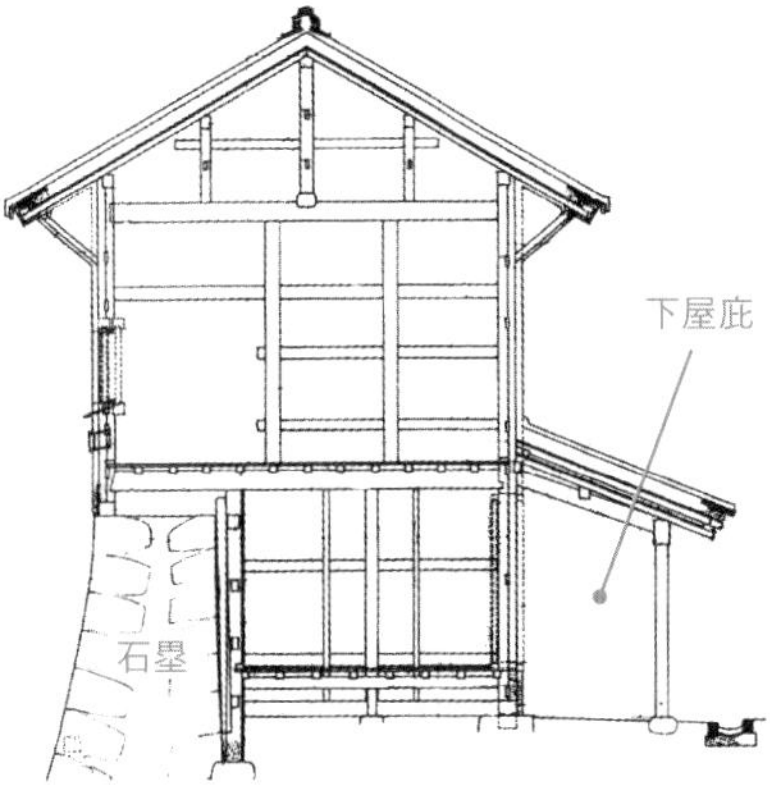

▲姫路城リの二渡櫓断面図
城外側は石塁上に側柱を立てた一階建てで、城内側は石塁がないので二階建てとなる

▲姫路城リの一渡櫓　二階内部

▲姫路城リの一渡櫓・リの二渡櫓　城内側

▲姫路城チの櫓　城外側

櫓台石垣の大きさに合わせて調整しており、多門櫓に一般的な手法である。「ぬ」の門続きの櫓は、コの字形に石塁を廻らせた地階をもっており、本来なら二重櫓や三重櫓を建てるべき櫓台であるが、それでは本丸の城壁の高さを超えてしまうので平櫓にしたものであろう。矩折り部分の櫓は、梁間の一部を幅五尺の石塁上に、残りを石塁下から立ち上げた構造で、石塁に片足を掛けたような形態である。石垣の高さを大きくするために城壁石垣の上に石塁を立ち上げたもので、安土城本丸に遡る古い形態である。後に石塁の幅が拡大して櫓全体を石塁上に建てるようになった。リの二渡櫓では、その石塁が高かったので、城内側に地階ができてしまい、そこに下屋庇《げやびさし》（本体の壁面に取り付けた低い屋根）を付加したため、城外からは平櫓、城内からは二重櫓に見える。姫路城の帯郭櫓《おびくるわやぐら》も同様な形態の短い多門櫓である。

　リの一渡櫓は、二重二階の多門櫓の例である。一階・二階ともに桁行八間（六尺五寸間）に梁間二間半の同大であって、同大平面は二重二階の多門櫓の典型的手法である。この例では、一階・二階とも階高が二メートル余りしかなく、したがって弓矢が使用できない軽微な二重多門櫓である。なお、城内側には下屋庇を高く設けて、一重目屋根に代えている。

　チの櫓は多門櫓の端部を押さえる二重櫓である。多門櫓の端に二重櫓を建てた例は多く、防備上でも意匠上でも都合が良かった。なお、櫓台石垣が歪んで鋭角に突き出しているので、隅部に切妻造の出窓を設けて歪みを調整しているが、それでも歪みが修正しきれず、少し台形平面になっている。

熊本城東十八間櫓・北十八間櫓・五間櫓

　熊本城に現存する多門櫓は、本丸の北東一段下の東十八間櫓・北十八間櫓（五間櫓と一連）および宇土櫓の続櫓が長大である。また、本丸の南東一段下の東竹の丸に建つ源之進櫓《げんのしんやぐら》および建て連なる平櫓群（田子《たご》櫓《やぐら》・七間櫓・十四間櫓・四間櫓）も一種の多門櫓であって、それらは短い多門櫓や平櫓を建て連ねて一連の長大な多門櫓を形成したものである。さらに北方に離れて建つ平櫓や監物櫓《けんもつやぐら》（新堀櫓《しんぼりやぐら》）も短い多門櫓とみることができる。そうした形態は、豊臣時代の多門櫓の面影を残すものと考えられる。

　東十八間櫓・北十八間櫓・五間櫓は連結して一連の

長大な多門櫓となっている。これらの多門櫓は、本丸北東の腰曲輪へ入る東櫓門前枡形《ますがた》から不開門《あかずのもん》までの高石垣上に建つ。東十八間櫓は、南半分が枡形の外側を区画し、櫓の三方が高石垣の上に面して建つ。北方は城壁の入隅部で止まり、北十八間櫓に接続する。北十八間櫓は北東隅で西へ折れ曲がり、北面の入隅で屈曲してその西が五間櫓である。往時は、五間櫓はその西方の出隅にあった六間櫓（平櫓）に接続し、そこからまた南へ折れて現存する不開門まで続いていた。この六間櫓は現存しない。

　これら三棟の櫓は、慶長六年（一六〇一）から十二年に加藤清正によって創建された。墨書銘によると文久元年（一八六一）に「惣新木出来」とあるので、幕末に細川氏によって造替されている。しかし、梁が細くて曲がりの少ない丸太材であって、慶長創建期の建築の特徴をよく残している。五間櫓を残して、平成二十八年（二〇一六）の熊本地震で台座石垣とともに

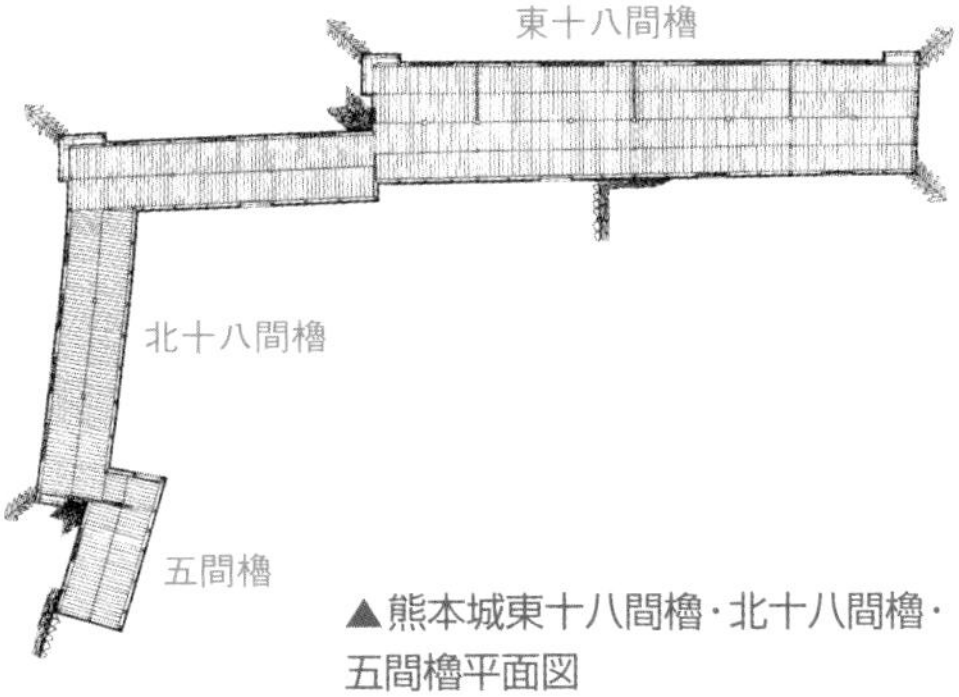

▲熊本城東十八間櫓・北十八間櫓・五間櫓平面図

▲熊本城北十八間櫓　城外側

▲熊本城東十八間櫓　城外側

崩壊した。

東十八間櫓は、桁行十八間（六尺五寸間）、梁間四間（五尺四寸間）の大型の多門櫓である。北方四間分は、台座石垣と長さを合わせるために柱間を五尺四寸ほどに縮めて調整している。また、清正をしても、まだ石垣の構築技術が完成期を迎えておらず、櫓台上面は南西隅部が少し鈍角に歪み、南端に向けて五〇センチメートルほど狭くなっていくので、梁間の柱間寸法が中途半端な点については、計画的なものではなく、櫓台に合わせたものと考えられる。本来は、梁間は六尺五寸間で三間半に計画されたらしい。櫓内は、桁行を五間二室・四間二室の四つに間仕切り、さらに各区画内に独立柱を一本ずつ立てて牛梁を受ける。南妻は入母屋造で、北十八間櫓に接続する北妻は切妻造である。外壁は熊本城で統一されている下見板張りで、南東隅と北東隅に袴腰型石落を設ける。

北十八間櫓は、南北棟に東西棟を接続させた矩折り平面で、南北棟・東西棟ともに、桁行九間、梁間二間である。なお、矩折り平面での柱間の数え方は、出隅部において片側を必ず梁間に算入するので、外壁の長さで見ると、南北九間、東西十一間（内の二間は南北棟の梁間）になる。梁間は六尺五寸間であるが、桁行寸法は台座石垣に合わせて割り付けられているので一定ではない。さらに櫓台上面は、北東の出隅が少し鈍角であり、北面に強い輪取りがあるので、桁行寸法は不定にならざるを得ない。櫓内は、棟通りに三間ごとに柱を立てて間仕切りとするが、現状では開放されている。北面は両端を入母屋造とし、出隅に袴腰型石落を設ける。

▲熊本城東十八間櫓
内部

▲熊本城北十八間櫓
折れ曲がり部内部

五間櫓は、北十八間櫓の西端に雁行して接続する、東西棟の短い多門櫓である。現状は桁行四間半、梁間二間であって、東端一間は北十八間櫓への通路となっている。西妻はかつて六間櫓と接続していたので、仮に切妻造となっている。

福岡城南の丸多門櫓

福岡城は豊臣系外様大名の黒田長政《ながまさ》が慶長六年（一六〇一）から普請を始めた大城郭である。四重五階あるいは五重五階の天守も上げられたが、元和六年（一六二〇）頃に自主的に取り壊し、それ以降は天守背後にあった武具櫓が城の象徴だった。武具櫓は二重二階の多門櫓で、両端を三重櫓としており、全国でも最大の多門櫓だった。大正五年（一九一六）に城外に移築されていたが、戦災によって焼失した。

現存する南の丸多門櫓は、本丸の南西に位置する南の丸の西正面を守る重要な櫓で、嘉永七年（一八五四）に再建された。桁行三十三間（六尺三寸五分間）、梁間三間の長大な一重一階多門櫓である。当初は、六尺五寸間で三十二間（六三・一メートル）に計画されたものと思われる。内部は、二間ずつに間仕切られている。城

▲福岡城南の丸多門櫓脇隅櫓
多門櫓とは独立した隅櫓で、一階も二階も切妻造

福岡城南の丸多門櫓
▶城外側　◀城内側

外側は下見板張りで、二間幅の戸袋型石落を二カ所設ける。また、垂木《たるき》とそれを支える出桁《だしげた》や方杖《ほうづえ》などの軒回りを白木造りとしており、関ヶ原の戦い以前の古式を踏襲しているが、これは福岡城の櫓に共通する特色である。

　多門櫓の両側には二重櫓を隅櫓として建てており、そのうち南端の二重櫓が現存し、北端のものは復元再建である。二重櫓の二階（二重目）を切妻造にする異例の形式であるが、切妻造は福岡城の櫓や櫓門に多用されており、この城の特色の一つである。

金沢城三十間長屋

　最大の外様大名、前田氏の金沢城（石川県）は、早くに天守を失ってしまったが、壮大な二重二階多門櫓を数多く建て並べることで、その権威を見せつけた。鉛瓦葺《なまりがわらぶき》、海鼠壁《なまこかべ》、唐破風造の出窓といった独特な細部意匠とともに、二重多門櫓は金沢城の特徴でもあった。本丸から二の丸へ至る付壇に現存する三十間長屋はその一例で、宝暦九年（一七五九）焼失後、幕末の万延元年（一八六〇）に再建された。

　二重二階の多門櫓であるが、片端は入母屋造、もう一端は切妻造になっている。現状は桁行二十六間半であって三十間に足らず、切妻造の側が四間ほど短くなっている。本来は、そちら側に二重櫓を再建する計画であったが、実現していない。低い石垣上に建ち、城外側は一階中央に切妻造の突出部、その左右に唐破風造の出窓を設ける。城内側に二カ所の入り口を設ける。内部は間仕切りを設けずに一室となっており、棟通りに六間ごとに独立柱を並べる。二階に架かる梁は太く、また二重目屋根の軒先の垂木を二重にする野屋《のや》

金沢城三十間長屋
▲城内側　▼城外側

根《ね》の構造をもっており、一般的な安普請の多門櫓と比べると極めて立派な造りである。なお、宝暦焼失前は、絵図によると一重の多門櫓であった。

平櫓

姫路城太鼓櫓

本丸（備前丸《びぜんまる》）東の腰曲輪入り口の出隅に建つ隅櫓である。櫓台には「り」の門が接続している。この櫓は江戸時代の太鼓櫓ではなく、本来の太鼓櫓は内堀の南正面桜門内にあった三重櫓であった。

矩折り平面の平櫓であって、櫓台も矩折りとなっている。石垣築造技術は未発達で、平面は歪んで屈曲部が鈍角になっており、さらに天端石《てんばいし》が水平ではなく（不陸《ふろく》という）、城外側へ向かって三〇センチメートルほど下がっていく。櫓台石垣は池田輝政時代に完全に積み直されているが、城外側が高石垣のため、その後に沈下したようである。天端石の不陸に合わせて土台が敷かれ、柱の長さの長短でその不陸が少し修正されているので、輝政による慶長創建後、江戸時代中後期に建て直された可能性もある。曲がりが大きなやや太

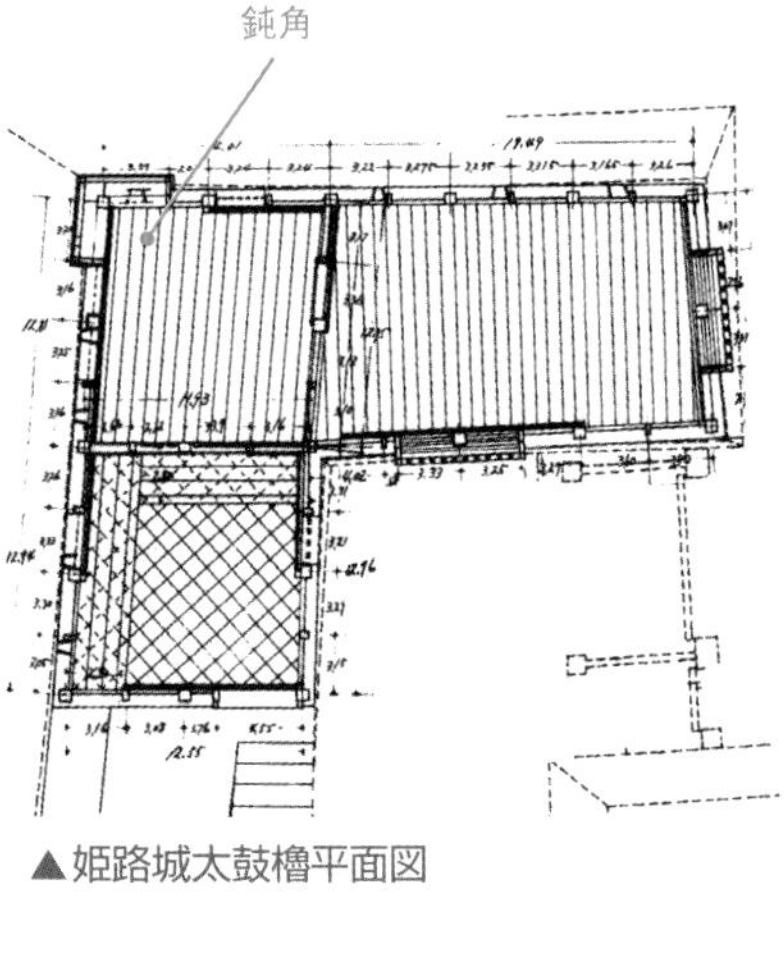

▲姫路城太鼓櫓平面図

姫路城太鼓櫓
▶外観
◀内部

めの梁（ただし現状は昭和修理の新材）を使用し、細い間柱を立てているので、櫓の規模はともかく、輝政時代の構造の細部が忠実に踏襲されたとは思えない。なお、窓に建てられている土戸のなかに、分厚い板戸の上下に端喰《はしばみ》（扁平な台形の補強部材）を入れたものが残っている。名古屋城天守に使われていた土戸と同じ高級仕様であって、平櫓に用いるようなものではなく、秀吉時代の天守最上階の窓の引戸《ひきど》が再利用されたものかもしれない。

「り」の門に接する南側は桁行五間（六尺五寸間、端間で調整）、梁間二間（六尺間）で、折れ曲がって北東に二間四方が続く。内部は三室に間仕切る。折れ曲がり部に袴腰型石落を設ける。南側二室は床を張るが、床高を調整して土台の不陸を軽減しているものの、それでも床面が著しく傾き、傾いて通されている貫に合わせて切られた鉄砲狭間が平行四辺形に歪んでいる。「り」の門の正面側と並ぶ西妻面には鉄板張りの出格子窓を開いており、姫路城内では最も厳重な窓である。屋根は屈曲部も合わせて三つの入母屋破風を立て、それぞれに鯱を上げている。

なお、姫路城内には、他にニの櫓が矩折り平面の平櫓であり、ロの櫓が大きな鈍角で折れ曲がる平櫓であって、いずれも入母屋破風を三つずつ立てる。

▲姫路城太鼓櫓
端喰入りの戸。分厚い戸板の下端に入れてある扁平な台形部材が端喰

姫路城井郭櫓

本丸（備前丸）表門の備前門外の腰曲輪に建つ隅櫓で、西面北側に塀庇《へいびさし》（旧番所）が接続する。修理時に発見された墨書に「いとやくら」とあるので、井戸櫓が本来の名称である。この櫓台は算木積が見られない古式なもので、関ヶ原以前の築造である。そして東面には石垣を継ぎ足した痕跡（石垣の隅部が埋め込まれている）があり、南東に帯の櫓台が増築される前は、この櫓台が単独に東に向けて突き出していた。した

がって、この櫓の創建は関ヶ原以前に遡る可能性も否定できないが、現存する櫓は井戸の位置からして石垣の増築後、池田輝政時代の建築と考えられる。

北東の出隅が鈍角になっていて平面がかなり歪んだ平櫓である。平は東面（城外側）五間（南三間は五尺五寸間、北二間は六尺三寸間）で、西面は一間ほど長くなっている。妻は四間（東二間は六尺間、西二間は五尺四寸間）で、入母屋造である。柱間寸法が一定でないのは、櫓台の広さに合わせて調整されているからである。内部は、北側に一室、南側は二室に分け、そのうち南西室を井戸の間とし、西外壁を省略して水汲みの便を図る。室中央に井戸枠を置き、その周囲を板張りの流しとする。

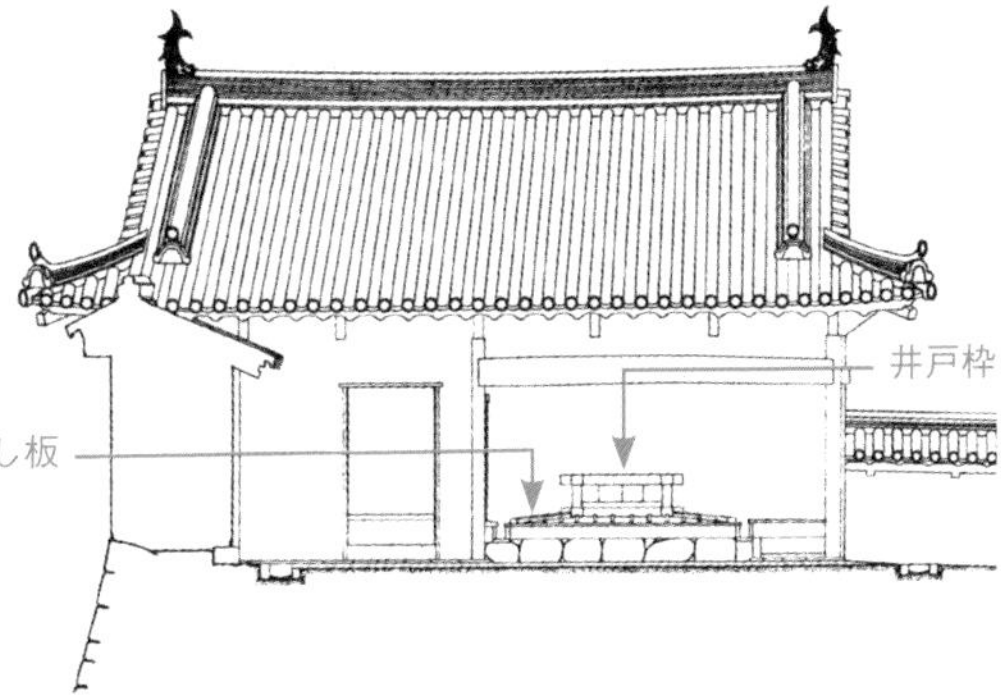

▲姫路城井郭櫓城内側立面図

姫路城化粧櫓

西の丸の西面から北面を囲む長大な多門櫓群（ワの櫓・レの渡櫓・ヲの櫓・タの渡櫓・ルの櫓・ヨの渡櫓・ヌの櫓・カの渡櫓、まとめて俗称が百間廊下《ひゃっけんろうか》）の北東端に位置する、特異な楼閣《ろうかく》風の櫓である。多門櫓のカの渡櫓側の桁行三間は多門櫓と同高の櫓台上に建つ一重一階の平櫓であるが、反対側の端部四間は櫓台が一段下がるため地下階が生じて二階櫓となり、その城外

▲姫路城井郭櫓
城外側。隅部が鈍角になっている

側を二重、城内側を一重とする。梁間は一様に三間で、両妻を入母屋造とする。柱間寸法はいずれも六尺五寸間である。

一階は、北西角部でカの渡櫓と斜めに接続するため、角部が隅切りとなり、カの渡櫓の端部を斜めに間仕切って化粧櫓への玄関とする。一階はカの渡櫓側から十五畳・十八畳・長六畳の三室に襖で間仕切る。隅切り部を巧みに使って、十五畳の間には畳床《たたみどこ》（板敷きに畳表《たたみおもて》を被せた新型の床《とこ》の間《ま》）を設える。十五畳・十八畳ともに蟻壁《ありかべ》（天井回りに作られた背の低い漆喰塗りの大壁《おおかべ》）を回した竿縁《さおぶち》天井を張り、壁は貼付《はりつけ》（紙張りの壁）となっており、書院造である。

外壁は漆喰の塗籠で、城外側には五間幅の長大な出格子窓、南妻側は三間とも大きな引違い窓を開いており、櫓というよりは楼閣である。城内側の平には窓が少なく、その点は櫓の特徴を示す。

畳床を使うことから元和・寛永期以降の書院造であって、元和三年（一六一七）に姫路城主となった譜代大名、本多忠政による西の丸改修時に新築された櫓である。西の丸内の平地には、忠政の子忠刻《ただとき》とその室の千姫（家康の孫娘）が住んだ御殿（江戸中期までは一部が残存していた）が設けられており、ヨの渡櫓・カの渡櫓などの室内は彼らに仕えた御殿女中の住まい（長局《ながつぼね》）であった。江戸時代の絵図には、その長局の

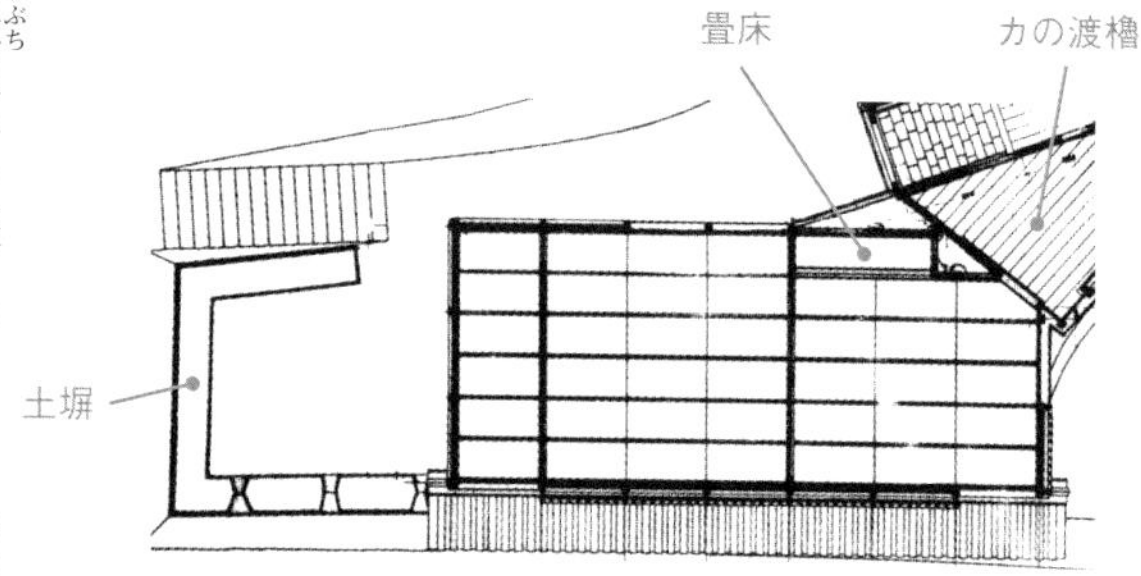

▲姫路城化粧櫓平面図

▲姫路城化粧櫓
5間幅の長大な出格子窓を設けて優美さを醸し出す。土塀に囲まれた妻側は大きな無格子の窓を開く

一室に「惣はめ絵有」と記入されており、羽目《はめ》板壁には絵が描かれていたことが知られ、その絵も発見されており、高級な長局であった。したがって、その長局に繋がっている化粧櫓は、御殿女中の最上位の者の住まい、あるいは千姫が時おり訪れた物見《ものみ》の座敷だったかもしれない。しかし、主座敷の十八畳に床《とこ》がなく、次の間の十五畳に床があるのは、書院造の座敷としては明らかな欠陥であって、千姫が住んだという後世の伝承は認め難い。

姫路城内の櫓では、本丸（備前丸）北の折廻《おれまわ》り櫓《やぐら》にも蟻壁竿縁天井を設えた座敷がある。明治に焼けて現存しないが、本丸南西正面にあった櫓内は上段の間を備えた対面所であり、それに続く多門櫓は長局だった。また、腰曲輪に建つ帯《おび》の櫓《やぐら》の南西増築部にも床・床《とこ》脇《わき》を設えた八畳座敷（十七世紀中期以降に改装）がある。櫓内を御殿の部屋として使うのは、姫路城・高知城・丹波亀山城（京都府亀岡市）・熊本城など古い縄張の影響を留めた平山城の特徴の一つで、狭い本丸内に御殿の必要殿舎を収めるための工夫である。

▲姫路城折廻り櫓　内部の蟻壁付き天井

▲姫路城帯の櫓　内部の床（床の間）

第二章

城門

第一節　城門の発展と名称
第二節　城門の構造
第三節　城門の種類
第四節　代表的な現存城門

第一節　城門の発展と名称

中世城郭の城門

かつて曲輪《くるわ》の入り口は、敵の侵入を防ぐために小さく造られたので小口《こぐち》と呼ばれ、威勢よくするために虎《こ》口《ぐち》と書かれた。虎口には一般的に城門が建てられた。ただし、中世城郭に多数あった小郭の虎口は、いちいち城門を常設せず、臨戦態勢になった折に簡易的な城門を急造する場合も少なくなかったと考えられる。なお、近世城郭においても一部の虎口に城門がなかった例（上田城〈長野県〉二の丸・伊賀上野城〈三重県〉本丸など）も珍しくはないが、そうした例には、城が未完成のまま普請《ふしん》が中止された場合や、城門の設置が元和元年（一六一五）の武家諸法度《ぶけしょはっと》の公布に間に合わず、幕府に許可されなかった場合も含まれる。

さて、中世城郭の城門は、発掘調査と絵画資料から推定される。近世城郭に移行直前の十六世紀後期の城門跡が高天神城《たかてんじん》（静岡県掛川市）や河後森城《かごもり》（愛媛県松野町）などの発掘で見つかっている。掘立柱《ほったてばしら》の一対の柱穴が検出されたもので、太さ二、三〇センチメートルの角材、または丸太材が門柱として想定される。掘立柱なので門柱は自立し、一対の門柱の上に冠木《かぶき》という水平材を差し渡して強度を高めたと推定される。冠木上に屋根があったかどうかは不明である。

中世城郭にあった軽微な城門については、慶長十九年（一六一四）に起こった大坂冬の陣を描いた「大坂冬の陣図屛風」が参考になる。大坂城を包囲する幕府側の陣所の柵や塀に開かれた仮設の門は、掘立柱に冠木を渡し、木の枝などで作った素朴な簀戸《すど》（隙間のあいた縦格子戸）を冠木から吊り下げ、それを外側に跳ね上げて突上《つきあ》げ棒《ぼう》で突っ張っていた。上げ簀戸門と呼

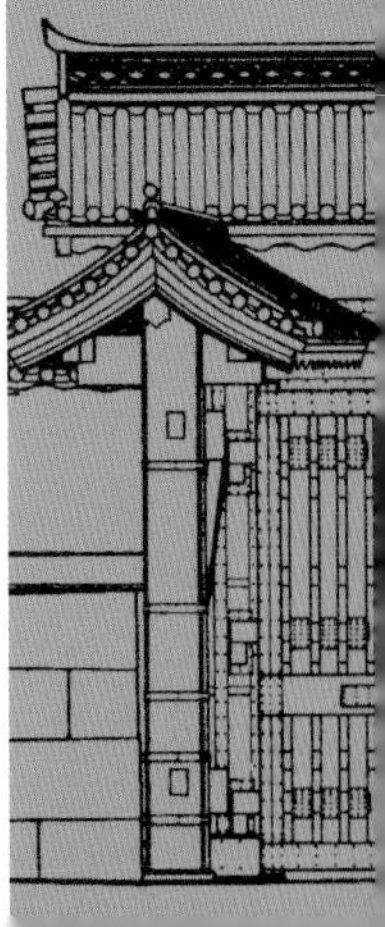

ばれる簡易的な城門である。突上げ棒を外せば、自動的に扉が落ちて閉まる。本格的な城門に使われる扉は内開きなので、門内が上り坂になっていた中世の山城《やまじろ》では、扉が地面につかえて開かないが、上げ簀戸なら外開きなので問題なかった。河後森城の堀切《ほりぎり》の下方で検出された小門は、上り坂の途中にあったので、上げ簀戸門だったと推定される。

なお、近世城郭の城門には上げ簀戸門はなく、総て内開きの扉だったが、松山城（愛媛県）本丸下に「上戸門」という名の城門があったので、これは例外的に跳ね上げる戸が吊ってあったらしい。ただし、内側へ綱で吊り上げるものだったと考えられる。

中世城郭の掘立柱の城門でも、間口《まぐち》が一間《けん》を超える本格的なものは、近世城郭と同じように両開きで内開きの扉をもっていたと考えられる。古文書に「木戸」と記されたものの多くはそうした城門であろう。木戸という名称からすれば、木造の本格的な扉をもっていたはずである。高天神城の本丸下の広い登城道や河後森城の堀切の中央で検出された城門跡が、そうした例である。そこでは、複数対の柱穴が出土しており、三〇センチメートルを超える太い柱が立っていたと思われる。複数対の柱穴が出土した理由は、掘立柱のため柱の根元が十年ほどで腐朽（および蟻害）してしまうので、頻繁に建て替えられていたからである。中世末から安土桃山時代になると、後述するように門柱を礎石に立てた薬医門《やくいもん》が普及し、城門の耐久性が一気に向上した。

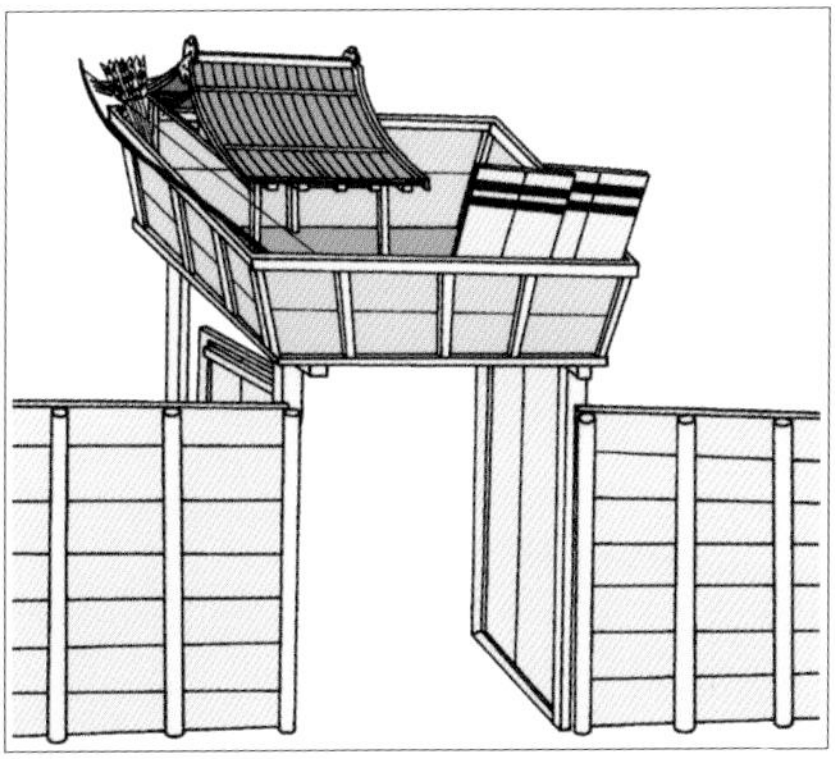

▲中世の武士の館の表門（「一遍上人絵伝」模写）
板塀に挟まれて二階建ての櫓門風の表門が建つ。二階建てとしては最も簡略な４本柱で、門上には斜めに傾けて端板を回す。右方に矢を防ぐ楯、左方に弓矢が準備されている。門上の小屋は極端に小さい

また、鎌倉時代末の「一遍上人絵伝《いっぺんしょうにんえでん》」など中世の絵巻物には、武士の館の表門が描かれている。掘立の四本柱の門の上に物見台《ものみだい》を載せ、その台上の周囲には防御のために端板《はたいた》（楯板《たていた》）を取り付け、さらに屋根付

きの小屋を台上に載せたものである。その小屋は極めて高さが低いので、立ったままでは絶対に人が入れず、門上で監視をする番兵が座って控えている場所、あるいは矢を置いておく場所だったと考えられる。

そうした門は、近世城郭の櫓門《やぐらもん》の祖型と言われ、室町時代後期の中世城郭の櫓門の復興として全国各地で近年多く建てられている（その場合は門上の小屋を人が入れるぐらいに大きくしてある）が、時代差がありすぎて賛同できない。近世城郭の櫓門は後述するように、薬医門の上に近世城郭の櫓を載せた城門として新たに登場したと見るほうがよいであろう。

薬医門の登場

近世城郭の城門は、中世城郭の城門とは全く構造が相違する。掘立柱の城門は安土桃山時代になると一斉に姿を消し、礎石建てとなった。それにともない、安定性の確保のために二本柱から四本柱になった。必然的に屋根面積が拡大し、耐久性と防火のために瓦葺屋《かわらぶきや》根《ね》が急速に広まっていった。

その四本柱の新型城門に採用されたのが、薬医門という形式だった。薬医門は室町時代後期の十六世紀中期頃に確立された新式の門であった。名称の由来は、朝廷に勤めていた医者の屋敷の門に使われたとか、医者の家に建てられた表門には救急のため扉がなく、それで薬医門と呼ばれるようになったとか、城門に使われ、矢を食う（矢が刺さる）門から矢喰門《やくいもん》、それが転じて薬医門となったとか、諸説あるが付会の説でどれも信用できない。ともかく薬医門の現存例からすれば、

▲水戸城薬医門
16世紀後期の部材を残しており、城郭に現存する最古の薬医門。柱や冠木が太く、全国一の重厚さを見せる。屋根は茅葺の形に見せ掛けた銅板葺で、当初からの形式ではない

城門より早くに社寺の表門に使われたと想像される。

薬医門の発明以前に社寺等に建てられた正式な門には、二重門・楼門《ろうもん》・四足門《よつあしもん》（四脚門《しきゃくもん》）・棟門《むなもん》があった。もちろん総て礎石の上に柱が立てられており、掘立柱ではない。

屋根が二重なのが二重門で、法隆寺・東大寺などの古代寺院や、中世以降の東福寺・大徳寺など禅宗（江戸時代には浄土宗も加わる）の大寺院の三門《さんもん》（山門）に使われた。楼門は二重門の下重屋根を省略したもので、いわば一重二階（二階内部は造られないので実質的には一階建て）の外観をもち、中世以降、特に格式の高い社寺の表門に応用された。それらは最高格式の門だったので、柱は総て円柱だった。

それらの社寺の表門に対して、平安時代後期の貴族邸宅、すなわち寝殿造《しんでんづくり》の邸宅の正門に使われたのが四足門であった。扉の両側にだけ円柱を立てており、二本柱では不安定なので、その転倒を防ぐために円柱の前後に足を立てて支柱とした。足には略式で細い角柱が用いられ、足が全部で四本あったので「四足」、または四足門と呼ばれた。社寺建築においては、正式な柱は円柱だけで、角柱は時代を通じて総て略式の柱である。四足門は世俗社会のうちでは格式が極めて高く、大臣と摂関の邸宅や院の御所などにしか許されなかった。鎌倉時代以降になると、将軍邸や社寺表門（二重門や楼門と併せて建てることも多い）にも使われるようになった。一方、それ以下の階級の貴族邸宅では、足を後方にだけ立てた、いわば二足門や、足が全くない棟門が正門として使われた。いずれにしても、扉の両側は円柱が立てられた。

薬医門は二足門をさらに略式にした門であって、扉の両側の円柱を五平柱《ごひらばしら》（長方形断面の柱、長平柱《ながひらばしら》ともいう）に変えたものである。五平柱は日本建築では、初めは薬医門にだけ使われ、その後、薬医門から進化発展した総ての城門、すなわち櫓門・高麗門《こうらいもん》・埋門《うずみもん》・長屋門・冠木門《かぶきもん》などに使われた。その点で、薬医門こそ近世城郭の城門の祖であった。

ところで、時代を遡って薬医門の祖型を求めてみると、平安時代末の富裕な庶民階級の屋敷の門に行き当たる。それは当時の絵巻物「信貴山縁起《しぎさんえんぎ》」に登場する長者屋敷の表門である。その門は、厳重な板塀に開かれた間口一間の門であって、二足門の円柱を太い角柱に変えたような門である。その角柱には面取りがなく、五平柱のようにも見える。その角柱は、四足門と同じように、唐居敷《からいしき》という厚板の上に立てられており、その点は後世の薬医門とは相違して、古式かつ正式である。屋根の形状は分からないが、切妻屋根《きりづまやね》か上《あ》げ土屋《つちや》根《ね》（板を冠木の上に水平に並べて棟通《むねどお》りに土を畝《うね》状に載せたもの）と推定される。

薬医門の構造

薬医門は、正面側に本柱として五平柱を立て、その後方に控柱《ひかえばしら》（本柱の転倒防止のための支柱）として角柱を立てる。この五平柱は長辺が前後に、短辺が左右に向くように立て、正面側が幅広いこと、表側に立てることなどから鏡柱《かがみばしら》と呼ばれる。扉は鏡柱に取り付けられる。鏡柱と控柱とは二、三段の貫《ぬき》を差し通して繋ぎ、貫が通る貫穴《ぬきあな》には、貫の上（時には下）に木の楔《くさび》を打ち込んで締め付ける。貫で柱どうしを緊結するのは、鎌倉時代以来の技法である。

鏡柱どうしの頂部には冠木という角材を差し渡し、控柱どうしの頂部には内冠木《うちかぶき》を差し渡す。内冠木は概ね慶長五年（一六〇〇）の関ヶ原の戦い以前は角材で

▲水戸城薬医門
正面の冠木上に架かる梁が突き出して桁を受ける。梁の下には短い女梁《めばり》を添えている

▶水戸城薬医門
背面の太い内冠木は角材に成形されており、古式である。内冠木上の横材が桁

あったが、それ以降は用材不足から丸太材が一般的になった。平行する冠木と内冠木との間には、梁《はり》を三本（大型の門になると五本を超える）渡し架け、その梁の中央に棟束《むなづか》（御殿では板蟇股《いたかえるまた》）を立てて棟木《むなぎ》を支え、梁の両端近くには桁《けた》を架け、棟木と桁に垂木《たるき》を打って切妻造《きりづまづくり》の屋根を造る。

その梁は、鏡柱側すなわち正面側に長く突き出すので、薬医門の屋根は正面側に片寄って載る。言い換えれば、正面側の桁は鏡柱より外側に大きく出ており、背面側の桁は控柱の直上に載る。鏡柱に取り付けられる大切な扉に雨が掛からないように、正面側の屋根の出《で》を深くする工夫である。これも薬医門で開発された新技法であった。

なお、城跡に残る薬医門はほとんどない。明治の廃城時には、格式高い薬医門は社寺の表門として都合が良かったので、ほとんど総て城外へ移築されてしまったからだ。原位置に残る城門のうち薬医門は、宇和島《うわじま》城（愛媛県）上《のぼ》り立《た》ち門《もん》が十七世紀初期、松山城本丸本壇《ほんだん》二の門と高松城北の丸水手御門《みずのてごもん》が十九世紀中期の再建例である。城の御殿表門の薬医門は、上田城と丸亀城（香川県）に残る。

▲宇和島城上り立ち門（薬医門）
側面。冠木（左方）が角材、内冠木（右方）が丸太材で、屋根が冠木の方へ片寄るのが薬医門の特徴

高麗門の発明と普及

薬医門が城門の主流だったのは、安土桃山時代だけで、すなわち織田信長や豊臣秀吉の時代だった。慶長五年（一六〇〇）の関ヶ原の戦い後の築城盛況期になると、薬医門から進化した高麗門に取って代わられたのである。

秀吉が晩年に引き起こした文禄《ぶんろく》・慶長《けいちょう》の役《えき》（一五九二

年・一五九六年）では、朝鮮半島の南岸に日本軍が拠点とするために多くの近世城郭が築かれた。その際に発明されたのが高麗門である。高麗とは十四世紀まで朝鮮半島にあった国名で、その後に李氏《りし》朝鮮が建国されても日本では引き続き高麗と呼んでいた。したがって高麗門とは、朝鮮半島に出陣した折に発明された城門の意であって、発明者はもちろん日本人である。年代が明確な高麗門の現存最古例は、姫路城の「り」の門で、軒天井板に「慶長四ねん大工五人」の墨書が見つかっている。慶長の役終結直後の慶長四年（一五九九）の建築で、池田輝政による姫路城大改修以前のものである。

　高麗門は、屋根が小さいので防戦上で有利（敵兵が屋根下に隠れにくい）であり、薬医門より用材が少なくて済むので、関ヶ原の戦い後の築城盛況期に全国に一気に広まった。江戸時代には、一階建ての城門は高麗門の独占状態になった。したがって、現在城跡に残っている城門は圧倒的に高麗門が多く、薬医門は少ない。

　さらに江戸時代中・後期になると、園城寺《おんじょうじ》（滋賀県大津市）・本願寺（京都市）といった大寺院の門にも高麗門が多用され始め、挙句の果てには京都島原遊

▲京都御苑の蛤御門（高麗門）
筋鉄を打った厳めしい高麗門。鏡柱を突き抜けた冠木の先端を社寺建築に用いる木鼻《きばな》（渦巻を彫った装飾）に進化させており、城郭より格式が高い

▲島原遊郭の大門（高麗門）
背面。冠木上の屋根に二つの控柱上の屋根が直交する典型的な高麗門。遊郭の入り口を区画する大門は、城郭の高麗門と全く同形式である

郭の大門《おおもん》や京都御所の外周の門（京都御苑の周囲の門）も高麗門になってしまった。幕末の政治史で著名な蛤《はまぐり》御門《ごもん》も高麗門である。

高麗門の構造

高麗門は薬医門から進化したため、鏡柱・控柱・冠木といった主要構造は薬医門と全く同じである。違いは内冠木がないことと、屋根が一つではなく小さな三つの屋根に分かれていることである。冠木の上に切妻造の小屋根を架け、それと直交させて、二本の控柱の上にも小屋根をそれぞれ架ける。上から見ると、コの字形に三つの小屋根が並ぶ。扉は、閉めた時には冠木上の屋根に覆われ、開けた時には控柱上の屋根の下に収まるので、屋根は必要最小限の大きさである。なお、控柱上の小屋根は、「扉覆《とびらおおい》」と呼ばれた。

薬医門であれば、大きな屋根が

江戸城外桜田門（高麗門）
▲正面　▼背面　▶扉覆下に収まった扉
背面側の中央部に屋根がないため、薬医門と比べて屋根面積が２割ほど少なく、資材が節約できる

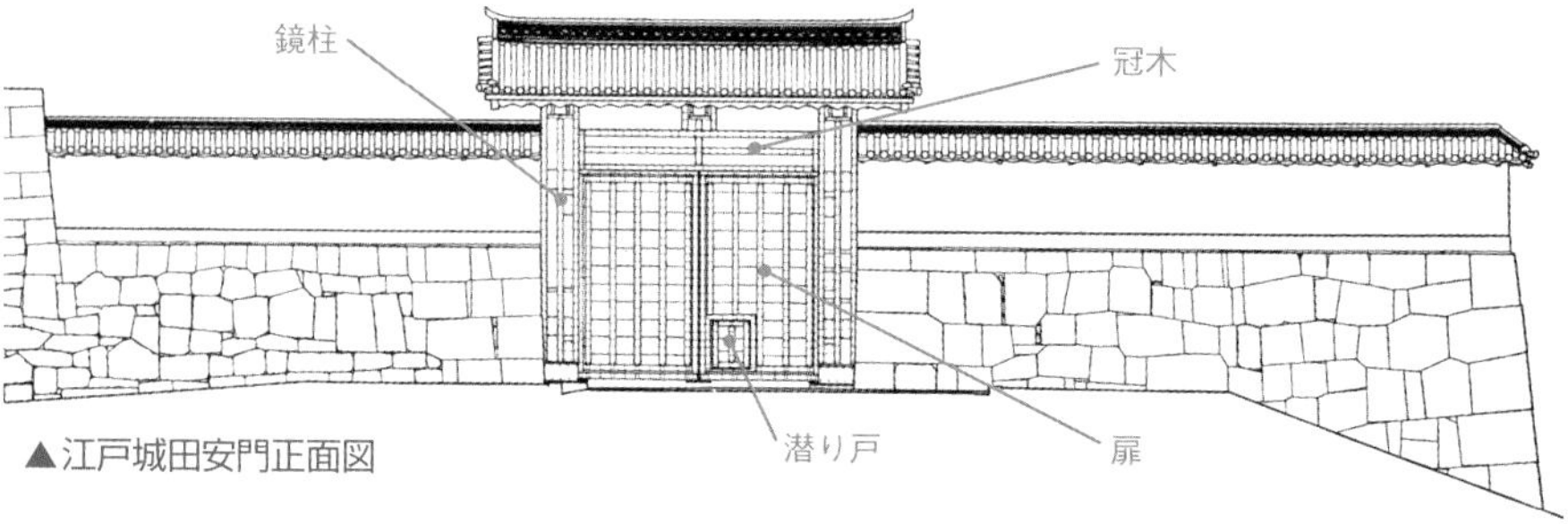

▲江戸城田安門正面図

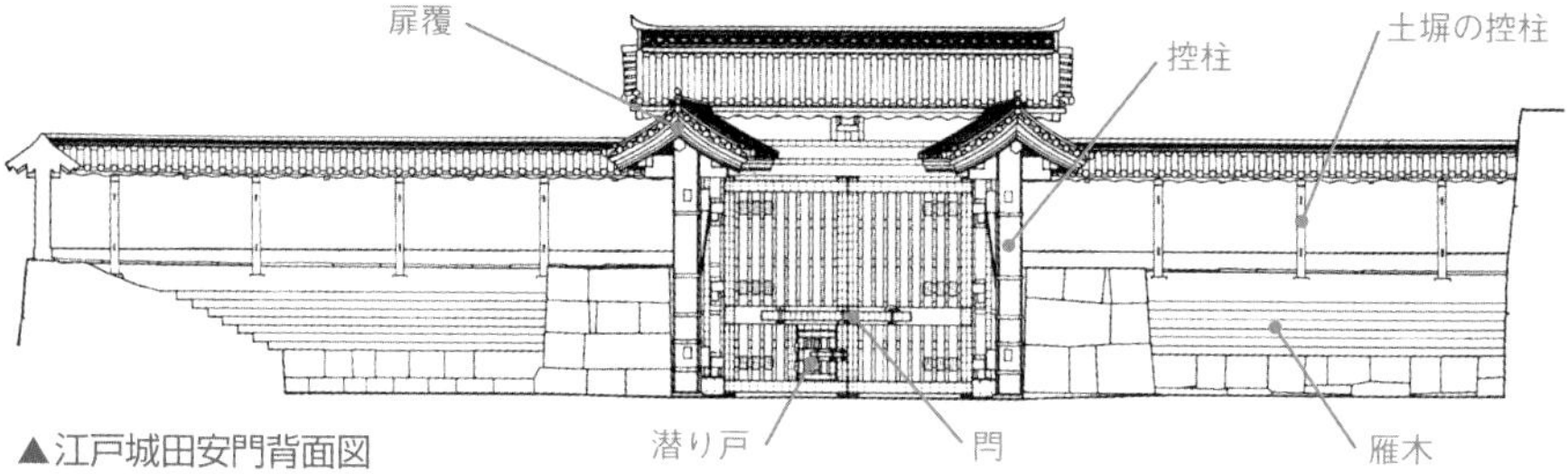

▲江戸城田安門背面図

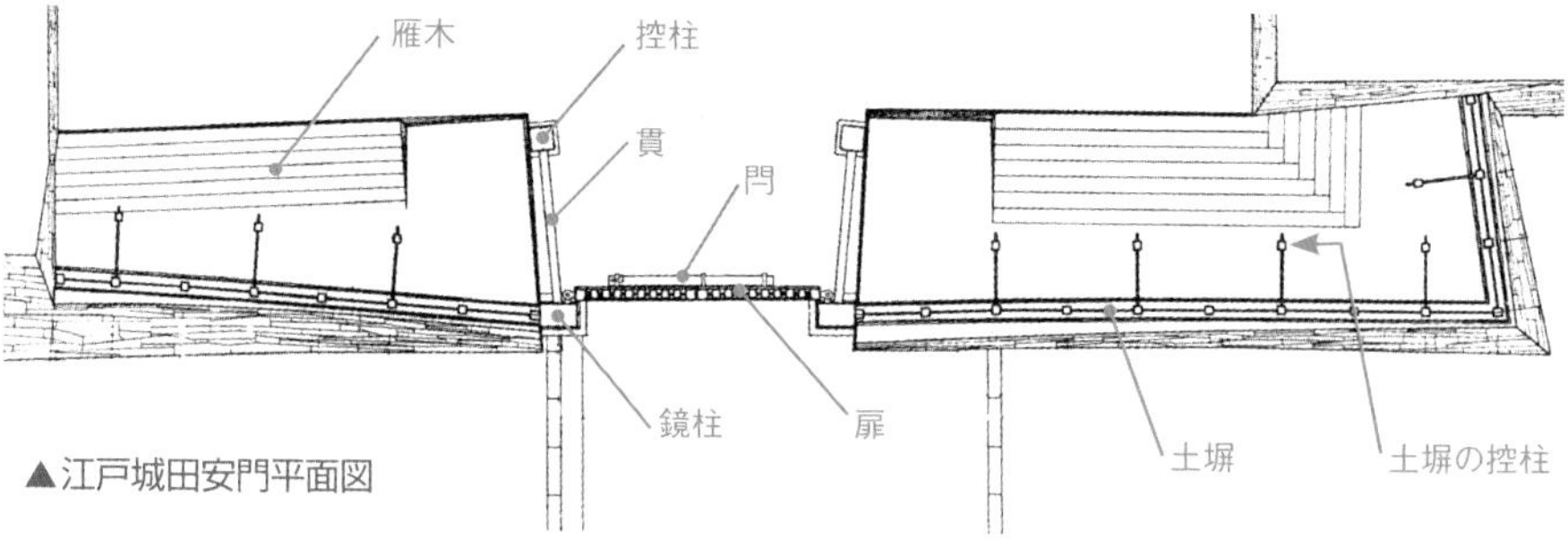

▲江戸城田安門平面図

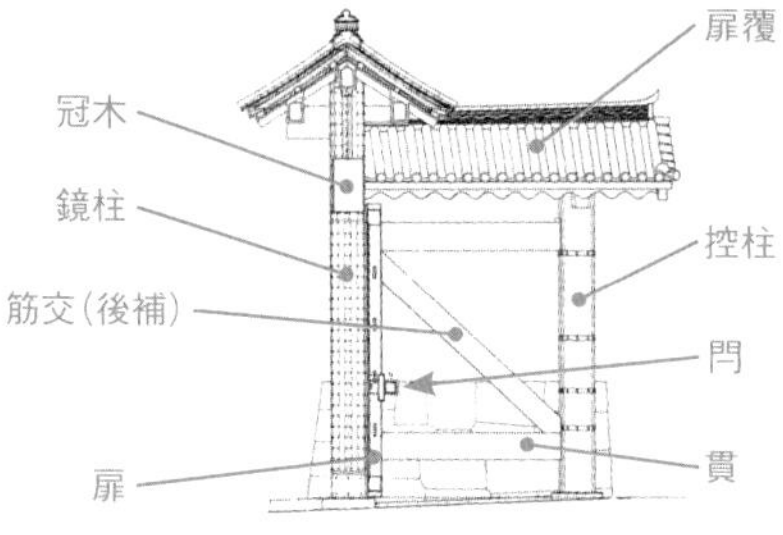

◀江戸城田安門断面図
高麗門は土塀を載せた低い石垣に挟まれ、門の屋根が土塀より少し高くなるのが理想。石垣の背後には、土塀に鉄砲の射手が取り付くための雁木《がんぎ》（石段）を設ける

災いして、門内に攻め込んだ敵兵を狙撃しにくいが、高麗門の屋根は小さいので邪魔にならない。

ところで、関ヶ原以降、虎口の構造が進歩して、後述するように枡形門《ますがたもん》が成立する。枡形門は内外二重構えの城門で、その外門に高麗門、内門に櫓門を建てた。外門の高麗門が敵に占拠された場合でも、その屋根は小さいので、内門の櫓門の二階から高麗門内の敵兵を狙撃できた。枡形門でなくても、高麗門では城内の高所から門内への狙撃が有効であった。その性能の良さから高麗門が急激に普及したのである。

櫓門

城門の上に櫓を載せた建築を櫓門という。江戸時代の文書には、城門ではなく櫓の範疇に含めて「門櫓」や「渡り櫓」と記されることもある。また、二階建ての社寺の門を楼門といったので、鹿児島城では本丸正門の櫓門を「御楼門」と称していた。

櫓門の城門部分は、薬医門と基本的には同じ構造であって、鏡柱・控柱・貫・冠木・内冠木・梁で軸部を構成し、梁の上に櫓の床を載せる。門上の櫓は一般的に細長い平櫓《ひらやぐら》であるが、稀に二重櫓の例（姫路城「ぬ」の門・彦根城佐和口門《さわぐちもん》など）もある。また、下階の城門部分は両側が石垣に挟まれることが多く（袖石垣《そでいしがき》ともいう）、その場合は櫓の両端が石垣上まで伸び、城門の上を渡るので渡櫓《わたりやぐら》とも呼ばれた。その渡櫓が特に長いものは多門櫓《たもんやぐら》と見なしてもよく、多門櫓の下に城門を組み込んだものとする（彦根城天秤櫓）。

それとは別に、櫓門の渡櫓に付属する櫓は続櫓《つづきやぐら》と呼ばれ、城門前の敵に対して横矢《よこや》（側面射撃）を加えた。軍学上では弓矢は左側に向けて射やすいため、門前に掛ける横矢は城内から見て左側（左袖《ひだりそで》という）からが都合良く、したがって城門の正面に向かって右側に続櫓を突き出すのが理想であった。松山城で多用され、隠門《かくれもん》続櫓が現存し、筒井門《つついもん》・乾門《いぬいもん》が復元されている。左側に続櫓を設けた例は、佐賀城鯱《しゃち》の門《もん》がある。

櫓門が曲輪の隅部近くに位置する場合では、渡櫓に付属する続櫓は城門を守る横矢掛《よこやがか》りのためではなく、隅櫓《すみやぐら》を兼ねる。彦根城太鼓門《たいこもん》がその好例である。

近世城郭の櫓門は、総て薬医門に櫓を載せた構造なので、十六世紀に薬医門が登場してから出来上がった城門の形式である。したがって、中世の櫓門とは

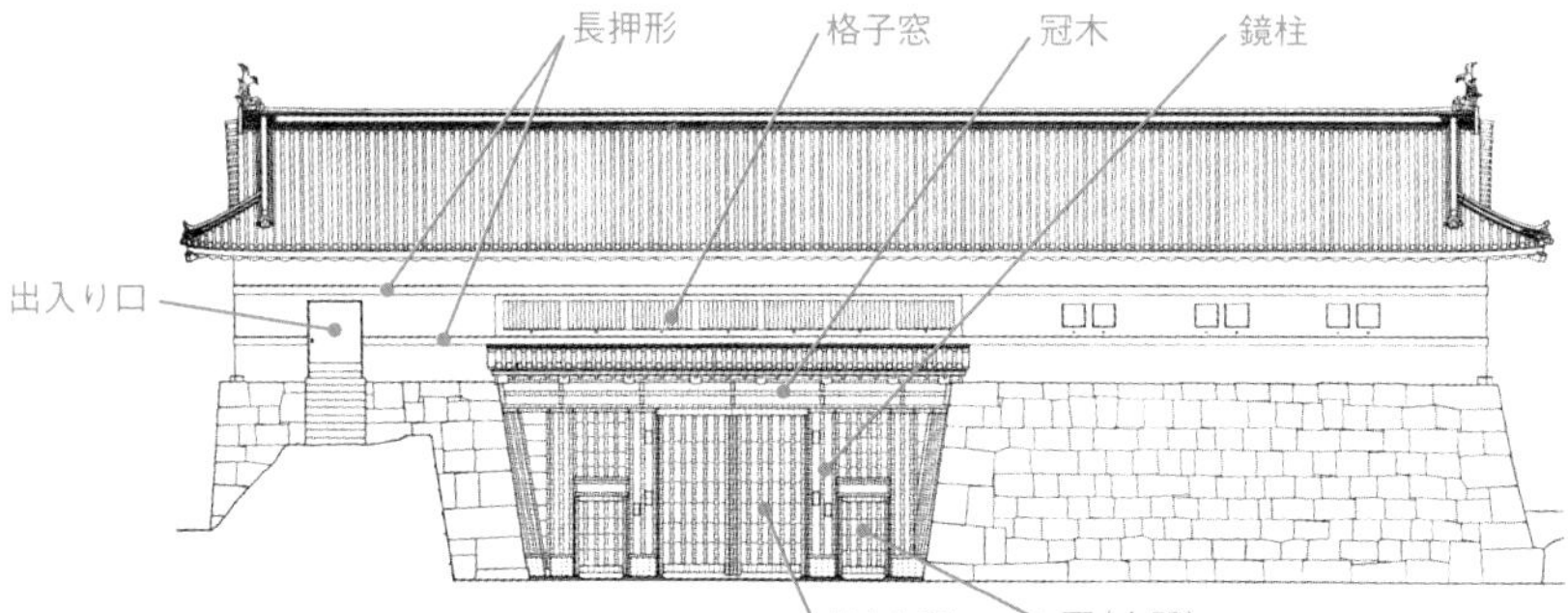

▲江戸城田安門正面図

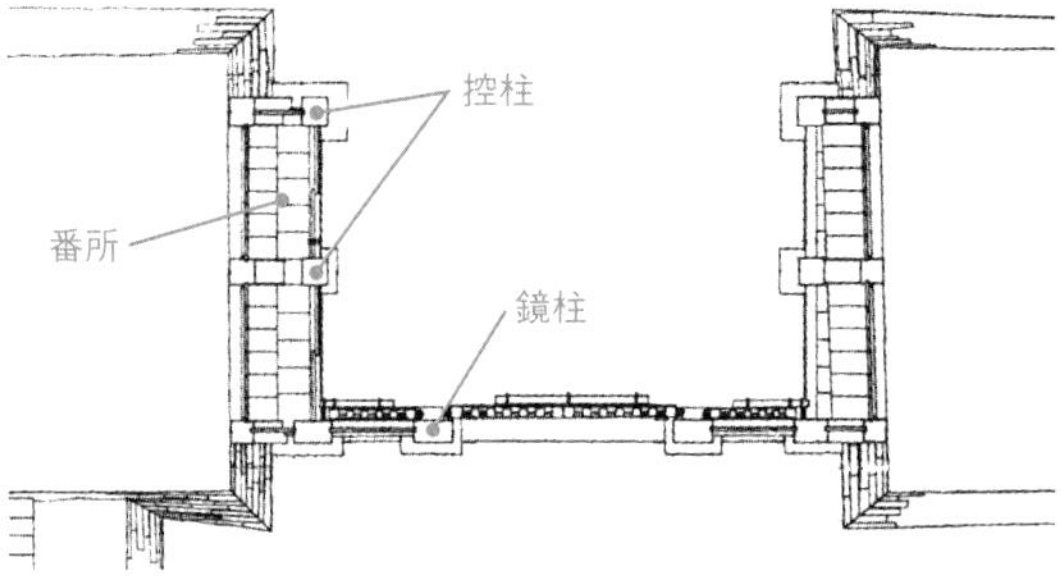

▲江戸城田安門城門部平面図

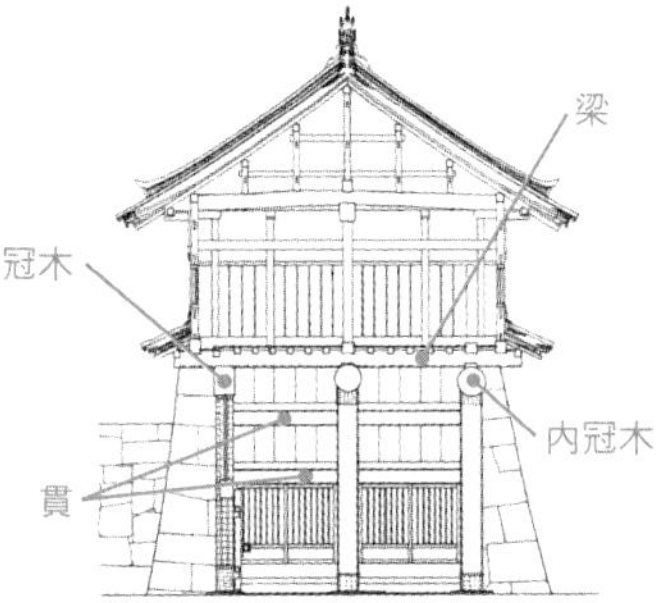

▲江戸城田安門断面図

▲江戸城外桜田門（櫓門）
江戸城は櫓門の建つ枡形が他城より格段に広く、櫓門の渡櫓は破格に長大になる。石垣に挟まれた城門部の上方には、弓矢を放つ格子窓が連続する

▲福山城本丸筋鉄御門（櫓門）
背面。太い丸太材の内冠木が渡る

▲彦根城天秤櫓（櫓門）
多門櫓に組み込まれた櫓門。古城から移築された

▲彦根城太鼓門（櫓門）
櫓門（左）と続櫓（右）。櫓門は移築、続櫓は増築

▲広島城本丸中御門（櫓門、原爆焼失前）
天正20年建立の最古級の櫓門だった

▲小諸城大手門（櫓門）
石垣の間に建つ古式な櫓門

▲竹中氏陣屋櫓門（櫓門）
城門部は現存最古級のもの

構造的に一線を画す。現存最古の櫓門は、永禄四年（一五六一）頃から天正八年（一五八〇）の創建と考えられる姫路城「と」の一門であって、既に薬医門の上部に櫓を載せた構造になっている。この櫓門は、二階外壁が防弾性能のない薄い板壁で、二階床梁《ゆかばり》がないことなど、後の櫓門には見られない古式な点も多く、近世城郭の櫓門の草創期の遺構と考えられる。

また、近世城郭では、櫓門は天守に次ぐ格式をもっており、屋根上には鯱を飾るのが通例だった。渡櫓部分の外観を他の櫓より古式（真壁《しんかべ》にしたり、長押《なげし》を打ったり、舟肘木《ふなひじき》を付けたりする）に造ることも格式の高さを示すもので、姫路城菱《ひし》の門《もん》や小諸《こもろ》城（長野県）大手門がその現存代表例であり、戦災焼失した仙台城（宮城県）大手門・広島城本丸中御門《なかごもん》・宇和島城追手門《おうてもん》もそうした壮大な櫓門だった。

なお、陣屋は城と見なされていなかったので、櫓と同様に櫓門の建造も幕府は認めなかった。それに対して、竹中氏陣屋（岩手陣屋〈岐阜県垂井町〉）には例外的に櫓門が建てられていたが、竹中氏はかつて菩提山《ぼだいさん》城の城主であって、早くから櫓門を備えていたために既得権益として認められたものであろう。現存の櫓門は、十六世紀末から十七世紀初期の建築と考えられ、菩提山城から移築したとの伝承にも首肯できる。

冠木門

話変わって、江戸時代の文書や絵図に「冠木門」という城門が散見される。例えば、江戸城の城門の絵図では、枡形の外門の高麗門に「冠木御門」、内門の櫓

▲松代城新御殿表門（冠木門、長野市）
現存最古の木造の冠木門。高麗門から冠木上の屋根を取り去った形式で、城門としては最も略式。鏡柱と冠木が雨晒しのため耐久性が乏しい

門に「大御門」「渡り御櫓」と書き込まれている。江戸城の場合、高麗門は「冠木御門」で、それに対して櫓門は「大御門」と呼ばれ、櫓門の階上の櫓を「渡り御櫓」と呼んでいた。

また、広島藩の役人が幕府に差し出すために作成したと考えられる覚書の中で、広島城の門数について、「一、門数、弐拾壱、但御本丸共、内、拾弐櫓門、九つ冠木門」とあって、城門は櫓門と冠木門の二種類に区分されている。寛文七年（一六六七）に宮津城（京都府）を修理するために幕府から派遣された目付衆《めつけしゅう》が老中に宛てた「宮津城中並外側破損大積之目録」では、櫓門のほかに「冠木門」「釘貫門《くぎぬきもん》」「木戸門《きどもん》」を厳密に区別して挙げている。

それらの「冠木門」は櫓門以外の城門、すなわち一階建ての高麗門や薬医門などの城門を指す場合が多いようである。江戸城の例では現存城門と照らし合わせれば、「冠木門」は高麗門であることが分かる。宮津城の場合では、「冠木門」には本体の屋根のほかに扉覆の屋根（控柱上の小屋根）が二カ所あるというので、明らかに高麗門を指している。高麗門を冠木門と呼ぶことについては、鏡柱上に渡櫓がなく、冠木しか載っていないからであろう。なお、一階建ての門は「平《ひら》門《もん》」とも呼ばれた。

ところが、近代になってからは、冠木門とは、鏡柱の上部に冠木を貫き通しただけで、冠木上に屋根を被せない簡略な門をいう。構造的には、鏡柱の上部に太い貫を差し通し、その貫を冠木の代用としたもので、厳密に見れば冠木ではなく、いわば楣《まぐさ》である。屋根がなく露天の鏡柱の上端を切放しにしておくと、雨水が

▲忍《おし》藩校進修館旧表門（釘貫門、埼玉県行田市、移築）
現存例の乏しい釘貫門。忍城内に移築されている藩校の旧表門。高麗門に似ているが、冠木門に簡略な屋根を被せただけの構造で、垂木も塗り込められていない

木口《こぐち》から滲み込んで傷むので、雨水が流下しやすい四角錐形（山伏《やまぶし》が被った兜巾《ときん》に似ているので兜巾という）に尖らせるか、四角錐形の蓋を被せたり、銅板で包んだりする。鏡柱の後方には控柱を立てて貫で繋ぐが、そこにも屋根は架けないことが多い。大切な扉が雨晒《あまざら》しになるし、冠木や鏡柱も風雨に晒されるので、耐用年限は短く、せいぜい五〇年しかもたない。正式な城門として使われることは稀で、未完成の城だった伊賀上野城の本丸上り口に仮設されていた「御城門」が典型例であった。そのような簡略な冠木門は、明治時代初期になって役所の表門などに多用された。

なお、近代になって冠木門と呼ばれる門については、宮津城の例のように江戸時代には「釘貫門」（釘抜門）と記されることがある。鏡柱に刺さる太い貫を釘貫と言ったか、あるいは和釘を抜く際に用いる釘抜きから、貫を釘、鏡柱を釘抜きに見立てたものであろう。近代にいう冠木門の鏡柱上に軽微な屋根（垂木は塗り込めない）を架けた門も釘貫門と呼ばれたが、その場合は屋根の大棟《おおむね》を支える貫（棟木を兼ねる）が加わるので、貫が上下二段になる。「木戸門」という語も宮津城の文書に見られるが、釘貫門よりさらに簡略化した軽微な城門であって、鏡柱の上に冠木を渡しただけで、屋根のない門をいう。釘貫門・木戸門ともに後方に立つ控柱上に小屋根（扉覆）を設けることがあった。

虎口の形状と城門

敵兵の侵攻を阻止するために、虎口の形状は城の縄《なわ》張《ばり》における最重要課題だった。城主の威厳を示すとい

▲新発田城本丸表門（櫓門、新潟県）
平虎口。左右一直線の石垣に開けられた虎口で、堀を渡って直進したところに櫓門が建つ。近世城郭の本丸表門としては防備性能が低いが、正面からの見栄えが良く、威厳がある

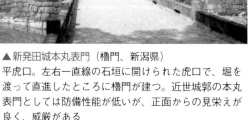

う視角的・心理的効果のほかに、実戦的に虎口を強固にするためには、敵兵に対して横矢を掛けること、城内への見通しを遮ることの二点が特に考慮された。そのためには、虎口の通路を曲げるのが基本だった。その曲げ方によって、近世城郭の虎口の基本型には、防備性能の弱い順に、平虎口《ひらこぐち》・食違《くいちが》い虎口《こぐち》・折曲《おれま》がり虎口・枡形があり、それは概ね虎口の発展の順である。

平虎口は、曲輪の城壁にそのまま虎口を開けたもので、郭外から郭内まで一直線になっている。城門に櫓門を建てたとしても、門上の渡櫓の格子窓から正面側に向けて矢を射るだけで、横矢が全く掛からない。また、城門を開くと敵に城内を見通されてしまうし、江戸軍学では城門を破った敵が勢いにまかせて城内に押し入るという。したがって、近世城郭の主要な曲輪では、防備性能が低い平虎口は少なく、築造年代が古い虎口（広島城二の丸表門や浜松城〈静岡県〉天守門など）、裏口など大勢の軍兵の出入りがない狭い虎口（赤穂《あこう》城〈兵庫県〉本丸跳橋門《はねばしもん》や姫路城「ほ」の門など）、あるいは武装化した居館的な城の虎口（二条城二の丸東大手門・北大手門・西門）などに見られ、逆に外郭では多くの城で用いられた。重要な曲輪の平虎口には、防備性能が高い櫓門を建てるか、あるいは狭くて大軍の出入りが困難な埋門

▲高知城黒鉄門（櫓門）
食違い虎口。門前の土塀と櫓門が直交する

▲姫路城「ぬ」の門（櫓門）
折曲がり虎口。折れ曲がった通路の奥に櫓門が建つ

（第三節に詳述）を開く。

　食違い虎口は、城壁を一直線にはせずに、小さな屈曲を設けて左右の城壁の筋をずらし、その屈曲部に虎口を開くものである。城門は城壁に対して直交して建てられる。城門前の敵兵に城壁上から横矢が十分に掛かる。また、厳密には食違い虎口とは言えないが、曲輪の入隅《いりすみ》に虎口を設けても同じ効果が得られる。近世城郭では、この両者は多く見られる虎口の形態で、そこに建てられる城門は重要度に合わせてさまざまであった。

　通路の屈曲部の奥に城門を建てたのが折曲がり虎口である。通路は城壁または堀によって挟まれ、城門前の敵に対して二方向や三方向、場合によっては四方向から横矢が掛かる。厳重な虎口であって、近世城郭に多用された。この城門前の通路の幅を拡大して広場としたのが枡形（枡形虎口）であるが、折曲がり虎口を枡形に含めている研究者もいる。しかし、防備性能はかなり異なる。

　最も堅固な虎口が枡形（升形・桝形とも書いた）で、城門の前に小さな四角い広場を設けたものである。米を計量した枡に形状が似ているので枡形と呼ばれたが、現代風に言えば箱形となろう。枡形は重要な虎口に応用されたので、城門は原則的に櫓門が建てられ

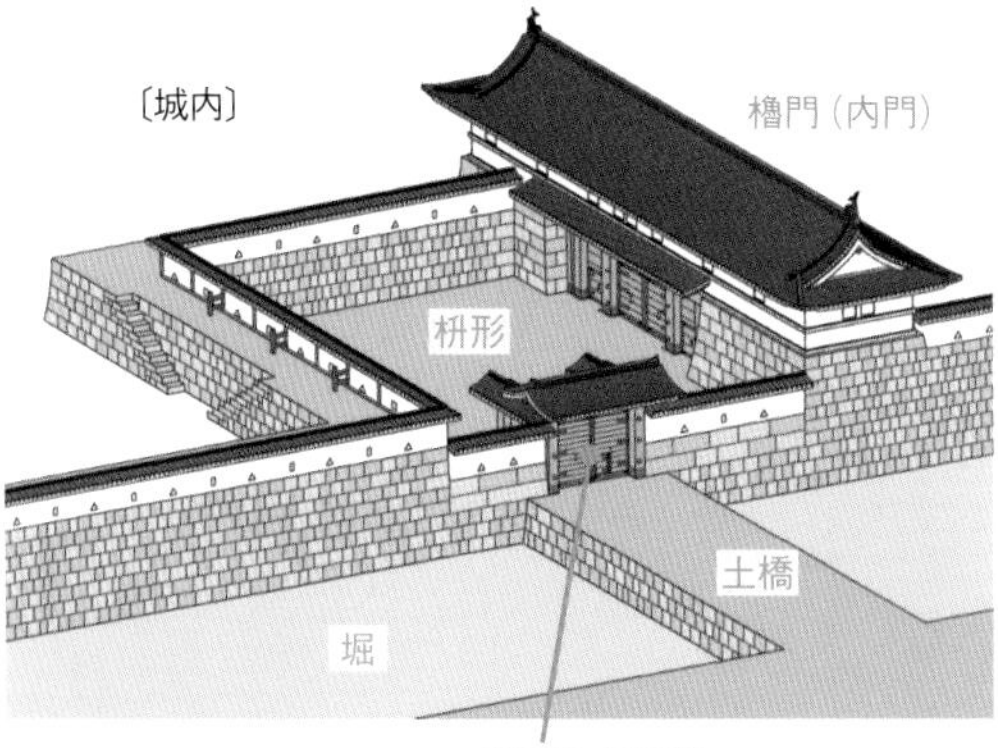

▲枡形門の模式図

▲高知城追手門（櫓門）
枡形。櫓門（右方）の門前に設けられた広場が枡形で、古式な枡形は正面を大きく開放する

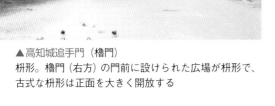

た。枡形に侵入して城門に向かう敵兵に対しては、櫓門の二階の窓からの弓矢だけではなく、枡形を囲む城壁からの横矢を合わせて三方向の射撃を加えることができ、最強の虎口だった。枡形内から櫓門内への見通しを遮るために、枡形の中で道筋を直角に曲げるのが普通である。後述するように、櫓門からの弓射《きゅうしゃ》の都合などによって、右へ曲がって櫓門に向かう例が大半を占め、その逆は少数派である。枡形では、縄張を間違えない限り、櫓門前の敵の背中に横矢を加えることも可能であるが、枡形の幅が狭くてただの通路状だった場合では、引きがないため櫓門の扉前はそれに対面する城壁上から死角になる。したがって、城門前の広場こそが軍学的な枡形であって、幅の狭い折曲がり虎口は枡形とは言えないのである。

関ヶ原の戦い以降になると、枡形の外側の入り口に高麗門を加えて、内側の櫓門との二重構えの虎口が生まれた。この二重構えの虎口を枡形門という。枡形門は藤堂高虎《とうどうたかとら》の好みで、今治《いまばり》城(愛媛県)や津城(三重県)にあったほか、名古屋城・江戸城・徳川再築大坂城・駿府《すんぷ》城(静岡県)といった幕府系の城に応用され、外《と》様《ざま》の大城郭であった金沢城(石川県)・姫路城・岡山城・萩《はぎ》城(山口県)など、築城年代が少し後れる明石《あかし》城(兵庫県)・赤穂城・丸亀城など広く応用された。しかし、内外の城門が揃って現存する例は少なく、江戸城外《そと》桜田門《さくらだもん》・田安門《たやすもん》・清水門《しみずもん》・平川門《ひらかわもん》など、金沢城石川門、大坂城大手門、丸亀城大手門しかない。名古屋城では高麗門だけが現存する。

大手門と搦手門

城の表口あるいは表から本丸へ至る城内の道筋を大手、裏口や裏からの道筋を搦手《からめて》という。大手門は、城の表口の最も外側に位置する城門、あるいは大手の道筋の途中で内郭の入り口に位置する城門をいう。多くの城には大手門と呼ばれる城門があり、大手門とは呼ばれなくとも大手門に相当する城門は総ての城に存在した。大手門は城の顔なので原則的に櫓門とし、厳重な場合は枡形門とされた。

三の丸など城の内郭を構成する曲輪群の入り口に大手門は建てられたが、外郭の城門は高麗門などで済まされることが多く、それを大手門と呼ぶことは少ない。また逆に、本丸の表門、すなわち最終関門を大手門と呼ぶことはない。なお、弘前城《ひろさき》（青森県）・高知城・宇和島城などでは追手門という。

大手門（追手門）の現存例は、弘前城・出羽《でわ》松山城（山形県酒田市）・小諸城・二条城・大坂城・丸亀城・高知城・福岡城（二階は復元）であり、戦災焼失した旧国宝には仙台城・宇和島城がある。なお、西条《さいじょう》陣屋（愛媛県）・鹿島《かしま》陣屋（佐賀県）にも大手門が現存するが、陣屋だったため櫓門の建造が許可されず、西条陣屋は大型の薬医門、鹿島陣屋は高麗門である。金沢城・名古屋城・姫路城・広島城・熊本城といった大城郭では、表口に相当する城門が複数あり、大手門と称してはいない。

搦手門は裏口の城門であるが、多くの城では固有の名称を付けており、搦手門と称したのは宇和島城などわずかだった。その理由は、表口は一つに限られるが、その他の入り口は複数あるので、搦手門が特定しにくかったからであろう。もちろん大手門に比べて搦手門は城門の間口が狭く、櫓門ではなく高麗門や埋門で済ませることもあった。

鉄門・筋鉄門・銅門

櫓門の門上の櫓は、分厚い土壁塗りの防火・防弾構造であるが、城門は大きな扉があるので土塗りにするわけにもいかず、木部が大きく露出する。そのような欠陥があるので、城門を破壊する最も手っ取り早い方法は、門扉の前に藁束を積み上げて火を放つことであって、容易に焼き落とせる。荷車に丸太を載せて扉に突き当てたり、大砲弾を扉に撃ち込んだりするのは、作り話に過ぎない。

城門の木部を保護するには、鏡柱・冠木・扉などの外面に隙間なく鉄板を張る。鉄砲の弾丸は扉の板を撃ち抜く威力があるので、鉄板は防弾としても有効である。当時の鉄板は鍛冶職人が一枚ずつ鍛造《たんぞう》したもので、厚みは一ミリメートルから二ミリメートルほど、幅は五センチメートルから一〇センチメートルほどの短冊形である。それを釘（または鋲《びょう》）付けにする。そのような鉄板張りの城門を鉄門《くろがねもん》、あるいは黒金門《くろがねもん》といい、本丸正門など特に重要な城門に応用した。古指図《こさしず》からすると豊臣大坂城本丸内の奥門が鉄門であり、原爆で焼失した広島城本丸中御門は文禄元年（一五九二）までには完成していた鉄門であった。安土城本丸の表門も鉄門だった可能性が高い。現存例では、名古屋城本丸表二之門、大坂城大手門、姫路城「ぬ」の門・「に」の門・水の五門など、高知城本丸黒鉄門などである。

隙間を空けて鉄板を筋状に張った城門は、筋鉄門《すじがねもん》という。鏡柱や冠木の角部と中央部、扉は縦に筋状の鉄板（筋鉄という）を張ったものである。木部の保護としては中途半端で、防火・防弾効果も万全ではない。木部保護というよりは飾りとして張られたものである。

次節で詳述するように、慶長の築城盛況期を含めて十七世紀前半は用材難で、太い鏡柱を一木で調達できず、二・三本の細い柱材を束ねた接柱《はぎばしら》（寄木造《よせぎづくり》の柱）を鏡柱とした。当初は、その継ぎ目を隠す目的で筋鉄を張ったものである。ところが、十七世紀後期以降になると、大材が入手できるので一木造《いちぼくづく》りの鏡柱が復活するが、筋鉄は引き続き張られた。一木造りの鏡柱には本来、筋鉄が不必要であって、装飾として応用されたもので、城門が厳めしく見えて効果的である。筋鉄は敵が斧で鏡柱を切り倒すのを防ぐためにあると言われるが、筋鉄門のような重要な城門には横矢が掛かる

▲姫路城水の五門（櫓門）
鉄門の鉄板張り。短冊状の鉄板の端を少しだけ重ねて鋲（丸い頭のある鉄釘）で張り詰める

◀福山城本丸筋鉄御門（櫓門）
筋鉄門。鉄板を筋状に張って厳めしく見せつけている。防備というよりも飾りを主たる目的とする

ので、そのような事態は起こるはずがない。筋鉄門は珍しくなく、江戸城・名古屋城・二条城・姫路城・福山城（広島県）などに現存例がある。なお、筋鉄門であっても、鉄門と呼ばれることは少なくなかった。

鉄板の代わりに銅板を張った城門は、銅門《あかがねもん》と呼ばれる。鉄門より高級であって、寛永期（一六二四～四四）以降に現れたと考えられる。現存例では、隙間なく銅板を張り詰めた二条城本丸櫓門、筋状に銅板を張った高知城追手門がある。江戸城二の丸・甲府城（山梨県）本丸・福知山城（京都府）二の丸にはかつて銅門と称した櫓門があり、小田原城（神奈川県）二の丸にあった銅門は木造で復元されている。

また、銅より高価な真鍮《しんちゅう》（黄銅《おうどう》）を張った城門もあった。真鍮は銅と亜鉛の合金で、十八世紀になるまでは国内で大量に製造できない素材だったため、古くは中国から輸入されていた。江戸城本丸正門は「中雀門《ちゅうじゃくもん》」と呼ばれ、鍮石《ちゅうじゃく》すなわち真鍮を金具に使っていたらしい。西尾城（愛知県）二の丸正門も鍮石門と呼ばれていたが、西尾城は天守や城主の御殿が二の丸にあったので、城内で最高格式の城門だった。

▲二条城本丸櫓門
銅門

不開門と不浄門

本丸や城内の主要な曲輪の裏口に、不開門《あかずのもん》（不明《あかずの》門《もん》）という城門をもつ城は少なくない。なかでも本丸から見て、鬼門として忌み嫌われた艮《うしとら》（東北）の方角に当たる城門が不開門とされる。江戸時代においては、原則的に城内の総ての城門は、日中は扉を開き、夜間は閉じられたが、不開門はその例外で常時に閉扉されていた。

不開門の現存例は熊本城にあり、本丸の東北すなわち鬼門側の狭い腰曲輪《こしぐるわ》に位置する櫓門である。その門前の坂道を下ると城外は間近であって、城外から本丸へ至る多くの道筋があるなかで、最短かつ最低防備の登城路である。例えば、南表側から本丸までの長い登城路は横矢が厳しく掛かった六城門で守られているが、不開門を通れば二城門で済む。したがって、この不開門は、火災や地震などの災害時の緊急避難口と考えられる。そのため普段は閉扉されていたのであるし、低防備ゆえに開門しておくと警備上で都合が悪かったのであろう。落城時の脱出口と見る向きもあろうが、その場合、城は完全に包囲されているはずなので、逃げ出せる可能性は皆無である。

また、名古屋城本丸北側にあった不明門（旧国宝、戦災焼失し木造再建）も同様に低防備であった。他の本丸の二城門が多門櫓で囲われた最強の枡形門だったのに対し、不明門は土塀下の埋門だけであり、災害時の本丸からの避難口だった。この不明門は本丸御殿の後方に位置するので、御殿の表側から出火した場合には不可欠な避難口である。門内に入れば御殿の奥部に容易に近づけるので、警備上は当然に不開門とされる。

対照的に岡山城本丸本段（古図には天守丸）では、裏側ではなく表側に不開門があった（現状は模擬再建の櫓門）。岡山城本丸は、高低差により本段（上段）・中段・下段の三段に分かれ、本段には天守と奥御殿（城主の休息用の御殿）、中段には表御殿（公式行事用の御殿）と中奥《なかおく》（城主が生活する御殿）があった。関ヶ

▲熊本城不開門（櫓門）
現存の不開門は幕末の慶応２年（1866）の造替であるが、加藤清正が慶長 12 年（1607）頃に創建した門をほぼ継承している。扉の上方を透かした透門は清正の好み

原の戦い以前に築城された当初は、本段に本丸御殿の機能が総て収まっていたはずで、後に不開門と呼ばれた城門は本来、本丸御殿の正門だったであろう。しかし、関ヶ原以降は、御殿機能の増大によって中段が整備拡張されて表御殿と中奥がそこへ移り、残された本段の御殿は奥御殿だけになったため、その正門は一般の藩士らの通行が禁止されて不開門となったと考えられる。中段から本段の御殿への通路としては、両者の間の石垣を越える渡り廊下が新設された。

　不開門には避難口として建てられたもののほかに、不祥事の際に使われる不浄門《ふじょうもん》があった。江戸城の平川門の枡形には、異例なことに二つの高麗門（ともに現存）がある。その余分な方の高麗門が不浄門だったと言われ、城内から罪人を移送する際に使われた。刃傷事件を起こした浅野《あさの》内匠頭《たくみのかみ》長矩《ながのり》や江島《えじま》生島《いくしま》事件の江島はそこを通って出されたという。

　なお、名古屋城二の丸御殿では、その南正面を区画していた長屋の東南端の切れ目にあった小門が「不浄口」と称されていた。それとは別に長屋にも「腰板《こしいた》開《びらき》」という潜《くぐ》り戸《ど》があり、それを「不明門」と称していた。両者の内側は二の丸御殿の「御内証《ごないしょう》」（奥御殿）であって、不浄口が不祥事の際の出口、不明門が避難出口だったと考えられる。

▲江戸城平川門の不浄門（高麗門）側面

仕切門

　近世城郭では、本丸周囲の曲輪の内部において、堀を設けずに簡略に仕切る石塁《せきるい》や土塀があり、その虎口に仕切門《しきりもん》が建てられた。二の丸など本丸に隣接する曲輪が長大だった場合に多く見られる。仕切門には、高麗門や埋門が用いられた。

　その現存例は、二条城二の丸の北中《きたなか》仕切門と南中《みなみなか》仕切門である。本丸を囲む内堀に直交して北側と南側に石塁で仕切りを築き、そこに食違い虎口を設けて城門を建てる。本丸の西後方に当たる範囲を二の丸中心部から区画するためのものである。この二棟の仕切門は、冠木上に土塀を渡し、その後方に屋根を葺《ふ》き下《お》ろした、特大の埋門である。仕切門の前に殺到した敵兵に対しては、食違い虎口の利点を最大限に応用して横矢を掛ける。仕切門の設け方の原則は、門前に集まった敵兵の背中を本丸から射撃できるように配置することであって、二条城はその代表例である。

　松山城本丸の紫竹門《しちくもん》（現存）も仕切門で、乾門から侵入した敵兵を小天守《こてんしゅ》下で食い止める高麗門である。食違い虎口ではなく、石垣を設けず土塀だけで仕切る簡略な仕切りであるが、門前には小天守からの横矢が巧妙に掛かる。その一方、天守群が建つ本壇には、「仕切門」という高麗門が現存するが、これはその内側にある内門（櫓門）と組み合わされた小さな枡形門の外門である。

　仕切門自体は現存しないが、仕切りの立派な石塁が残っているのは、大坂城二の丸で、大手門枡形を入った東側や京橋門枡形を入った南側にある。その仕切門は埋門だった。郭内の通行の邪魔になるので、全国の

二条城北中仕切門（埋門）
▲門内　▼正面
薬医門の冠木上に土塀を渡して防御性能を高めた城門。背面の屋根は土塀から葺き下ろす

城では仕切門や仕切りの石塁はほとんど破壊されているが、古絵図には彦根城の腰曲輪や丹波篠山城《たんばささやま》（兵庫県）三の丸・赤穂城二の丸など、多くの城で見かけられる。

ところで、中世城郭には、尾根《おね》を切断する短い空堀が散見され、堀切と呼ばれる。その堀底を城内へ入る通路（堀底道《ほりぞこみち》）とした例では、そこに仕切門を設けた。河後森城では、掘立柱の仕切門跡が発掘されている。一方、近世城郭には山城が少ないので堀切は珍しいが、彦根城の天秤櫓《てんびんやぐら》前には壮大な石垣造の堀切が見られ、そこに城門跡の礎石が残っている。高知城の本丸と二の丸の間にも大きな堀切があり、その仕切門として詰《つめ》門《もん》が建てられている。これは現存唯一の堀切の仕切門であって、一階は仕切りの城門とし、二階は二の丸から本丸へ渡る廊下橋を兼ねており、城門として見た場合には、廊下橋を渡櫓とする一種の櫓門である。

城門の開閉

不開門など一部の門を除いて一般的に城門は、昼間は開かれ、夜間は閉じられた。城内にはかつて多数の城門があって、それらの開閉時刻が個々まちまちであると通行に支障をきたすので、総ての城門で一斉に開閉を行うことになっていた。その合図として太鼓、城によっては鐘が用いられた。城門の開閉の合図の太鼓は、櫓の二階あるいは櫓門の渡櫓に置かれ（または吊られ）、太鼓櫓あるいは太鼓門と呼ばれた。

太鼓櫓という名をもつものに姫路城の山上に残る平櫓があるが、内堀に面してかつて建っていた三重櫓が本来の太鼓櫓だった。広島城二の丸の太鼓櫓は原爆で焼失したが、古写真に基づいて木造で再建されている。太鼓の音が遠方まで届くように、二階の窓が大きい。岡山城本丸正門だった内下馬門《うちげばもん》に接続していた太鼓櫓は、古写真によると壮大な三重櫓で、その二階正面には大きな格子窓が連続しており、そこに太鼓があったらしい。全国最大の太鼓櫓だった。また、大坂城の太鼓櫓は大手門を入った仕切門脇にあった二重櫓、名古屋城の太鼓櫓は二の丸南正面の石垣上に聳《そび》えた二重櫓で、ともに古写真にその姿が見えるが、通常の二重櫓と外観上の相違はない。

太鼓櫓は、以上に挙げた正規の櫓以外に、寺院の二階建ての鐘楼のようなものもあり、城壁上ではなく、郭内に独立して建てられた。もちろん櫓としては扱われなかった。

合図に鐘を用いたものには、福山城本丸に鐘櫓《かねやぐら》が現存する。本丸を囲む多門櫓の一部を用い、その屋根に鐘楼を載せたものである。この櫓には、鐘のほかに太鼓も設備されており、太鼓は半時《はんとき》の合図に使われたという。

太鼓門は、彦根城と土浦城（茨城県）に現存例があり、本丸正門の櫓門を太鼓門とした少数派である。丸亀城大手門の櫓門も太鼓門だった。明治に取り壊された水戸城（茨城県）大手門（二の丸正門）にも櫓門の渡櫓に太鼓があった。岡崎城（愛知県）本丸前の持仏《じぶつ》堂《どう》曲輪の櫓門は太鼓門と称しており、その城門左右の袖石垣が残っている。なお、府内《ふない》城（大分市）の大手門は、古写真によると櫓門の屋根上に鐘楼を載せていたが、古絵図にはそれがなく、後れて設置されたものと言われている。

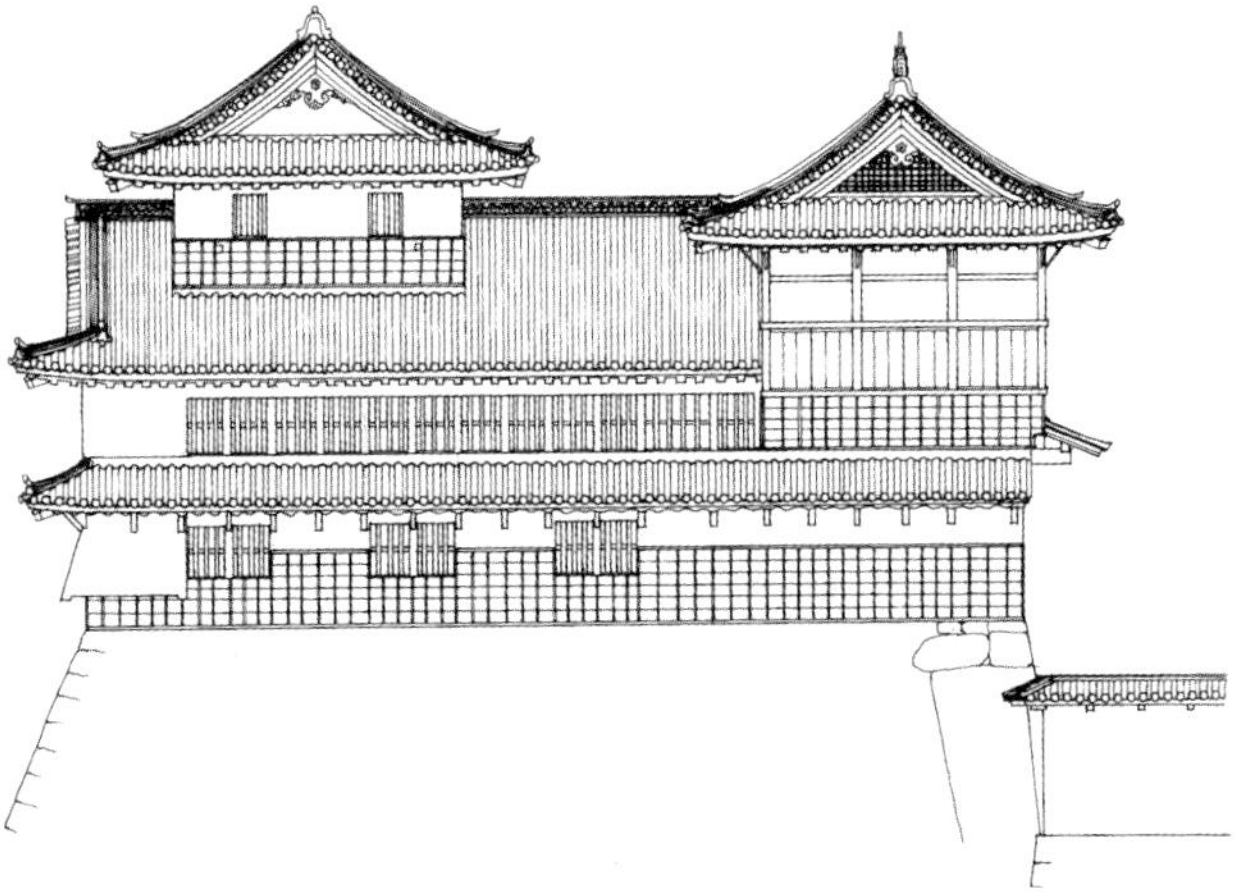

▲岡山城本丸内下馬門（櫓門）・太鼓櫓復元立面図
内下馬門は岡山城の本丸正門で、櫓門と高麗門から成る枡形門だった。櫓門（図右方）は渡櫓を二階建てとする西日本最大の城門だった。櫓門に続いて三重の太鼓櫓が建つが、他城の天守に匹敵する規模で、櫓門との続櫓は二重二階。全国最大の太鼓櫓だった

第二節　城門の構造

内開きと外開き

　門扉は、城郭のみならず社寺においても左右二枚を用いる両開きが原則である。姫路城の「ほ」の門（埋《うずみ》門《もん》）や水《みず》の一門《いちもん》（棟門《むなもん》）などの極めて小規模な城門には片開きの例がある。大型の城門では、両開きと片開きの戸口が併設される。

　いずれにしても門扉は内開きが原則である。それとは対照的に、神社本殿や寺院の堂塔、あるいは住宅の扉は外開きが一般的である。その差異を防犯や防御の点から見れば、内開きは扉を閉める方向が侵入者を押し返す向きと同じになるため、圧倒的に優れている。対して外開きは、扉に降りかかった雨水が室内に入らないので、降水量の多い日本においては優れている。諸外国の住宅は内開きが普通であるが、外国に比べて安全な日本においては、防犯・防御よりも雨水対策が重視された結果、住宅は外開きである。しかし、さすがに門ともなると、外開きでは心もとなく、日本でも内開きが採用されたのである。

門の規模形式

　さて、門の規模形式は、正面側の柱と柱の間の数と、そのうちの通路となる戸口の数で表す。例えば、法隆寺の中門《ちゅうもん》は、正面の柱間《はしらま》の数が四つで、そのうちの二つが戸口なので、四間《けん》二戸《こ》という。東大寺南大門《なんだいもん》は五間三戸である。この場合の「間」は南北朝時代以来の寸法（長さ）単位ではなく、それ以前に用いられた柱間の数で建築規模を表すものであって、現在では神社本殿や寺院堂塔（江戸時代の角柱の本堂を除く）にだけ復古的に用いられている。

その表記法に従えば、高麗門《こうらいもん》の大多数は一間一戸であるが、姫路城や松山城（愛媛県）の高麗門の多くは二間二戸である。薬医門《やくいもん》は、一間一戸、二間二戸、三間三戸など規模が多彩である。袖石垣《そでいしがき》の間を城門とする大型の櫓門《やぐらもん》では、三間三戸が正式で、三間二戸の例もあり、特殊例の佐賀城鯱《しゃち》の門《もん》では五間二戸である。一方、袖石垣がない弘前《ひろさき》城（青森県）の櫓門は六間二戸や五間二戸と、城門正面の規模が大きくなる。小型の櫓門では、二間二戸（姫路城備前門など）・二間一戸（高知城黒《くろ》鉄門《がねもん》）や一間一戸（松山城隠門《かくれもん》）である。

▲松山城一の門（高麗門）
二間二戸の高麗門。西日本では高麗門の両脇に土塀を設けず、広い虎口一杯に門を建てるため二間二戸の例が多い

小門と潜り戸

社寺の門では、総ての戸口には両開きの扉（扉を欠失した例もある）が建てられる。しかし、城門の場合では、三戸や二戸あっても両開きの扉はそのうちの一

▲江戸城清水門（櫓門）
三間二戸の櫓門。袖石垣をもつ櫓門では、渡櫓の規模の大小にかかわらず三間三戸や三間二戸が基本

▶丸亀城御殿表門（薬医門）
五間二戸の薬医門。防御の必要がない御殿表門では、城主の権威を示すために不必要に間口の大きい門を建てた

戸だけであり、そのほかの戸口は総て片開きである。もちろん柱間の寸法は、両開きが大きく、片開きはその半分未満しかない。しかも片開きの戸口は内法高《うちのりだか》が極めて小さく、身をかがめて通行する潜《くぐ》り戸《ど》になっている。両開きの戸口を大門《だいもん》、片開きの戸口を小門《しょうもん》といい、すなわち大門の両脇あるいは片脇に小門を加えた形式になる。

大門は、軍勢の通行に支障がないように大きな開口部をもっている。旗指物《はたさしもの》や母衣《ほろ》(矢避けの大きな布袋)を着けた騎馬武者や槍・弓を携えた徒歩《かち》・足軽《あしがる》がそのまま通行できるように、大手門や本丸正門など主要な城門では、冠木《かぶき》下の内法高は二間(約四メートル)以上必要であった。規模が大きい江戸城の城門では、二間半(約五メートル)にも及ぶ。大軍が通行しない小さな城門でも、大門は高さ一間以上が当然である。

小門は、夜間など大門を閉めた時の通用口なので、警備上の都合により身をかがめて出入りすることになっていた。したがって片開きにして戸口も狭めて、大勢が一度に出入りできないように工夫されている。高麗門や小規模な櫓門(姫路城「に」の門・松山城隠門)など、戸口が一戸しかない城門の場合では、大門の片方の大扉に潜り戸を開いて小門の代用にした。潜り戸は、大門に向かって右側の扉に切り開くのが原則である。右側の扉は、大門を開けた時

▲松山城隠門(櫓門)
潜り戸のある大門。一間一戸の場合は扉に潜り戸を開く

▲姫路城水の一門(棟門)
潜り戸のある扉。片開きの扉にも潜り戸は必要

に閂《かんぬき》を収めるので、潜り戸は門の下方に収まる大きさしかない。

なお、片開きの扉しかない小規模な城門であっても、日常の城門管理には潜り戸は必要であって、姫路城では「ち」の門や水の一門にも潜り戸が切られている。その一方、姫路城「ほ」の門は潜り戸がないため、夜間は決して開かない城門であって、天守へ至る正式な登城路を仕切る城門ではなかったと考えられる。

城門の基本構造と形式

これまでに述べたように、近世城郭の城門の構造は総て薬医門を基本としている。五平柱《ごひらばしら》を正面側に立てて鏡柱《かがみばしら》とし、鏡柱の間に両開きで内開きの一対の扉を吊る。鏡柱の頂部には太い冠木を渡す。鏡柱が倒れないように、その後方に角柱の控柱《ひかえばしら》を立て、鏡柱との間に貫《ぬき》を差し渡して締め固める。薬医門と櫓門では、控柱どうしの間に内冠木を渡し、冠木と内冠木に梁《はり》を架け渡す。高麗門では内冠木がない。棟門は、さらに控柱を省略し、鏡柱のみの城門である。

その梁の上に直接に屋根を架ければ薬医門、櫓を載せれば櫓門となる。内冠木がない高麗門では、梁を必要としない三つの小屋根を被せ、控柱がない棟門では冠木上に一つの小屋根を被せる。屋根の代わりに、冠木上に土塀を通したものが埋門である。また、薬医門の基本構造を長屋に組み込んだものが長屋門である。高麗門の冠木上の屋根を省略したものが冠木門である。そして、冠木も省略した門は塀重門《へいじゅうもん》（塀中門）というが、城内では御殿広間の前庭への入り口などの

▲石田城（埋門）
背面。石垣に開けたトンネル状の虎口に木造の鏡柱・冠木・扉を嵌め込む。埋門の一種。門上に石垣が渡るので厳重だが、水平に架ける長大な石材の調達が困難。沖縄の城では石造アーチを採用

仕切りにしか使われなかった。

なお、埋門には、土塀の代わりに多門櫓《たもんやぐら》を渡したものもあるが、櫓門との区別が紛らわしい。門が小さくて、それに比して門上の渡櫓《わたりやぐら》が長大な場合は、櫓門としては扱わず、埋門というのが通例で、津城（三重県）本丸や岩村城（岐阜県恵那市）本丸腰曲輪《こしぐるわ》などにあった。また、石垣に穴を開けて通路を設け、そこに木造の扉を建て込んだ城門も埋門といい、高松城太鼓門枡《たいこもんます》形《がた》や石田城（長崎県五島市）五島《ごとう》氏屋敷背後に現存する。姫路城「る」の門は、扉が失われ、石垣通路だけが残る。

集成材の応用

慶長五年（一六〇〇）の関ヶ原の戦い後に、近畿・東海および西日本に起こった築城大盛況は、城郭建築にさまざまな変化をもたらした。城門では、高麗門の普及と太い鏡柱の新工法が注目される。

十六世紀後期には、戦乱期の乱伐によって森林資源の枯渇を招き、鏡柱に必要な大材が入手困難になっていた。鏡柱は小さな門で幅一尺（三〇センチ）以上、大きな門では二尺をはるかに超える。同じ直径の丸太から製材するなら、角柱に比べ五平柱の方が幅の広い柱を取れるが、それでも一木《いちぼく》で造るためには驚くほどの大木を用意しなければならない。檜や杉といった良木の大材は既に十四世紀頃に枯渇しており、多くの大名は自領内では、成長の早い松や楠・欅《けやき》（江戸時代の欅柱

▲竹中氏陣屋櫓門
皮付きの丸みが残る鏡柱背面

◀姫路城「は」の門（櫓門）
一木の鏡柱。背面側にやや丸み

に比べて粗悪で、皮付き部分の丸みを残す）といった雑木しか入手できなかった。

したがって、関ヶ原の戦い以前に創建された城門の鏡柱は、幅は広いが厚みが小さく、雑木の一木造りが多い。彦根城の天秤櫓の城門や太鼓門（滋賀県内の城から移築）、姫路城の「は」の門や「と」の一門がその現存例である。明智光秀の坂本城城門を移築したと伝えられる聖衆来迎寺《しょうじゅらいごうじ》（滋賀県大津市）表門の鏡柱は当時としては珍しく一木の良材である。そして十七世紀初期になると、一木の良材で造られた鏡柱はほとんどなくなり、福山城（広島県）本丸筋鉄御門《すじがねごもん》（伏見城より移築と伝えられる）の見事な欅柱ぐらいしかない。

築城盛況期になると、角材を二、三本束ねて鏡柱を造る新技法が始まった。角材どうしは鉄釘や鎹《かすがい》で接合され、その継ぎ手を隠すために、柱の表面に薄い欅板を張り付けることも多く行われた。材木に木片を張り付けることを「接《は》ぐ」といい、そのようにして作成された集成材の柱は「接柱《はぎばしら》」と呼ばれた。十七世紀前半に建てられた城門の鏡柱は、大概は接柱である。姫路城菱の門・「い」の門・「ろ」の門や名古屋城二の丸の高麗門、江戸城外桜田門の高麗門などが代表例である。

▲鏡柱の構造
丁寧な例では高級な欅を化粧板として張るが、化粧板を張らずに芯材の継ぎ目を露出させる例もある

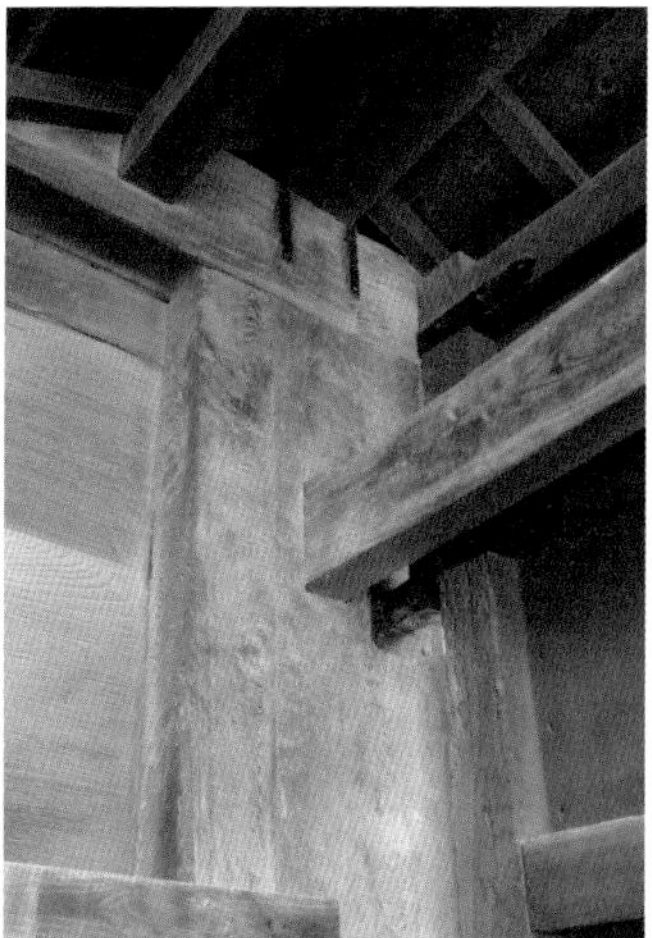
▲姫路城「い」の門（高麗門）
接柱。背面側では筋鉄を打っていないので継ぎ目が見える

そして、建築年代が明白な接柱使用の現存最古例は、慶長四年（一五九九）の墨書銘がある姫路城「り」の門であって、二本の檜柱を鎹で引き合わせ、表面に欅板を張る。

そうした状況は社寺建築でも同じで、二代将軍徳川秀忠が母の供養のために寛永三年（一六二六）に駿府《すんぷ》（静岡市）に建てた宝台院《ほうだいいん》の山門（現・応声教院《おうしょうきょういん》山門〈静岡県菊川市〉）は巨大な薬医門であるが、その鏡柱は紛れもない接柱である。現存しないが、豊臣秀頼が慶長十四年（一六〇九）に建てた出雲大社本殿や慶長十七年の京都方広寺《ほうこうじ》大仏殿も記録によれば接柱だった。方広寺大仏殿に倣って宝永二年（一七〇五）に再建された現在の東大寺大仏殿も接柱で、芯材の周囲に厚い板材を釘付けにし、要所に金輪《かなわ》を巻いて補強している。

さて、接柱の柱材や板の継ぎ手は見苦しいので、それを隠すために筋鉄を打つ。筋鉄は柱の角部（板材の継ぎ目）および中央部（柱材や板の継ぎ目）に縦に打ち付ける。また、表面に張り付けた欅の板が短い場合は、上下にも板を継ぐので、それを隠すために横方向にも短い鉄板を張る。鏡柱だけではなく、冠木も接材として筋鉄を打つ。筋鉄を打ち付けた城門を筋鉄門や鉄門《くろがねもん》と呼ぶが、筋鉄は装飾や補強の効果もあるので、大半の城門に採用された。そして、十七世紀後期以降になって一木の欅材で鏡柱を造った場合にも、装飾として筋鉄が打たれ続けた。したがって、筋鉄が打たれていない鏡柱であれば、十六世紀後期の古い城門か、十七世紀後期以降の新しい城門であることが多い。材木が豊富であった弘前城の五棟の櫓門や、年代が新しい新発田《しばた》城（新潟県）本丸表門などが一木造りの鏡柱をもつ理由は明らかであろう。

なお、一木造りの欅の鏡柱は、寛文十年（一六七〇）頃の丸亀城（香川県）大手門に使われており、欅の大材の入手が再開された早例である。

扉の構造と透門

城門に取り付けられる扉は、構造が厳重なものと通常のものとの二種類に大別される。どちらも扉の上下、左右に太い角材（「框《かまち》」と呼び、左右を竪框《たてがまち》、上下を上框《うえがまち》・下框《したがまち》という）を組んで枠組みを造る。その框の枠組みの中に、厳重な扉は縦格子《たてごうし》に横板張り、通常の扉は横桟《よこざん》に縦板張りとする。前者は城門としては正式であるがゆえに本丸正門や大手門といった重要な城門に採用されたが、見かけが武骨であって格式は高くない。後者は城門としては略式であるので、厳重さが求められる重要な城門には使われず、裏門や通用門などに採用されたが、門としての格式は高いので御殿表門には逆に重宝された。もちろん、社寺の門に使われるのは総て後者の扉である。

縦格子に横板張りの扉は、現代人の想像を超える頑丈すぎる構造である。太さが二寸から五寸（六〜一五センチ）もある格子を縦に多数並べ、格子どうしは数段の貫を横方向に通して緊結する。格子どうしの間は格子の太さと同じぐらいしか空けず（小間返《こまがえし》という）、しかもその一本ずつの格子は、太いものでは現代の木造住宅の柱（一〇センチ）をはるかに超える断面積がある。そのような頑丈な骨組の表側に一寸ほどの分厚い板を横方向に張る。したがって、扉の厚みは、薄いものでも三寸、厚いものでは六寸を超える。

例えば姫路城では、小型櫓門である「に」の門で扉厚さ三寸、厳重な櫓門の「ぬ」の門で五寸三分（一六センチ）である。なお、この二門の扉の表面は総鉄板張りであって、当時の破壊工作では打ち破ることは不可能だった。もちろん時代劇に出てくるような、大勢で太い丸太を綱で提げて扉に突進する方法では、びくともしないであろう。さらに江戸城の城門ともなると、扉の厚みは高麗門も櫓門も七寸（二一センチ）が基本である。

▲新発田城本丸表門（櫓門）
縦格子の扉。5本の縦格子を3段の貫で締め固め、表側に横板を張った厳重な扉。縦格子の扉としては、格子どうしの間が広く、まだ軽微な方である

縦格子の表側の横板は、通常は隙間なく張る。板は表側から縦格子に釘打ちして留めるが、釘の頭が見えると不細工なので、釘の代わりに飾《かざ》り鋲《びょう》を使うこともある。

横板を張り詰めないで、上部や下部を空けたままとした城門も見られる。扉の裏側の格子が板で隠されずに透けて見えることになり、縦格子窓のようになる。そうした扉をもつ城門は透門《すかしもん》と呼ばれた。通常の扉なら閉ざした状態では、門外に敵兵がいるかどうか見え

ないので、出撃時に扉を直ちに開けてよいか判断しにくい。そこで、扉に空けた格子窓が門外の様子を窺うのに役立つ。下部を空ければ敵兵の足元が見え、上部を空ければ敵の旗指物や槍が見える。しかし、格子の間から矢を射こまれたり、門内を見透かされたりする逆効果もあるので、採用例は多くはない。

透門の現存例からすると、姫路城「と」の一門（櫓門、上部を空ける）が最古の十六世紀後期なので、近世の櫓門の誕生時まで遡り得る古い形式だったと考えられる。また、縦格子に横板張りの扉自体もその頃に新たに開発されたものと考えられる。ほかに透門は、熊本城不開門《あかずのもん》（櫓門、上部を空ける）、松山城紫竹門《しちくもん》・一の門（以上、高麗門、上下を空ける）・二の門（高麗門、上部を空ける）などが現存する。

それに対して、横桟に縦板張りの扉は、社寺の門の簡略な扉として室町時代から使われてきたものである。社寺の正式な門では、横桟がない板扉や、多くの框と桟を組み合わせて造った装飾的な桟唐戸《さんからど》が使われたが、それらの扉には意匠上で裏表がなく、どちら側から見てもきれいに仕上げてある。横桟に縦板張りの扉は、格式が高いと言っても板扉や桟唐戸に比べれば、

▲佐賀城鯱の門（櫓門）
横桟の扉。左が大門、右が小門の扉

◀姫路城「と」の一門（櫓門）
透門。16世紀後期の扉が現存する

かなり略式の扉である。

框と同じぐらいの太さの横桟を竪框の間に疎らに渡したものを骨組《ほねぐみ》とし、その表側に縦方向に化粧板を張り詰める。板は表側から飾り鋲で横桟に打ち付けて留める。丁寧なものでは、縦板どうしに隙間ができないように、裏側から細い目板《めいた》を板の継ぎ目に取り付ける。縦格子に横板張りの扉に比べて、厚みが薄いので材料が少なくてすみ、軽量なので開閉も楽である。扉の強度は低くなるが、敵の大軍の猛攻を浴びない（大砲弾や銃弾を激しく受けない）場所の城門としては、十分に機能を果たす。現存例では、姫路城の山上部への上り口に建つ菱の門（櫓門）の扉に採用されている。菱の門は、華頭窓《かとうまど》や舟肘木《ふなひじき》をもつ最高格式の城門なので、扉も格式の高い横桟に縦板張りとしたようである。

肘壺と八双・乳金物

社寺の門では、扉は竪框の上下を伸ばして円筒形の軸とし、その軸を冠木や藁座《わらざ》や唐居敷《からいしき》に開けた穴（軸《じく》摺穴《ずりあな》）に差し込んで回転軸とする。軸吊《じくづ》りという手法である。藁座は装飾的な繰型《くりがた》を施した木塊で、唐居敷は四足門《よつあしもん》の下部に置かれた分厚い板材である。回転軸が木造なので、その部分を鉄板や銅板で補強をするが、折損や摩耗に対して極めて弱く、城門の扉としては強度不足であった。

そこで十六世紀後期になると、鋼鉄製（江戸時代には青銅製のものもある）の肘壺《ひじつぼ》という頑丈な金物で扉を吊る技法が開発され、ほぼ全部の近世城郭の門扉は肘壺吊りになった。肘壺とは、肘金《ひじがね》と壺金《つぼがね》を合わせたものである。

肘金は円柱形の心棒に柄《え》を付けた金物で、壺金は穴の開いた円筒に柄を付けた金物である。肘金の柄には一つ、壺金の柄には二つの目釘穴《めくぎあな》が開けてある。肘金を下にして、その心棒に壺金の円筒を被せて回転軸とする構造である。肘金を鏡柱の裏側から表側に差し込み、側面から目釘を柄の目釘穴に打ち込んで抜け出しを防止する。壺金は扉の竪框の側面から差し込み、縦格子を二、三本貫く。扉の表側には、蟹の鋏のような形に作られた鉄板（または銅板）の八双《はっそう》を壺金の柄と平行に張り付け、八双を座金《ざがね》にして目釘を壺金の柄の目釘穴に向けて打ち込んで固定する。八双は扉の飾り金物を兼ねる。

肘金の柄の先端は、鏡柱を貫いて表側に出ており、それを隠すために、お椀形の乳金物《ちちかなもの》（饅頭金物《まんじゅうかなもの》）を打ち付ける。肘金の柄は鏡柱に開けられた下穴にきつく嵌《はま》っていなければならず、その調整のために（修理のためにも）何度か抜き差しする必要がある。抜く際には、柄の先端に木片を当てがい、槌《つち》で打って緩める。先端を鏡柱の表側まで突き出しておかないと、抜けなくなってしまうのである。鏡柱は厚みの小さい長方形断面になっているので、肘金の柄を貫き通すには都合が良い。

肘金を抜く原理は、日本刀の刀身を木の柄《つか》に留めておく目釘（竹製）を抜く方法（目釘の反対側から押し返す）と同じである。同時に日本刀の目釘は、肘壺の抜け出し防止の目釘と同じ役割をもっている。したがって、日本刀の仕組みが肘壺に応用されたと考えられる。

扉の吊り方

城門の扉は、一般的に上下二カ所の肘壺で吊られており、大手門など特に大きな城門では上中下三カ所の

▲姫路城水の四門（埋門）
肘金の取り付け。扉をはずしたところ

▼肘壺の構造

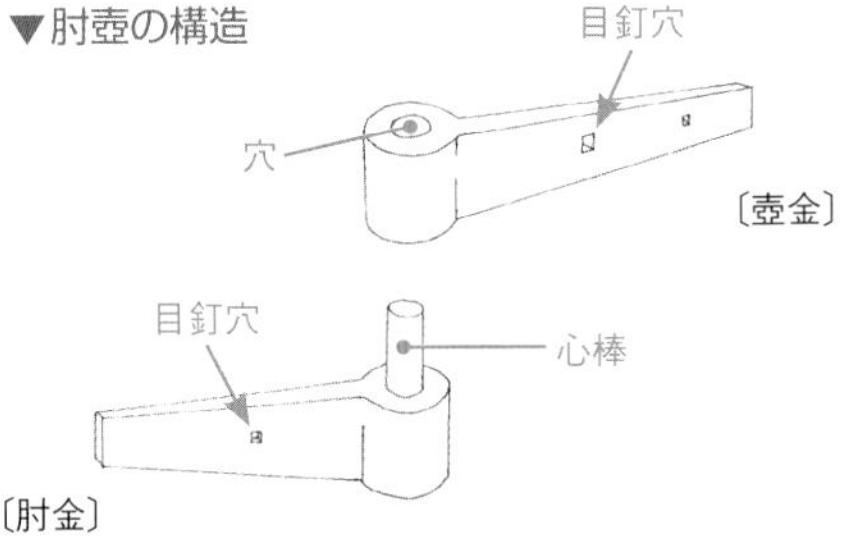

▶姫路城「ろ」の門（高麗門）
肘壺と八双・目釘・乳金物

肘壺で吊る。扉の取り付けには、城門の裏側から扉の壺金を鏡柱の肘金に落とし込む。

　近世城郭の扉は肘壺で吊るのが通例だったが、甲府城（山梨県）本丸の櫓門では、鏡柱の礎石に軸摺穴が残っているので、礎石（上部は藁座であろう）に扉を軸吊りにしていたことが分かる。烏山《からすやま》城（栃木県那須烏山市）搦手門《からめてもん》（高麗門、移築）も軸吊りで、上部は藁座、下部は礎石に扉の軸を差し込む。白石《しろいし》城（宮城県）の城門（櫓門、移築）、横須賀城（静岡県掛川市）搦手門（薬医門、移築）や福知山城（京都府）の城門（高麗門、移築）などは、上下ともに藁座で吊っており、城門の形式の相違にかかわらず、中世の城門の形式を残している。したがって、古式な扉の吊り方も江戸時代後期まで残っていたことが確認される。

　城門は、左右の扉の召合《めしあ》わせに大きな隙間が作ってある。扉を閉めた時におよそ一寸（三センチ）ほどの隙間が空くのである。社寺の門では、外部から隙間を通して見透かされるのを嫌って、隙間は小さい。城門の扉の召合わせを大きく空ける理由は、扉が分厚い（開閉時に召合わせがぶつかる）こともあるが、軍学による配慮もある。城門に迫る敵兵に対して門扉を慌てて閉

▲松山城一の門（高麗門）
肘壺。肘金の心棒に壺金を嵌め込み、壺金の長い柄を扉の竪框と縦格子に差し込み、目釘で固定する

▲横須賀城旧搦手門（薬医門、移築）
藁座による軸吊り。木製の藁座に開けた穴に扉の竪框の先端を差し込んで扉を吊る古式な例は、譜代大名や東北地方の城に多い

めようとした時、敵兵が門扉の召合わせに槍を投げ込んだり突き出したりして隙間に挟ませてしまう恐れがあり、それを防止する工夫である。槍が挟まると、門扉を完全に閉ざすことができず、閂を掛けられなくなるからだ。槍の柄の太さを超える隙間があれば、槍が挟まったままでも閉扉できる。

また、その隙間については、江戸時代前期の大工技術書『愚子見記《ぐしけんき》』によると、召合わせの上方で二寸、下方で一寸五分とする。すなわち閉めた扉の上部を少し左右外側に傾けて吊ることを指示している。その理由は、経年すると扉が自重で下がって、内側へ向かって傾くからで、それを防止するためである。扉を傾けて吊るには、上下の肘金を打つ位置を少し変えればよく、上側の肘金を下側の肘金より一センチメートルから二センチメートルほど外側（召合わせから反対側）に取り付ける。現存する多くの城門においても、そのような取り付け方が確認される。そうした扉を開けると、控柱に向かって上部が少し倒れ掛かったようになる。

▲江戸城大手門高麗門
扉の隙間。左右の扉の間は５センチメートルほど

閂

扉の戸締りには、閂（貫木《かんのき》）という太い角材を用いる。扉の裏側に取り付け、その召合わせを横方向に押さえて開かないようにする。閂は、閂鎹《かんぬきかすがい》という鋼鉄のコの字形の金物で支えられる。鎹は、二つの木材を継ぎ合わせる時に使われるコの字形の鉄金具のことである。一般的に城門では、内側から見て左扉に二つ、右扉に一つの閂鎹を取り付け、開扉した際には、左扉の二つの閂鎹で閂を支え、閉扉する時は閂を右側へ滑らせて右扉の閂鎹にその先端を掛ける。両扉とも一つ

の閂鎹は扉の中央付近の縦格子（あるいは横桟や、横桟の間に付けた縦桟）に取り付け、左扉ではさらに召合わせの竪框にもう一つを取り付ける。

閂鎹の先端は、扉の格子や表側の板を貫き、その先端を折り曲げて抜けないようにする。そして、その先端を隠すために上下一対の乳金物を表側に打つ。したがって、正面側から見ると、右扉に二対、左扉に一対の乳金物が付いている。少数例では、その逆となるものや、左右扉に二対ずつ（そのうちの一対は左右対称に見せるためのただの飾り）のものもある。

閂が縦格子に引っかからないように、閂が通るところには閂摺《かんぬきずり》（閂持桟《かんぬきもちざん》）という横板を張って滑りをよくする。閂鎹はこの閂摺も貫くことになる。また、大規模な城門では、閂は四、五寸角もの太い材木となり、さらに角部に鉄板を打って補強されているので、かなり重たい。そこで閂鎹に鉄製の円筒を組み込んで閂を載せ、それが回転して閂を軽く滑らせる工夫がなされている。また、閂が閂鎹のなかで暴れないように、鉄板で補強された溝を閂に彫っているものもある。城門にはさまざまな工夫が集積されているので、観察するとよい。

▲松山城隠門（櫓門）
閂鎹と乳金物。正面に向かって右扉の裏側には、開扉した時に閂を支える鋼鉄製の閂鎹を２カ所（写真では１カ所だけ見える）取り付け、閂鎹の先端は扉を突き抜けて表側に出る。それを隠すために上下一対の鉄製のお椀形の乳金物を付けるので、扉の表側には二対の乳金物が並ぶ

▲福山城本丸筋鉄御門（櫓門）
閂鎹。下辺の円筒で閂を滑らせる

第三節　城門の種類

近世城郭の城門には、門上に櫓《やぐら》を載せた櫓門とそれ以外の平屋の城門がある。櫓門は最も厳重であり格式も高いので、ほぼ総ての例が入母屋造《いりもやづくり》である。平屋の城門には、高麗門《こうらいもん》・薬医門《やくいもん》・棟門《むなもん》・埋門《うずみもん》などがある。平屋の城門の大半は高麗門であった。それらの基本構造は先述したように、十六世紀中期に出現した薬医門を起源としており、長方形断面の鏡柱《かがみばしら》、その上方に渡る冠木《かぶき》をもつ。また、長屋門・冠木門は主に役所や屋敷などの表門に使われ、塀重門《へいじゅうもん》は御殿の庭の区画に使われた。

櫓門

櫓門は最も厳重な城門であって、主要な城門に広く使われた。したがって櫓門をもたない近世城郭はわずかしか存在しなかったが、その一方、陣屋には建てることが許されていなかった。園部《そのべ》陣屋（京都府南丹市）には櫓門が現存するが、大政奉還後の明治二年（一八六九）に創建されたものである。

▲大坂城大手門（櫓門）
二階の格子窓。袖石垣に挟まれた三間二戸の城門部の二階は、速射が可能な弓矢に対応するため連続して格子窓を開く。巨大な大坂城大手門では格子窓は７間にも及ぶ

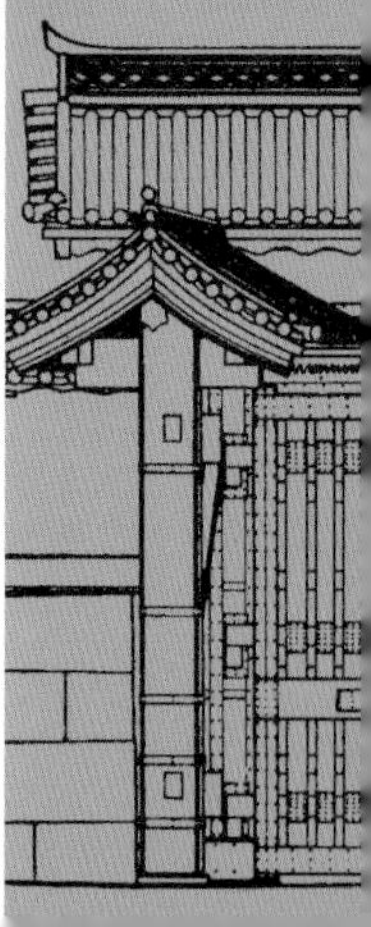

櫓門の二階正面には、縦格子窓《たてごうしまど》を連続して並べるのが正式だった。櫓門に殺到する敵兵に対しては、発射間隔が二、三分もかかる鉄砲では埒があかず、文字通りに矢継ぎ早に射られる弓矢が主力攻撃兵器だったので、格子窓を連続させたのである。江戸城・徳川大坂城などの大型の櫓門では、五間《けん》から七間もの格子窓を連続させる。

大手門や本丸正門などの櫓門は天守に次ぐ高い格式をもち、その二階は天守の最上階と同じように真壁造《しんかべづくり》にしたり、舟肘木《ふなひじき》を柱頭に飾ったりして品格を示すことが少なくない。それらは防弾・防火性能よりも格式のほうを優先させており、すなわち三重櫓や二重櫓を超える格式があった。また、格式が高い城門なので、屋根も天守と同様に格式の高い入母屋造が基本であったが、松代《まつしろ》城(長野市)・福岡城などでは切妻造《きりづまづくり》の櫓門が好まれ、姫路城「は」の門や「に」の門のような小型の櫓門も切妻造が基本である。

さて、城門部の脇にある袖石垣《そでいしがき》上に二階の櫓が渡っているか否かによって、櫓門は二つの形式に分けられる。大雑把に言えば、石垣造りの城では袖石垣上に櫓が渡っている櫓門が多く、土塁《どるい》造りの城では城門部の直上だけに櫓が載る櫓門になる。前者は中部・東海地方以西の城に多く、後者は関東・東北地方の城に多い。

袖石垣に櫓が渡る櫓門では、城門部は袖石垣に両側を挟まれるのが一般的である。二階は塗籠《ぬりごめ》とするにしても、一階は城門を構成する鏡柱や門扉などの木部が露出する。それらを防火のために塗籠にすることは技術的に不可能なので、余計な木部の露出を避けるため

▲新発田城本丸表門（櫓門、新潟県）
袖石垣のある櫓門背面

▲仙台城大手門（櫓門、戦災前）
袖石垣のない櫓門

に袖石垣で二階を支えるのが有効である。二階の櫓がいくら長大になろうと、城門部の間口《まぐち》を必要最小限に抑えることができる。そして長大な二階の窓から門前に迫る敵に射撃を加えることができる。二階への出入り口は、袖石垣上に設けられる。

姫路城菱の門など少数派の櫓門は、片側だけに袖石垣をもつ。袖石垣のない側では、その一階の壁面が敵の直接的な攻撃を受ける低い位置に露呈するので、防備上の弱点となる。菱の門では、一階壁面を塗籠としているが、袖石垣の絶対的な強度と比べれば、いかにも心もとない。菱の門のやや無防備な形式は、羽柴秀吉時代の古式を残したものと考えられる。

袖石垣に櫓が渡る櫓門では、城門部の鏡柱や冠木は袖石垣の天端《てんば》から少し後退して設けられる。二階の渡《わたり》櫓《やぐら》は、他の櫓と同じように石垣の天端に合わせて建てられるので、城門部においては、二階の外壁が一階の冠木より外側に持ち出される。すなわち、一階より二階の奥行きのほう

姫路城菱の門（櫓門）
▲片側だけの袖石垣
▼櫓門の石落
二階正面側の窓下の石落の蓋を開くと、扉の直前を監視でき、銃撃もできた

▲和歌山城岡口門（櫓門）
袖石垣上の櫓を取り壊された櫓門。向かって左側の石垣上に二重櫓、右側に平櫓（土蔵）がかつて続櫓として接続しており、厳重に守られていた。また、現状は二階が切妻造であるが、両側の櫓を失ったために仮に整備された姿であって、本来の形式ではない

が長い。上階のほうが下階より大きいので、それを支えるための構造は特殊になる。冠木に直交して渡された二階の床梁《ゆかばり》が正面側に突き出し、その先端で二階外壁の柱が載る柱盤《ちゅうばん》を受ける。冠木と柱盤の位置関係は、薬医門における冠木と正面側の桁《けた》と同じであって、薬医門の構造を応用したものであることが分かる。

櫓門正面に突き出す二階床梁は、二階の側柱《がわはしら》の位置に合わせてあるので、一間の間隔で整然と並ぶ。したがって城門部の柱の配置とは無関係なので、鏡柱と梁の位置が一致することは少ない。また、その梁の先端をもう少し柱盤より伸ばして出桁《だしげた》を受け、柱盤と出桁で腰屋根《こしやね》の垂木《たるき》を受ける。腰屋根は城門部の上だけに設け、鏡柱や門扉に雨水が懸かるのを防ぐ。関ヶ原以前の櫓門では腰屋根を持たない例（姫路城「は」の門・「と」の一門や彦根城天秤櫓《てんびんやぐら》など）が多く、関ヶ原の直後でも松山城（愛媛県）や小諸《こもろ》城（長野県）では腰屋根はない。腰屋根を瓦葺《かわらぶき》とはせずに板葺とする例（福山城〈広島県〉本丸筋鉄《すじがね》御門《ごもん》・高知城

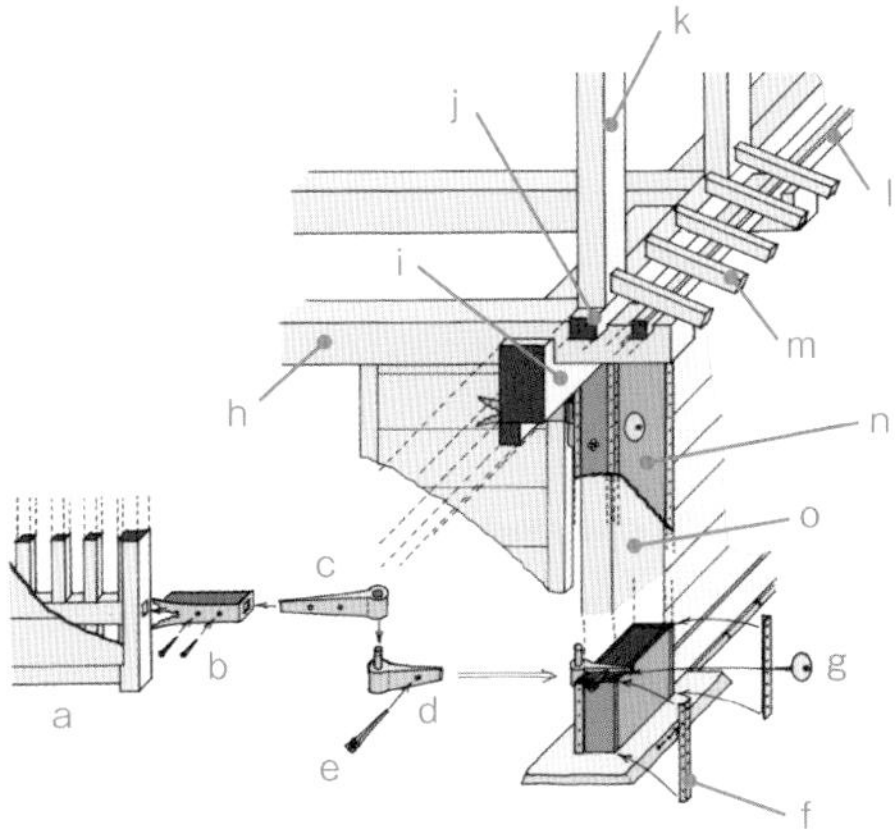

▲櫓門の構造模式図
a＝扉　b＝八双　c＝壺金　d＝肘金　e＝目釘
f＝筋鉄　g＝乳金物　h＝床梁　i＝冠木
j＝柱盤　k＝二階側柱　l＝出桁　m＝垂木
n＝欅板（鏡柱の化粧板）　o＝鏡柱

福山城本丸筋鉄御門（櫓門）
▲板葺の腰屋根
▼正面二階の迫り出し
二階は冠木より外に迫り出し、さらに雨から扉を守るために腰屋根を設ける

追手門《おうてもん》・熊本城不開門《あかずのもん》など）も古式である。
冠木と柱盤との間の細長い隙間は、二階の床が開くように木の蓋が取り付けられており、石落《いしおとし》となっている。門扉前に達した敵兵に対して、頭上から銃撃を加える装置である。軍学書では、石を落としたり、槍で突いたりするためというが、そのような効果は大いに疑われる。姫路城「は」の門・「と」の一門や彦根城天秤櫓など関ヶ原以前の櫓門では石落がないので、櫓門の石落は関ヶ原以降の発明と考えられる。

次に、もう一つの櫓門の形式について述べる。土塁の間、あるいは坂上などの平地に建てられた櫓門では、袖石垣がないので、二階の櫓は一階の直上に載っている。弘前《ひろさき》城（青森県）の五棟の櫓門が現存する代表例で、出羽《でわ》松山城（山形県酒田市）大手門・土浦城（茨城県）太鼓門《たいこもん》・掛川《かけがわ》城（静岡県）城門（油山寺《ゆさんじ》に移築）が土塁の城の例で、園部《そのべ》城（京都府南丹市）櫓門・高知城黒鉄門《くろがねもん》が坂上の平地の例である。石垣造りの城においても、城門部の上だけに櫓が載って袖石垣に渡らない例は、小諸城大手門や姫路城「と」の一門がある。古写真によると、仙台城（宮城県）や水戸城（茨城県）にあった壮大な櫓門も袖石垣のない典型例であった。

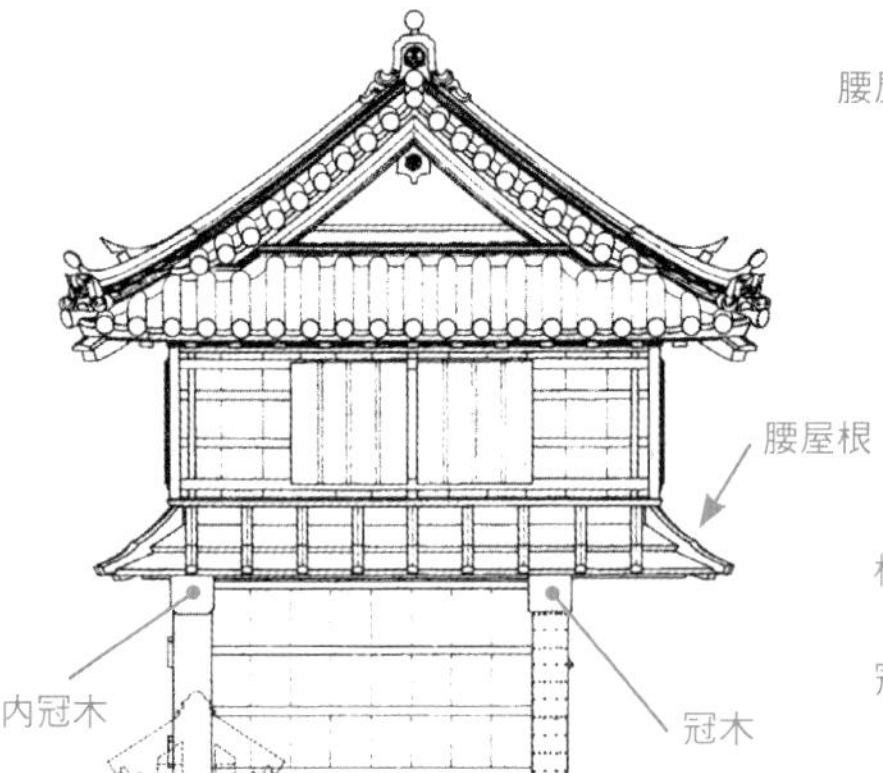

▲高知城黒鉄門側面図

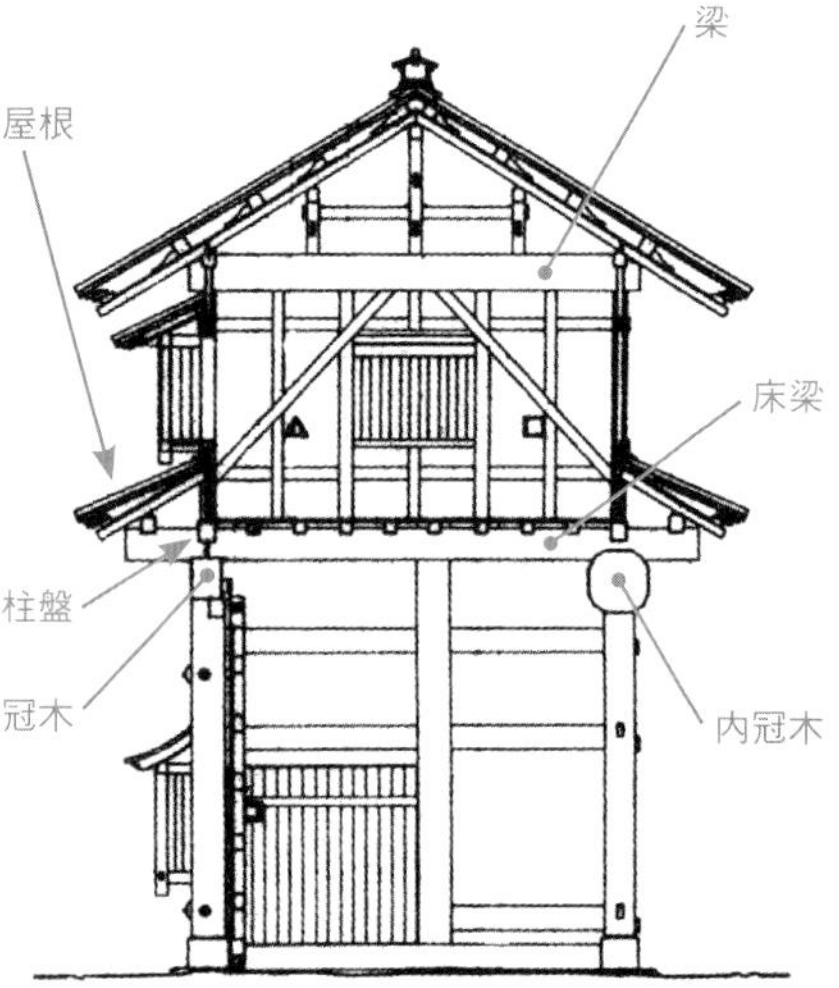

▲弘前城二の丸南門断面図

なお、和歌山城岡口門は現状では袖石垣に渡っていないが、脇に続いていた櫓を取り壊されたためである。

弘前城の三の丸追手門・同東門・二の丸南門・同東門・北《きた》の郭《くるわ》北門は、一階と二階の平面を同大に造る櫓門で、袖石垣をもたない櫓門の典型である。袖石垣がないので、冠木は石垣に突き当たらず、二階の正面幅の全長に渡って伸びる。二階の側柱を支える柱盤は冠木の真上に渡っており、鏡柱・冠木は二階外壁から後退していない。したがって、石落は設けることができない。また、櫓門の二階は威厳を高めるため、あるいは正面側への射撃の陣地を確保するために長大になるが、その一階である城門部は長大な二階と同じ間口になるため、北門は六間二戸、ほかは五間二戸と極めて長大である。なお、一階の外壁が雨に濡れないように、腰屋根は全周に廻る。二階へは、一階の脇間に設けられた梯子《はしご》段《だん》を上がる。

なお、高知城黒鉄門のような小型の櫓門では、袖石垣がなくても冠木が二階側柱より後退しており、袖石垣のある櫓門と類似した構造になる。しかし、不安定な感は否めない。

高麗門

先述したように、高麗門は文禄《ぶんろく》・慶長《けいちょう》の役《えき》の頃に薬医門を改良してできた新型の城門である。合理的な防備性能のため、近世城郭の平屋の城門の大半を占めた。現存最古の高麗門は、姫路城の「り」の門で慶長四年（一五九九）の建築であり、続いて「い」の門・「ろ」の門などの慶長六年から十四年までの間に創建されたものがある。それに次いで、慶長十七年頃の名古屋城二の丸の大手二之門・東二之門（本丸へ移築）や本丸表二之門が古い。また、古写真によると、徳川再築大坂城の高麗門（大手門は幕末の再建）も同様な形式なので、寛永七年（一六三〇）頃までは同じような構造であった。

それらは開発当初の高麗門で、鏡柱の上に長い冠木を差し渡して、その両端は鏡柱を超えて側面に長く突き出す。薬医門と同じ冠木の使い方である。特に姫路城「り」の門・「ろ」の門や名古屋城の高麗門は、長方形断面の冠木を横平《よこひら》に使っており、古式である。年代が下降すると、冠木の断面の広いほうを正面に向けて使う。そのほうが立派に見え、また強度も大きい。

冠木の上には短い腕木《うでぎ》（一種の短い梁）を直交させて並べ、腕木で前後の出桁を受けて切妻造の屋根を架ける。したがって、冠木の上に直に屋根が載っているように見える。

そのような古式な高麗門に対して、江戸城では新式の高麗門が登場した。その現存最古例は、寛永十三年（一六三六）の江戸城田安門《たやすもん》の高麗門である。冠木を鏡柱の側面に突き差し、貫《ぬき》のようにしたもので、鏡柱はそのまま上に伸びて、棟木《むなぎ》を鏡柱の頂部に落とし込む。さらに、その貫形の冠木と棟木の間に短い束《つか》を立てる。冠木の両端は、厚みを落して鏡柱にホゾ差しとなり、ホゾの先端は鏡柱の側面から少し突き出す。ホゾが抜けるのを防ぐために面栓《つらぜん》（柱の際に突き差す木棒）を打つ。そのホゾ先端は門両脇の土塀の壁体中に納まるので、外からは見えない。そのような冠木は、厳密には楣《まぐさ》というべきものである。鏡柱・冠木・束・棟木が作る形状は神社の鳥居に似ている。

この新式の高麗門は、同じ間口の古式な高麗門より背が高くなるので、見栄えが良く、また敵に乗り越えられる恐れがない。古式な高麗門では、冠木上の屋根と控柱《ひかえばしら》上の屋根が交差して谷ができるが、新式の高麗門では、冠木上の屋根が高い位置にあるので、屋根の納まりが良い。そのような利点ずくめの新式高麗門は、江戸時代を通じて広く建てられた。

江戸時代後期になると、この新型高麗門の鏡柱の側面に突き出す冠木のホゾ（正確には竿《さお》という）をわざと大振りに作る新々型の高麗門が生まれた。新型高麗門では、控柱の屋根の端が冠木の少し上に当たるが、それが鏡柱の横からはみ出し、正面から丸見えで無様である。そこで大ぶりなホゾを突き出して隠したのが

▲丸亀城大手二の門（高麗門）
新型高麗門。冠木から上に鏡柱が伸びる新型の高麗門では、土塀の屋根より高く門の屋根を上げられ、見栄えが良い。両者の屋根が絡まらずに分離しているので、屋根の雨仕舞いも良い

▲江戸城田安門高麗門
新式な冠木。冠木を鏡柱の側面に突き差し、鏡柱は上方の棟木まで伸びる

▲姫路城「ろ」の門（高麗門）
古式な冠木。冠木を鏡柱の頂部に載せて渡しており、薬医門と同じ構造である

◀烏山城旧搦手門（高麗門）
新式な冠木。鏡柱に差された冠木の先端が鏡柱を突き抜けて大きなホゾとなっている

◀名古屋城本丸表二之門（高麗門）
旧型高麗門。冠木と鏡柱で限られる城門の開口部は概ね正方形と定められており、冠木が鏡柱の頂部に載る旧型の高麗門では屋根の高さが低く制限される。その結果、左右に連なる土塀と高麗門の屋根がほぼ同高となって見栄えが悪い

高松城水手御門（薬医門）
◀正面　▲背面
月見（着見）櫓脇に建ち、城主が船から出入りする格式の高い門

▲宇和島城上り立ち門（薬医門）
外郭から山上の本丸への登り口に建つ門で、防御よりも格式を重んじた薬医門である

松山城二の門（薬医門）
▲側面　▼背面
垂木が白木の薬医門の通例に反し塗籠とする

▲金沢城石川門表門（高麗門）
屋根の大きな雪国の高麗門で、控柱上の屋根が退化して極端に小さい

新々型高麗門である。石田城（長崎県五島市）搦手門《からめてもん》や烏山《からすやま》城（栃木県那須烏山市）搦手門（移築）が現存例である。なお、この形式の高麗門を釘貫門《くぎぬきもん》ということがある。さらに、このホゾを装飾的な太い木鼻《きばな》に変えた高麗門も江戸時代末期に現れ、社寺や御所の外門に使われた。

薬医門

城門としての薬医門は、宇和島《うわじま》城（愛媛県）上《のぼ》り立《た》ち門《もん》、松山城本壇二の門、高松城（香川県）水手《みずて》御門《ごもん》しか原位置に残っていない。宇和島城上り立ち門は、城山へ登る登城路の入り口に建てられた大型の薬医門で、本城へ至る正門としての格式を見せている。慶長期に藤堂高虎《とうどうたかとら》が建てた城門と考えられる。山城《やまじろ》だった津和野城（島根県）の大手登城路の入り口にあった城門も大型の薬医門で、現在は浜田城（島根県）に移築されている。江戸時代末期に再建された高松城水手御門は、城外の海から直接に入る城門で、大軍の侵攻を考慮していない。

独特なのは松山城の二の門である。天守へ至る最終関門の四門のうちの二番目の城門で、他の門が厳重な高麗門や櫓門なのに、小型の薬医門とし、梁上には社寺の表門と同様に装飾性の高い蟇股《かえるまた》を載せている。その意図は不明であるが、天守へ至る道筋なので、一カ所だけは格式を高くしたものと推測される。なお、幕末の建築なので薬医門の形式に乱れを生じたらしく、冠木と内冠木の真ん中に棟木が位置している。

また、徳島城鷲之門《わしのもん》は、戦災焼失したが木造で再建された薬医門である。城の正面外側に新設されたと言われる三木曲輪《みきくるわ》の正門であった。石垣や堀を伴わず、両側に長屋を建てた大名屋敷の表門的な構えで、低防備であるが格式の高さを誇示した城門である。

そうした訳で、城内における薬医門は、御殿・役所など防備とは無関係な場所で、主に格式の高さが求められた門に使われるようになった。城の御殿跡に残る薬医門では、丸亀城（香川県）の御殿表門や上田城（長野県）の藩主居館表門がその典型例である。また、江戸にあった大名屋敷の表門（現・東京大学赤門など）や城とは認められていなかった陣屋の表門にも格式が高い薬医門が建てられた。西条《さいじょう》陣屋（愛媛県）に現存する表門は壮大な薬医門である。

それに対して東日本・北日本の雪国では、城門に薬医門を用いた例が少なくなかった。高麗門であれば、屋根が小さいので扉の内側に積雪が溜まってしまい、扉が開かなくなるからだ。ところで、雪国にある金沢城（石川県）石川門枡形の外門は高麗門であるが、屋根が異様に大きく造られており、屋根だけ見れば薬医門と変わらない。古写真によると、福井城の高麗門も同様であった。

水戸城本丸正門だったと言われる薬医門（現在は本丸にある高等学校の表に移築）は壮大で、徳川支配下になる以前の十六世紀末から十七世紀初に佐竹義宣《よしのぶ》によって建てられたものと言われている。しかし、柱や冠木などの主要構造材は総て江戸末期に取り替えられており、梁上の蟇股などの装飾部材だけが十六世紀の部材である。城門の薬医門としては、現存最大かつ最高格式である。なお、水戸城本丸中門《ちゅうもん》は現存しないが、記録によると、延享三年（一七四六）に建て替えられた時に応永七年（一四〇〇）建立の墨書が見つかったという。中世城郭の城門が江戸時代まで使われていたとは他城では考えられず、水戸城の特殊性と歴史の古さには感嘆する。

棟門

高麗門から控柱を取り去った形式の城門が棟門である。構造材は鏡柱と冠木しかない。構造的に不安定なので、間口の狭い城門にしか使われず、現存例は姫路城の「ち」の門や水《みず》の一門《いちもん》・水の二門などで、水の二門以外は片開きである。扉を開いた時に、それを雨水から守る屋根もない。城門としては、低防備であるが、天守群か登城路を細かく仕切って敵兵を門前で止め、天守群か

▲姫路城水の二門（棟門）
控柱がないため安定性が悪いので、間口は狭い。また門の屋根は、左は石垣、右はニの櫓の壁に突き当てて動かないように固定を図っている。開いた扉は露天に晒されている

ら横矢を掛けて落城までの時間を稼ぐには有効であろう。

棟門自体は、平安時代にまで遡る古い門形式であった。中流貴族の寝殿造《しんでんづくり》邸宅の表門に使われたが、当時は五平柱《ごひらばしら》ではなく、正式な円柱であった。また、扉も両開きであり、現存の城郭の棟門より大きかった。したがって、平安時代の棟門との直接的な関係はない。また、中世城郭の掘立柱《ほったてばしら》の城門（愛媛県松野町の河後《かご》森《もり》城や静岡県掛川市の高天神《たかてんじん》城などの発掘例）も棟門であったが、両開きの扉をもつ大型の城門や、逆に上《あ》げ簀戸《すど》をもつ簡略な城門だったと考えられるので、それらから発展したと見るのも正しくはなかろう。したがって、近世城郭の小型の棟門は、高麗門の簡略化から新たに生まれた簡易的な城門と考えられる。

埋門

石垣を小さく切り開き、そこに設けられた小型の城門が埋門で、冠木の上には屋根に代えて土塀を通す。間口が狭いので冠木の内法高《うちのりだか》が低く、したがって敵に乗り越えられないように土塀を載せて、高さを稼いだ城門である。その現存例は、姫路城「ほ」の門・水の三門・水の四門などで、片開きの小門である。棟門を土塀下に組み込んだような形状である。上部の土塀の有無や城門部の構造を度外視すれば、その祖は十六世紀後期の観音寺城（滋賀県近江八幡市）に遡る。

また、長大な多門櫓《たもんやぐら》の櫓台石垣に大きな埋門を開いたものは、現存例はないが、津城（三重県）本丸・宮津城（京都府）本丸・岩村城（岐阜県恵那市）本丸長《なが》局《つぼね》・吉田城（愛知県豊橋市）水手門などがあった。また、

▲姫路城水の三門（埋門）
石垣に挟まれた狭い虎口で、門上には土塀が通る。門の直上の土塀には狭間を切れない

金沢城玉泉院丸《ぎょくせんいんまる》鼠多門《ねずみたもん》は二重二階の多門櫓で、石垣に大きな埋門を開いていた。それらは、櫓門との区別が紛らわしいが、独立した櫓門というよりは、多門櫓が主となっている建築と見なされ、壮大な多門櫓に比して城門部が貧弱に見えるものであった。それに対して彦根城天秤櫓は、長大な多門櫓の間に櫓門を組み込んだものであって、城門部の独立性が高いので、埋門とは言わない。熊本城にあった西櫓門（城門部のみ現存）も同様である。

大型の埋門の現存例は、二条城の二の丸西門や北中仕切門《きたなかしきりもん》・南中仕切門で、戦災焼失した名古屋城本丸不明門《あかずのもん》も類例だった。それらは両開きで間口が大きい。冠木の上には土塀が通り、そこから背面の控柱へ向けて屋根を葺《ふ》き下《お》ろす。いわば、薬医門の冠木上に土塀を通したような形式で、薬医門の屋根を越えにくくしたものである。櫓門の代用とも言え、古写真によると江戸城山下門枡形では、櫓門の代用として同様の埋門が見える。珍しい例では、小田原城（神奈川県）銅門《あかがねもん》枡形の外門が埋門だった。

▲熊本城西櫓門（渡櫓を欠失）
かつては門上に熊本城内で最長の多門櫓が渡っていた。扉は熊本城で好まれた透門

▲高松城太鼓門枡形埋門
枡形を囲う石垣の中に穿った埋門で、鏡柱・冠木・扉を組み込む。扉は欠失したため仮設

▶二条城二の丸西門（埋門）
両開きの扉をもつ大型の埋門で、扉が大きいため土塀の壁体まで門の腰屋根が上がっている

特殊な埋門として、石垣の中に通路を繰り抜き、その出口に鏡柱・冠木・片開き扉を設けたものがある。豊臣大坂城本丸東面の下の段帯曲輪《おびぐるわ》から通用口へ降りるところに設けられたものが初例であろう。石垣部分しか現存しないが、姫路城「る」の門が慶長期に遡る。現存例は、高松城太鼓門枡形と石田城二の丸屋敷裏の埋門だけである。特殊な例としては、松代城二の丸で、土塁に設けられた埋門の通路が絵図に基づいて復元されている。

長屋門

長屋の途中に門を開いたのが長屋門である。別な見方をすれば、薬医門の左右に長屋を接続させたものである。多門櫓（長屋の一種）の床下に門を開いたのは埋門であるが、長屋門は床下ではなく、長屋本体と門が屋根を含めて同じ高さで続いている点が相違する。

その場合の長屋は高い石垣上に載らず、平地を仕切るだけものが多く、軍事的な防備性能は低い。したがって、簡易的な城内の仕切りや御殿・役所を囲う長屋、あるいは長大な土蔵や馬屋の途中に設けられた通路な

▲高崎城旧東門（長屋門）
大門と小門を並べた城門の横に長屋が連なる。長屋門では門脇に見張りのため出格子窓を開く

▲柏原陣屋表門（長屋門）
陣屋では櫓門が許可されていなかったので、薬医門か長屋門を表門とする

どに用いられた。現存例は、簡易な城門として二条城桃山門・高崎城（群馬県）旧東門（移築）、通路として二条城二の丸土蔵（米蔵）や彦根城馬屋に組み込まれた長屋門などがある。

陣屋の表門には、薬医門か長屋門を用いるのが一般的で、柏原《かいばら》陣屋（兵庫県丹波市）・大溝陣屋（滋賀県高島市）などに長屋門が残る。秋月《あきづき》陣屋（福岡県朝倉市）では搦手門だった長屋門が現存する。江戸にあった大名屋敷も陣屋と構造がほぼ同じで、その表門には薬医門よりも長屋門が多かった。東京国立博物館に移築されている旧因州《いんしゅう》池田屋敷表門（鳥取池田藩の大名屋敷）が現存する代表例である。なお、城内や城下町にあった侍屋敷の表門には長屋門が多用され、全国に現存例も多い。

冠木門と塀重門

鏡柱の側面に冠木を貫として差し込んだだけで、冠木上にまともな屋根を持たない簡略な門が、近代に冠木門と呼ばれているものである。扉は両開きが原則である。鏡柱後方に控柱が転倒防止のために立てられ、控柱には雨避《あめよ》けの小屋根（扉覆《とびらおおい》）を設けることがある。江戸時代の文書や絵図の多くでは、高麗門などの平屋の城門を冠木門と記しているので注意が必要である。

大切な冠木や鏡柱・門扉を風雨から守る屋根がないので、耐用年限が極めて短く、江戸時代に遡る冠木門の現存例は稀である。松代城新御殿（真田邸）の表門は、幕末の文久三年（一八六三）に創建された冠木門で、鏡柱や冠木が近年に新材に取り替えられているが、

▲松代城新御殿表門（冠木門）
背面。冠木門では、冠木上の屋根はないが、控柱上の小屋根は扉の雨避けのために設けることがある。雨が懸かる鏡柱と冠木は早くも腐朽して新材に取り替えられている

現存最古の冠木門である。

絵図等から江戸時代に城門として建てられていたことが分かる冠木門は、岩村城本丸柵門《さくもん》や伊賀上野城（三重県）本丸御城門である。前者は本丸へ上がる石段上に建つ儀礼的な門で、防備機能はほとんどなかった。後者は未完成の虎口《こぐち》に建てられた仮門であった。冠木門は明治時代に役所の表門として多用されており、当時の古写真に散見される。

塀重門は、塀中門や屏中門とも書く。鏡柱だけで冠木がないが、控柱は安定のために立てるのが一般的である。簡略ではあるが、間口は広く、両開きの門である。鏡柱の前後の方向は控柱が支えているが、冠木がないので鏡柱が左右に倒れることを力学的に防止できず、扉の軽量化が必須である。したがって、外枠の框《かまち》に横桟《よこざん》を組み、その間に薄い綿板《わたいた》を嵌《は》め込んだ軽い扉である。その補強と装飾を兼ねて、綿板に細い桟を加えるが、それには定型がある。まず綿板の端近くに井の字に細い桟（井筒《いづつ》）を入れ、さらにその内側に二本ずつを斜めに交差させた桟（吹寄《ふきよ》せ襷桟《たすきざん》）を加える。この補強は合理的だったので、社寺の高級な門の扉にも応用される。

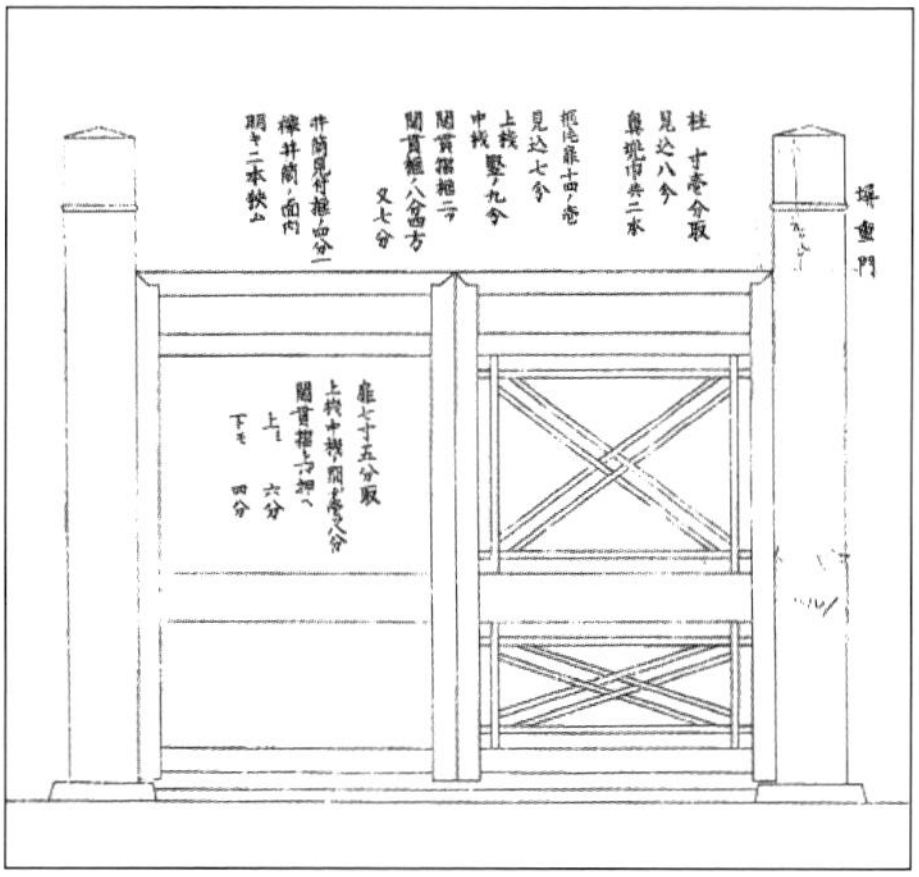

▲塀重門（『建築設計通書』所収）
冠木のない門で、構造的には不合理。扉の斜め桟による補強は合理的で、意匠的にも見栄えが良く、大邸宅の門として近代には流行した

塀重門には防備機能が全くなく、儀礼的な役割しかなかった。多く用いられたのは、御殿の大広間（あるいは大書院）などの前庭に入るための仕切門である。一説に、城主の観閲を受けるため大広間前庭に軍勢が騎馬のまま入場する際に、旗指物《はたさしもの》が冠木に当たらないように、冠木を省略したものという。屋根がないため耐用年限が短く、江戸時代に遡る現存例はないが、二条城二の丸御殿の仕切門に採用されている。

第四節　代表的な現存城門

枡形門

江戸城田安門・清水門・外桜田門

江戸城の主要な城門はほぼ総て枡形門《ますがたもん》であって、しかもその規模は他城とは比較にならないほど隔絶して巨大だった。新型の高麗門《こうらいもん》と巨大な櫓門《やぐらもん》から成る枡形門である。本丸北桔橋門《きたはねばしもん》と二の丸下乗門《げじょうもん》は多門櫓《たもんやぐら》で枡形を囲っていたが、大部分の枡形は土塀で囲っていた。江戸城内の枡形門は、田安門《たやすもん》・清水門《しみずもん》・外桜田門《そとさくらだもん》が重要文化財に指定され、ほかに平川門《ひらかわもん》・内桜田門(桔梗門《ききょうもん》)が残る。大手門は櫓門が再建、坂下門と西の丸大手門は枡形を改変されて高麗門を失っている。半蔵門は櫓門を失っている。

田安門は北の丸の城門で、慶長十二年(一六〇七)頃に徳川家康が創建したと考えられているが、同年の火災で焼失したらしい。現在の田安門は、高麗門の肘壺《ひじつぼ》の刻銘によって寛永十三年(一六三六)に再建されたことが分かる。明暦三年(一六五七)の江戸大火でも焼け残っており、徳川家光時代の貴重な城門である。櫓門は、階下の城門部を三間《けん》三戸《こ》とする。門内の控柱《ひかえばしら》と袖石垣《そでいしがき》の間は板敷きを設けて門番所としているが、これは江戸城の巨大な櫓門の特色である。この門番所とは別に大番所《おおばんしょ》が曲輪《くるわ》内に設けられていた。門上の渡櫓《わたりやぐら》は関東大震災で破損して撤去されたようで、現在の渡櫓は枡形石垣とともに昭和三十六年(一九六一)に復元された。渡櫓は、桁行《けたゆき》十九間(六尺四寸間)、梁間《はりま》四間(六尺五寸間)と巨大であるが、江戸城内の櫓門としては標準的規模である。

田安門の高麗門は、鏡柱《かがみばしら》に冠木《かぶき》を貫《ぬき》として差し込む新型であって、その現存最古例である。この直前に建

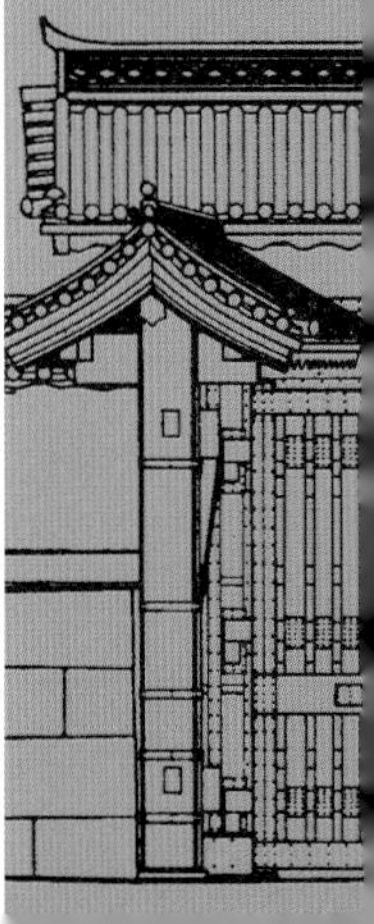

てられた大坂城の高麗門が旧型であったので、家光による寛永の江戸城整備拡充において新型高麗門が発明されたと言える。この高麗門の間《ま》口《ぐち》（鏡柱真々間距離）は約六メートル（六尺五寸間で三間に相当）もあって、現存最大の高麗門であるが、江戸城の主要な枡形門の高麗門としては標準規模であって、最大だったとは言えない。控柱は鏡柱より少し間口を広げて立てているが、これも江戸城の高麗門の標準仕様である。高麗門の肘壺にある刻銘には、「寛永十三丙子暦九月吉日、九州豊後住人、御石火矢大工、渡辺石見守康直作」とあって、この肘壺が豊後《ぶんご》（大分県）の石火矢《いしびや》大工、すなわち大筒（大砲）の鍛冶の棟梁によって作成されたことが分かる。高麗門と櫓門は、鏡柱や扉などに筋鉄《すじがね》を打つ。

清水門も北の丸の城門であるが、明暦の大火によって焼失しており、現在のものは、高麗門と櫓門の肘壺の刻銘によると万治元年（一六五八）の再建である。櫓門は城門部を三間二戸とする。門内の門番所は狭く、

▲江戸城清水門（櫓門・高麗門）
江戸城内では小型の枡形門で、左方の渡櫓は昭和の復元

▲江戸城田安門（櫓門）
背面。江戸城で現存最古の櫓門であるが、渡櫓は昭和の復元。控柱と袖石垣の間に床を張って番所とするのは、江戸城の櫓門の特徴

▶江戸城外桜田門（櫓門・高麗門）
土橋を渡った突き当りに枡形の外門の高麗門と左右の土塀が立ちはだかる

腰掛程度である。もちろん、曲輪内に大番所が別にあった。門上の渡櫓は、明治初期の写真には既に見られないので、幕末の安政地震で破損して撤去されていたらしい。昭和四十一年（一九六六）に復元された。渡櫓は、桁行二十間（六尺四寸および六尺二寸間）、梁間四間である。渡櫓は大きいが、櫓門の城門部や高麗門は、田安門よりやや小型である。櫓門と高麗門の肘壺刻銘によると、万治元年（一六五八）に石火矢大工の渡辺善右衛門尉康種が作ったとあり、田安門の肘壺の作者と同系統の職人である。櫓門・高麗門の鏡柱や扉などには筋鉄《すじがね》を打つ。

外桜田門は寛文三年（一六六三）頃の再建である。関東大震災で渡櫓が破損したが、復元されている。渡櫓は、桁行十九間、梁間四間である。櫓門・高麗門は田安門とほぼ同規模同形であって、筋鉄を打つ。

丸亀城大手門

丸亀城（香川県）は豊臣系外様《とざま》大名の生駒親正《いこまちかまさ》が慶長二年（一五九七）に築城したが、元和元年（一六一五）の一国一城令によって一旦、廃城になっていた。生駒氏改易《かいえき》によって豊臣系外様大名の山崎家治《いえはる》（五万石）が城主となって、寛永二十年（一六四三）に再築を始め、正保二年（一六四五）頃には現存の天守（三重櫓）もほぼ完成した。しかし、大手門の工事前に無嗣改易となり、万治元年（一六五八）に新たな城主となった京《きょう》極高和《ごくたかかず》（六万石）が寛文十年（一六七〇）頃に現存の大手門を完成させた。なお、この時に大手を南側から現在の北側に移したという説があるが、山崎氏の時にすでに北側に大手門を築く計画に変更されていた。

高麗門（大手二の門）と櫓門（大手一の門）から成る枡形門で、高麗門から櫓門へ右に折れる典型的な形式である。高麗門左右の土塀は現存するが、枡形を囲う土塀は欠失している。

櫓門は、階下の城門を三間二戸とし、渡櫓は桁行十二間に梁間三間であって、諸大名の大手門の標準的規模である。城門部は、鏡柱や冠木を一木《いちぼく》の欅《けやき》（内冠木は松丸太）としており、十七世紀後期になって欅の大材の入手が容易になったことを示している。渡櫓においては、一間ごとに立つ本柱とその間に立つ間柱《まばしら》がともに末口《すえくち》六寸（上部の細いところの直径一八センチメートル）の丸太柱や面皮柱《めんかわばしら》となっており、本柱と間柱を同じ太さとすることは新式、丸太とすることは古式である。

ところで、この渡櫓の柱間《はしらま》寸法は極めて変則的である。中央から北側半分(城外の方向)においては、本柱・間柱が三尺三寸ごとに、南側半分（本丸の方向）は三尺ごとに立てられている。すなわち北半分は六尺六寸間、南半分は六尺間となっており、このような例は他城にはない。城門部の冠木に架かる梁は総て六尺間隔なので、その南半分では梁と渡櫓の側柱《がわばしら》位置が揃うが、北半分では両者がずれてしまっている。この原因は、城門部の冠木上に腕木《うでぎ》（二階床梁《ゆかばり》の先端）を等間隔に六つ割で配したからである。その結果、床梁が六尺間隔となり、二階柱間も六尺間となったが、北側の袖石垣が半間以上長かったので、北半分は石垣に合わせて六尺六寸間に伸ばしたものである。このような細やかな柱間寸法の調整は、慶長の築城盛況期には全く考慮されなかったことで、城郭建築設計の発展の一端が窺える。

櫓門の二階外壁は塗籠《ぬりごめ》で、窓の上下に長押形《なげしがた》を付けており、格式高い。その一方、正面側の窓は半間幅のものを疎《まば》らに配しただけで、しかも窓格子《まどごうし》がなく、防備が低下している。それでも、扉前の石落《いしおとし》は備わって

丸亀城大手一の門（櫓門）
▲正面　◀二階の柱
外観は厳めしくて荘重な櫓門だが、一般人に見られない渡櫓内は丸太に近い粗末な柱を用い、壁も仕上げの上塗りが省略されており、農家の納屋に類する

いる。内部は壁に漆喰《しっくい》を塗らず、中塗《なかぬ》り仕上げで止めている。正面側の壁は太鼓壁《たいこかべ》とする。

高麗門は、冠木を貫とした新型である。控柱は鏡柱の柱筋より外側に立てて、すなわち、ハの字形に開いて立てる。通例に反して、高麗門の屋根上にも鯱《しゃち》を上げる。

高麗門両脇は、枡形内から雁木《がんぎ》（石段）を築き、土塀を掛ける。土塀は土台や柱・控柱をもつ通常の形式で、下見板《したみいた》張りである。横引きの蓋をもつ鉄砲狭間《てっぽうざま》を切る。

金沢城石川門

金沢城（石川県）の石川門は百間堀《ひゃくけんぼり》を渡って三の丸へ直接に入る城門で、金沢城内で最も厳重な構えであった。そうした点からすれば、加賀前田百万石の金沢城の実質的な大手門としてもよい。宝暦九年（一七五九）の大火で焼失し、天明八年（一七八八）の再建である。枡形門のなかでも全国で最も厳重な例であって、外門として高麗門、内門として櫓門を建てるだけではなく、枡形を囲んで多門櫓を建て回し、さらに高麗門脇に二重櫓を上げる。江戸城を含め一般的な枡形門では多門櫓の代わりに土塀を用い、名古屋城や徳川大坂城では多門櫓を回していたが、二重櫓は建てていなかった。これと同等な枡形門は、藤堂高虎《とうどうたかとら》が

▲金沢城石川門
城内側から見た枡形。枡形を囲う櫓門（左上）、多門櫓（中下）、二重櫓（右）。現存する最も堅固な枡形門で、建物は総て鉛瓦で統一されている

築いた津城（三重県）本丸の西鉄門《にしくろがねもん》・東鉄門しかなかった。

石川門の櫓門は、階下の城門を三間三戸とし、渡櫓は桁行十三間（六尺三寸間）に梁間四間（六尺間）であって、幕府の城を除けば最大級である。鏡柱・冠木・扉さらに腕木（二階床梁の先端）や出桁《だしげた》に筋鉄を密に打っており、鏡柱上端や梁先端は飾り金物とする。この櫓門では、冠木と柱盤《ちゅうばん》との間に支輪《しりん》という曲線形の細かな部材を並べて飾っていることが注目される。通常、この部位は、腕木間の面戸板《めんどいた》と二階床板（または石落の蓋）を設けるだけで無装飾に扱われるものである。支輪は、特に高級な社寺建築の軒回りにだけ用いる意匠で、天守や御殿を含めて城郭に用いられることは決してない。城郭史上で最高の格式をもつ櫓門と言える。しかし、支輪を加えたことにより石落が装備できなかった。

二階外壁は塗籠で、四隅には筋鉄を打って柱に見せかけている。通常の櫓

▲金沢城石川門（高麗門）
枡形の高麗門の脇は低い石垣に土塀が通例

▲金沢城石川門（櫓門）
櫓門の支輪。並んでいる曲線の部材が支輪で、現存最高格式の櫓門。通常は石落を設ける部位である

◀金沢城石川門隅櫓・多門櫓
枡形を取り巻く多門櫓の端に二重隅櫓を上げる

門と比べて二階正面の窓が少なく、隅櫓《すみやぐら》程度しかない。城外側の側面および正面に向かって右側に唐破風《からはふ》造《づくり》の出窓型石落を設け、破風妻壁には蟇股《かえるまた》を飾る。出窓の木部は垂木《たるき》を塗り込めるほかは銅板張りにしている。屋根は鉛瓦葺《なまりがわらぶき》で、瓦当《がとう》に家紋を入れる。

石川門の高麗門は、積雪対策のために冠木上の屋根が極めて大きく、薬医門《やくいもん》に近い。その屋根が控柱を覆う屋根に大きく被るので、控柱上の屋根（扉覆《とびらおおい》）は極めて小さくされ、猿頭《さるがしら》押さえの板葺になっている。また、屋根が大きいため屋根裏は塗籠とはせず、白木《しらき》のままである。鏡柱・冠木や扉には筋鉄を打つ。雪国では、扉裏の積雪によって扉が開かなくなるので、高麗門は不向きであるが、あえて高麗門を採用し、積雪対策をした例として注目される。

枡形の隅櫓は、櫓台石垣が歪んでいるので菱櫓になっている。この歪みは慶長創建時の状況を再築の際に踏襲したもので、石垣技術の未熟さが原因ではない。一階（一重目）は平《ひら》五間（六尺三寸間）に妻《つま》五間（五尺四寸間）で、柱間寸法は新式である。一重目と二重目の屋根を入母屋造《いりもやづくり》とする二重二階の望楼《ぼうろう》型の隅櫓で、上下で屋根の向きを変えており、古式で格調高い。一階の城外側に唐破風造の出窓型石落を設け、一階外壁の腰は海鼠壁《なまこかべ》、ほかは塗籠とし、一階・二階とも四隅を柱形《はしらがた》の筋鉄張りとする。屋根は鉛瓦葺で、鯱は上げない。

枡形を囲う多門櫓は、矩折《かねお》り平面で、桁行十八間半（柱間は不定）に梁間二間半、内部は区画せずに一室である。腰壁を海鼠壁として鉛瓦葺である。

高麗門左右の土塀は、腰を海鼠壁とし、鉄砲狭間を隠狭間《かくしざま》とする。屋根は鉛瓦葺である。

金沢城の建物に共通する特色としては、屋根に鉛瓦を使い、外壁は瓦を張った海鼠壁とし、隅部に筋鉄を打って柱形とし、格調の高い唐破風造の銅板張り出窓型石落を櫓門や二重櫓に設けることである。鉛瓦や海鼠壁は通常の瓦や下見板張りよりはるかに高級であり、また寒冷地の耐候性に優れている。

大坂城大手門

豊臣大坂城は慶長二十年（一六一五）の大坂夏の陣で落城焼失してしまい、現在の大坂城は江戸幕府によって再築されたものである。二の丸の大手門は、豊臣時代から大手門があった場所で、千貫櫓《せんがんやぐら》とともに大坂城の表玄関を守備する。大坂城再築の第三期工事によって寛永五年（一六二八）頃に再建されたが、天明三年（一七八三）に落雷焼失してしまい、現在の門は嘉永元年（一八四八）の再々建である。

変則的に曲輪の出隅《ですみ》を枡形とするので、枡形を囲い込む城壁は二面のみで、正面および向かって右側面に掛けた土塀から枡形外への射撃はできても、枡形内への射撃はできない。外門の高麗門を入って左折して内門の櫓門に至る、逆向きの枡形でもある。したがって、縄張《なわばり》としては二重欠陥の枡形である。枡形の左面に巨大な櫓門を建て、外門から入って突き当たる面には櫓門から続櫓《つづきやぐら》（多門櫓）を建てて守備する。なお、重要文化財の指定では、枡形の高麗門を「大手門」とし、櫓門と続櫓を「多聞櫓」としているが、高麗門と櫓門・続櫓の総てを合わせて大手門とし、「多聞櫓」は櫓門および続櫓とすべきである。

幅一〇〇メートルの外堀を渡る土橋に開く枡形門で、堀から立ち上る石垣は大変に高く、全国で一番高い石垣上に聳《そび》える城門である。大手門の櫓門は巨大で、一体となった多門櫓と合わせて全国最大を誇る。階下の城門部は、三間二戸で、間口が一三メートルもあって全国一であり、渡櫓は桁行二十間（六尺五寸間、城門部上はやや広くなる）、梁間五間もあって、一般的

大坂城大手門
▲櫓門・高麗門　▼高麗門背面と土塀
史上最大の枡形門で、江戸城の枡形をも超え、他城の小型枡形の10倍以上の面積をもつ

な城の大手門渡櫓の四倍ほどの大きさがある。扉や鏡柱などの表面は鉄板を張り詰めた鉄門《くろがねもん》である。二階正面の城門部上は、定型通り格子窓を連続させており、七間にも及ぶ。

続きの多門櫓は、枡形が巨大なので、一面とはいえ桁行二十八間もある。その多門櫓台には超絶的な巨石が数多く並べられており、まさに全国一の偉観である。

高麗門は、幕末の再建ではあるが、鏡柱の上に冠木を渡す古式を見せる。この門の再々建時に大坂城内に所在した他の高麗門が総て古式だったので、それに合わせたからである。櫓門と同じように鉄門とする。

外門の高麗門の左右は土塀が続く。基礎石を完全成形した延石《のべいし》として、鉄砲狭間を削り込んだ石狭間があり、さらに土塀壁体に鉄砲狭間を切る。控柱は石柱としており、新式である。石狭間は城内の他の土塀跡にも残っており、再々建の際に旧規に合わせたものである。現状では枡形の二面を土塀とするが、かつては枡形に向かって右面にも多門櫓があった。その多門櫓は、枡形を囲う位置にあるとはいえ、枡形内を射撃できない欠陥縄張であった。

関ヶ原の戦い以前の城門

姫路城「と」の一門

「と」の一門は、姫路城の北東から城山へ登る「と」の四門から一門までの搦手口《からめてぐち》の最終関門で、この門を入ると東小天守《ひがしこてんしゅ》下の広場に出る。「と」の一門は櫓門で、それ以外は高麗門（三門は欠失）である。

以前は、二階外壁は城内の他の櫓門と同様の塗籠で、格子窓を開いていたが、昭和三十年（一九五五）の解

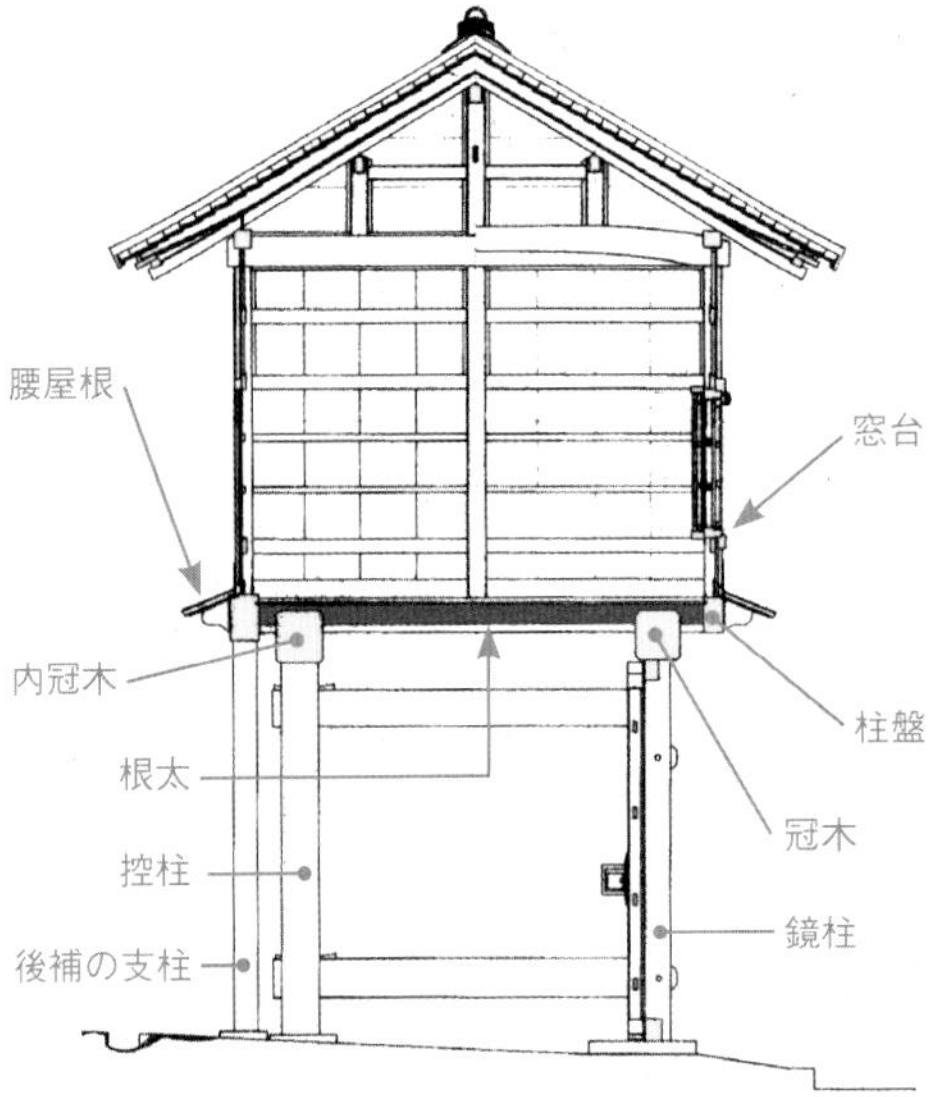

▲姫路城「と」の一門断面図

体修理の際に発見された痕跡によって、白木の真壁《しんかべ》造《づくり》、板壁、突上戸《つきあげど》の窓に改められた。江戸時代改修後の姿から創建当初の形式に復元されたことになる。また、冠木が袖石垣まで届いていないこと、石垣に添わせる斜め柱（添え柱）が石垣の凹凸と合っていないこと、扉が城内には見られない透門《すかしもん》であることなどから、他所からの移築城門であることが明らかにされた。したがって、慶長六年（一六〇一）からの池田輝政の改修より前、すなわち関ヶ原の戦い以前の櫓門であることは明白であるが、後述するような極めて古式で特異な建築技法からすれば、天正八年（一五八〇）に羽柴秀吉が姫路城を近世城郭化した時の櫓門、あるいはそれ以前の城主黒田孝高《よしたか》や父の職隆《もとたか》が建てた姫路城の櫓門、さらには秀吉が廃城とした他城からの移築城門ということになる。天正九年に秀吉が城割りを命じた置《おき》塩《しお》城（兵庫県姫路市）の大手門だったという説については真偽不明である。

一階の城門部は、三間二戸であるが、大門《だいもん》に比べて小門《しょうもん》が異様に小さい。鏡柱は一木造《いちぼくづく》りの幅二尺二寸（約六七センチ）もある太い欅材であるが、正面幅に比べて厚みが三分の一以下と薄く、また背面側に皮付きだった部分の丸みが残っている。内冠木も角材を使う。扉は竪格子の上部を透かした透門である。

二階は袖石垣には渡らず、桁行五間（中央三間は四尺八寸、両端間は四尺一寸）に梁間二間（六尺五寸間）の切妻造である。この桁行柱間寸法の短さは、以後の城門には見られないもので、土塀の柱間寸法五尺に近い。また、両端間を少しだけ短くするのは城郭建築に

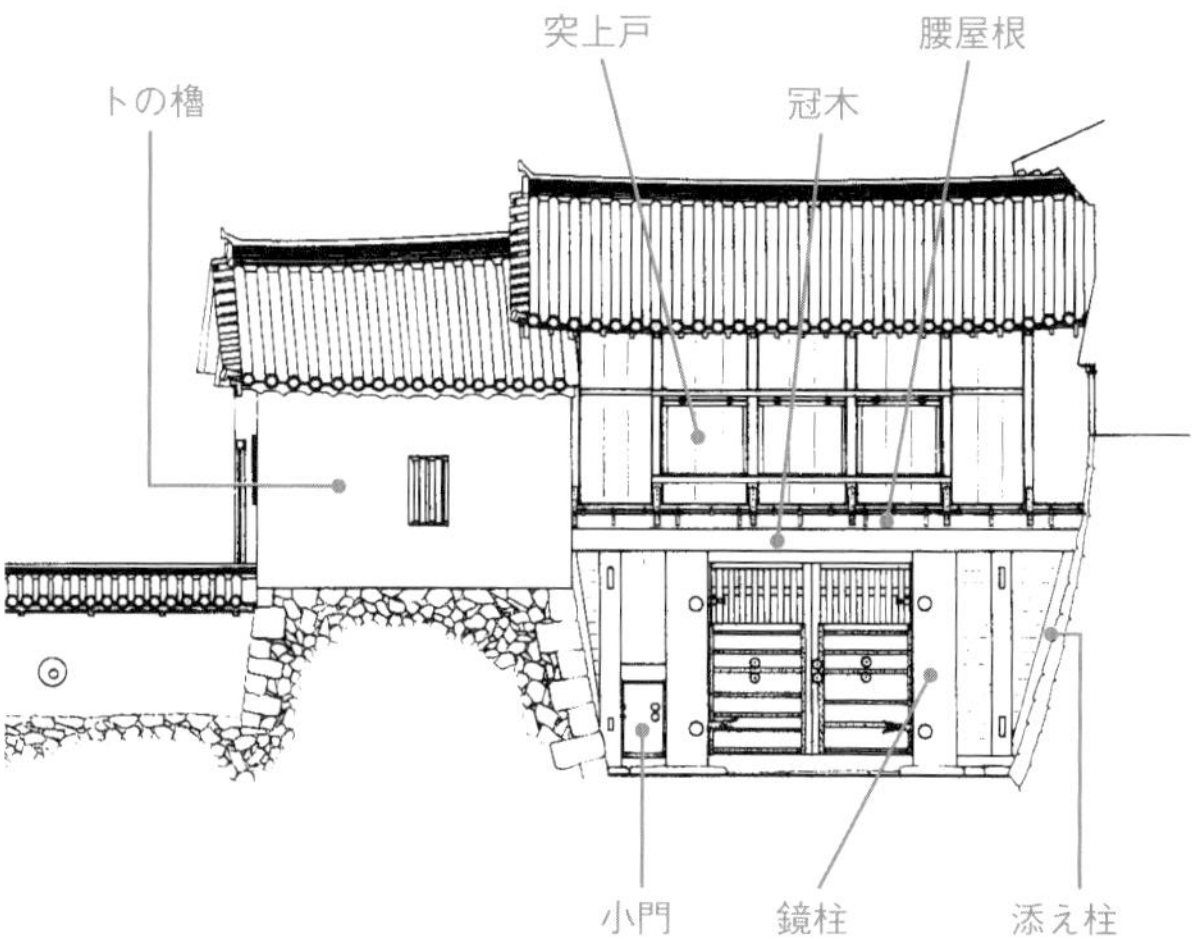

▲姫路城「と」の一門正面図

はなく、社寺建築の技法である。二階の柱は面取《めんとり》の角柱で、書院造《しょいんづくり》の建物に使う柱である。さらに注目すべきは、二階の床の支え方である。床を支えるために、通常は床梁を一間間隔に並べるが、この櫓門には床梁が全くなく、梁よりずっと細い根太《ねだ》（梁上に渡して床板を張る部材）を直接に冠木と内冠木の間に一尺六寸間で架ける。二階の側柱を支える柱盤は、梁の先端に載せるものであるが、この門では根太の先端を柱盤に差し込んで支える。このような技法は類例が全くない。そして、根太が細かく並ぶので、扉前に石落を設けることができない。二階の垂木には、社寺建築のようにわずかに反りがある。

二階外壁は、柱に残った痕跡によって薄い板壁に、窓は吊り金具が残っていたので突上戸に復元されている。復元された窓台の高さは床面から五三センチメートルしかなく、後世の櫓門の高い窓台とは異質であるが、門前に近付いた下方の敵を射るのに適した構造である。正面・背面ともに板葺の短い腰屋根《こしやね》を設けるが、当初から存在したかどうかは不明である。

以上のように「と」の一門は、現存するどの城門にも見られない、古式と考えられる技法に満ちており、

姫路城「と」の一門（櫓門）
▲鏡柱
◀二階を支える根太
▶二階内部（支柱は後補）
現存する他の櫓門には見られない特殊な形式をもち、現存最古の城門の風格が漂う

近世城郭の櫓門の草創期の形式をもつものと考えられる。したがって、天正八年（一五八〇）頃にはほぼ確実に遡るとしてよく、最も古くみれば姫路城の存在が確認できる黒田時代の永禄四年（一五六一）に遡る可能性もある。いずれにしても現存最古の櫓門である。輝政の改修の際に現在地に移築されたようで、その時に続櫓としてトの櫓（平櫓《ひらやぐら》）を接続し、その櫓内から二階へ上がる。

姫路城「は」の門

天守へ至る登城路を仕切る櫓門である。付近の石垣は秀吉時代のものが多く残り、平虎口《ひらこぐち》を少し捻《ひね》っただけの古めかしい虎口に建つ。また、階下の城門部の斜め柱の礎石に石燈籠の台座が転用されている。

一階の城門部は三間一戸であるが、変則的に向かって右側の斜め柱が大きく離れて立つので、石垣との隙間を塞ぐ板壁が門の脇間より大きくなっている。また、鏡柱が幅一尺五寸に対して厚みは七寸しかなくて扁平であり、また鏡柱が太い割には脇柱がその半分の太さしかなく、後世の城門とは異質である。鏡柱は一木造りで、筋鉄は打たない。扉は略式の横桟であるが、当初材ではない。内冠木は古式に角材であるが、新材なので旧来のままではないかもしれない。二階は袖石垣には渡らず、桁行四間（五尺四寸間）、梁間二間（四尺九寸間）で、主柱と同じ太さの間柱を立てる。屋根は切妻造である。

姫路城「は」の門（櫓門）
▲正面　▼二階内部
二階は造り替えられているが、階下の城門部は秀吉時代の面影を見せる

二階には当初材はないが、土塀並みの極めて短い柱間寸法は、創建当初の形式を継承したものと考えられる。床梁は一間ごとに架けられているが、石落はない。窓台は床面から四九センチメートルしかなく、著しく低い。また、腰屋根がなく、短い水切りを付けるだけである。

　この櫓門は、「と」の一門に次ぐ古式をもつので、天正八年（一五八〇）からの羽柴秀吉築城時に遡る可能性が高い。

彦根城天秤櫓

　彦根城は豊臣方に対する備えの城として慶長九年（一六〇四）から公儀（天下）普請《ふしん》で築かれ、徳川譜代大名の筆頭の井伊家が守った。天秤櫓は、彦根城の本丸へ至る大手筋に建つ櫓門を長大な多門櫓の中央付近に組み込み、多門櫓の両端部を二重櫓とし、さらにその後方に折り曲げて多門櫓を続ける。中心の櫓門と左右の二重櫓が天秤のように見えるので天秤櫓と呼ばれるが、鐘の丸廊下多門櫓（渡廊下のように城門を渡る多門櫓）というのが正しい。慶長十一年頃の完成とされている。

　天秤櫓は、山上の曲輪を区画する堀切《ほりぎり》に面して建つ。山下からの登城道は、その堀切の底を通り、二七〇度回転して堀切に架かる木橋を渡って天秤櫓の櫓門に達する。櫓門に近づく敵に対して、至るところで門上の多門櫓から射撃を加える仕掛けとなっており、櫓門の防備としては全国でも随一の縄張である。その中央の櫓門部分だけは、外壁の柱を塗り込めずに白木のままで、左右の多門櫓と構造や意匠が別になり、他城から古い櫓門を移築したことが判明している。両側の多門櫓は慶長創建であるが、向かって左側は櫓台の石垣を含めて幕末の嘉永七年（一八五四）に完全に造替《ぞうたい》されている。

▲彦根城天秤櫓（櫓門）
鏡柱。一木造の扁平な点が古式

櫓門部分については、『金亀山伝記《こんきさんでんき》』に「鐘之丸廊下多門御櫓ハ長浜大手之門にて候」とあるので、慶長の彦根築城に際して当時廃城となった長浜城（滋賀県の大手門を移築したものというが、この史料は百年も後の編纂物であり、鐘の丸に佐和山《さわやま》城（滋賀県彦根市）の石垣や瓦が多く運び込まれていることから、佐和山城の城門だった可能性も否定できない。なお、長浜城は慶長十一年（一六〇六）に譜代《ふだい》大名の内藤信成《のぶなり》が入って修築し、元和元年（一六一五）に廃城となって、彦根城の元和拡張工事（中堀・外堀）に建物が移築されている。

櫓門部分は、二間二戸である。鏡柱は、正面幅二尺三寸五分（七一センチメートル）の極めて幅広の一木の楠《くす》材であるが、厚みは九寸（二七センチ）しかなく扁平であって、関ヶ原以前の特徴をよく示す。表面の風食も著しく、十六世紀末に遡る建築であることを示している。門二階（両側の多門櫓の一階に相当）は正面桁行四間（六尺三寸間）で、梁間は六尺五寸間の三間に相当する。左右の

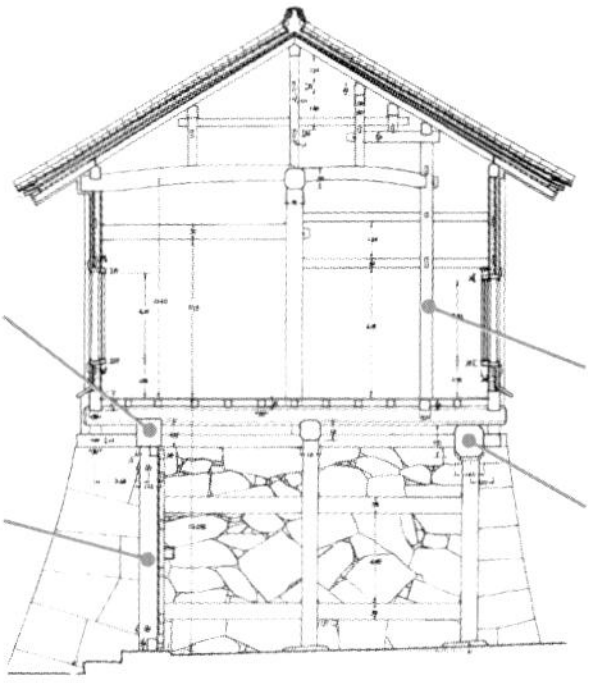

◀彦根城天秤櫓櫓門断面図

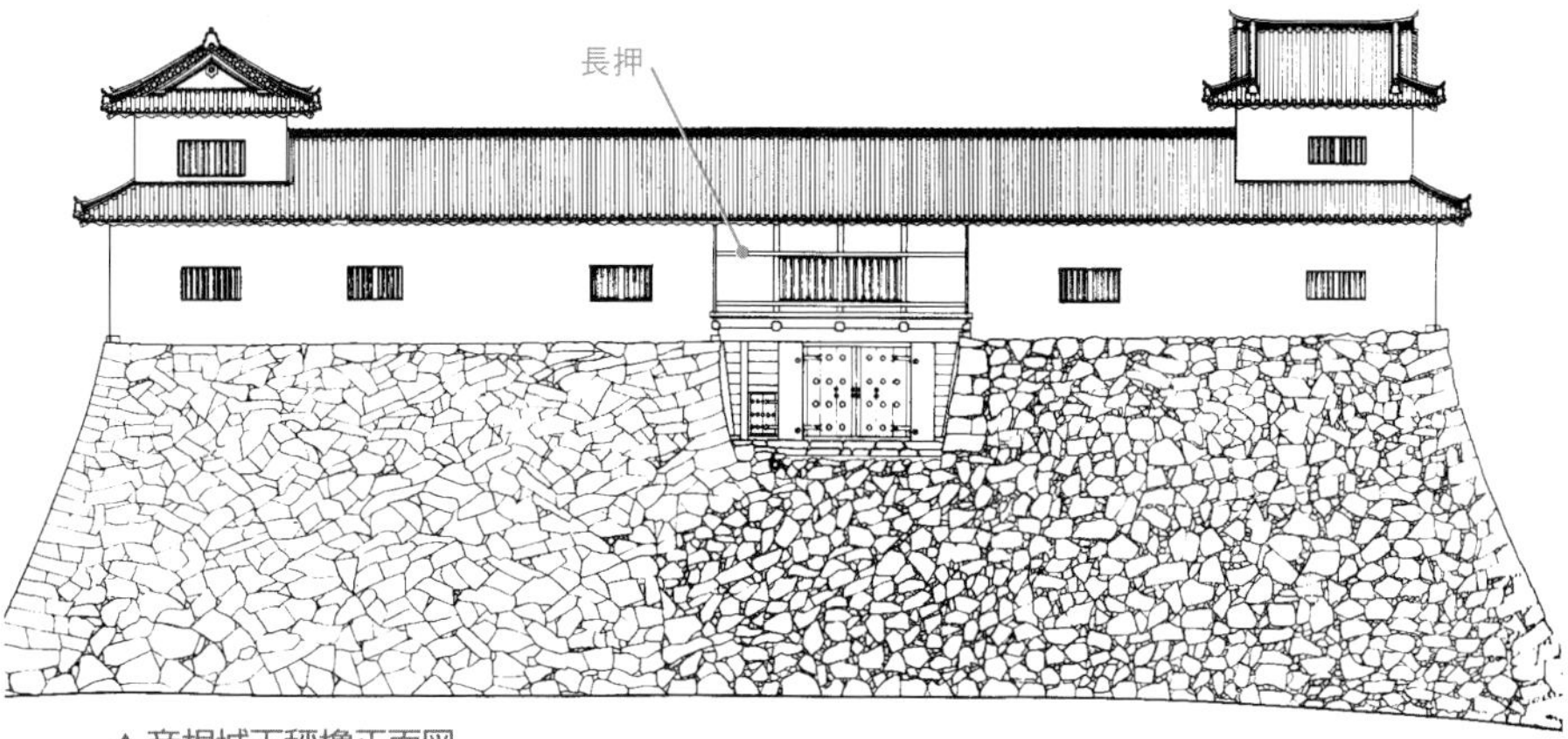

▲彦根城天秤櫓正面図

多門櫓の桁行は六尺二寸間（両端付近は石垣に合わせて調整）であって相違する。また、梁間寸法は両側の多門櫓と合わせてあるが、門上の部分だけは背面側から半間の位置に余分な入側柱《いりがわばしら》列があって、小屋組《こやぐみ》も乱れており、移築改造の際に梁間を無理矢理に拡張した様子が窺える。移築前の梁間は二間から二間半程度だったと考えられる。門上の外壁は柱と長押を白木のまま見せた古式な真壁造である。その中央二間の格子窓は、窓台が床面から五六センチメートルと極めて低く、後世の櫓門の高い窓台とは大いに相違するが、下方の門前に迫る敵に弓を射るために都合が良く、古式である。また、正面側に石落や腰屋根がないことも古式である。

以上のように関ヶ原の戦い以降の櫓門と比べて古式であって、十六世紀末に遡るものである。

彦根城太鼓門

本丸の正門で、折曲《おれま》がり虎口に建つ櫓門である。向かって右側に続櫓（平櫓）がある。彦根寺の山門を移築したという伝えがあるが、全くの付会の説であり、廃城となった佐和山城か大津城（滋賀県）の城門を移築改造したものと考えられる。

階下の城門部は三間一戸であり、鏡柱は一木造りで、幅二尺四寸（七三センチ）もある。慶長の移築改造の際に、柱の高さを七一センチメートル、大門の間口を七三セ

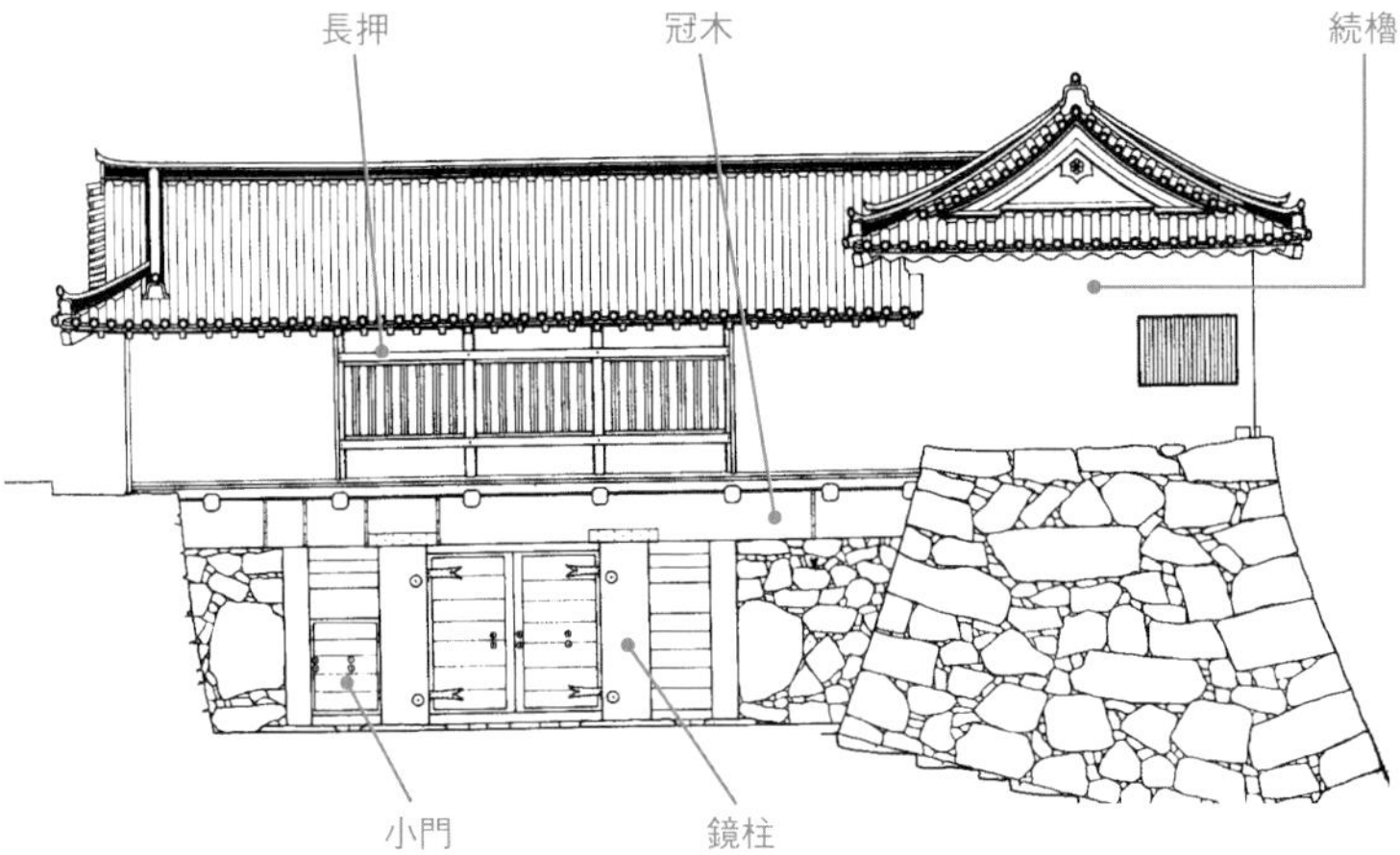

▲彦根城太鼓門および続櫓正面図

ンチメートル縮められ、小門の位置を左右逆にされたことが分かっている。現状で鏡柱が比例的に異様に太く感じられるのは、移築時の縮小に起因する。扉は移築前のものを改造、再利用したもので、縦格子に横板張りの厳重なものである。二階は桁行七間（六尺五寸間、両端は短く調整）、梁間三間（五尺四寸間）で、変則的に背面側に半間幅の廊下を付けているが、二階は総て文政九年（一八二六）に造替されている。しかし、二階正面の外壁が白木の柱や長押を見せる真壁造で、格子窓の窓台が低く、腰屋根がないといった極めて古式な意匠は、慶長移築時の形式を踏襲したものと考えられる。

　移築された櫓門の部材は鏡柱・冠木・扉などしか残っていないが、江戸後期の修復があるにしても、櫓門全体として当初の形式がよく守られていると考えられる。関ヶ原以前の十六世紀末の櫓門の遺構として重要である。

姫路城「り」の門

　姫路城本丸（備前丸）の東腰曲輪《ひがしこしぐるわ》に通じる大手筋の城門で、隣接して建つ太鼓櫓（平櫓）によって守られている高麗門である。解体修理によって発見された墨書銘によって、慶長四年（一五九九）の建築であることが判明しており、年代が明確な高麗門としては現存最古である。池田輝政による姫路城の大改修以前の建築で、秀吉配下の木下家定《きのしたいえさだ》が城主だった時に造営した城門と考えられる。高麗門の発明は文禄《ぶんろく》・慶長《けいちょう》の役《えき》の頃と考えられるので、まさに草創期の高麗門である。

　二間二戸の高麗門で、正面から見て右側を大門、左

▲姫路城「り」の門（高麗門）
両脇に土塀を伴わない二間二戸の城門で、鏡柱の頂部に冠木を渡す高麗門。高麗門の発祥時に建築された現存最古の高麗門として極めて重要

側を小門とする。高麗門は一間一戸が通例であって、二間二戸は他城では珍しいが、姫路城内では、ほかに「い」・「ろ」・「と」の二門・四門が現存しており、姫路城の高麗門の標準形である。それは間口の広い虎口に、櫓門ではなく高麗門を建てたからである。他城より虎口が圧倒的に多く、それを櫓門ではなく高麗門で守備するという、姫路城ならではの事象である。他城では高麗門は櫓門の補完であったが、姫路城では櫓門の代替として使われたのであろう。

鏡柱は木太《きぶと》く、正面幅一尺六寸（四七センチ）、厚み一尺三寸（三九センチ）であって、正方形に近くなっている。十六世紀末の櫓門の鏡柱が扁平だったのと対照的である。一木の丸木から無理して最大幅の鏡柱を削り出すには、扁平にするしか術がなかったが、「り」の門では初めて接柱《はぎばしら》が使われたから扁平ではなくなった。鎹《かすがい》を使って二本の檜材を接《は》ぎ合わせ、表面に厚さ八分（二・四センチ）の欅板を張って化粧とし、筋鉄を打って継ぎ目を隠したものである。

薬医門と同様に、冠木を鏡柱上に載せる旧式な高麗門の形式であって、薬医門の改良形として高麗門が生まれたことをよく示している。姫路城では、輝政による姫路城大改修において、この「り」の門の形式が踏襲され、「い」の門・「ろ」の門などが新築された。輝政の高麗門は、比例的に「り」の門より木細くなっているが、二間二戸、接柱、旧式冠木の形式を踏襲している。

代表的な櫓門

福山城本丸筋鉄御門

福山城（広島県）は、譜代大名水野勝成《かつなり》が元和八年（一六二二）に完成させた城であって、本丸筋鉄御門《すじがねごもん》は現存する伏見櫓とともに伏見城から移築された建築である。元和当時は、この門前の枡形を多門櫓が囲んで伏見櫓と接続しており、また本丸南正面側の石垣上には長さ六間の続櫓（番所）が接続していたが、多門櫓や続櫓が明治初期に取り壊され、櫓門だけが独立する姿になった。『水野記』には「一、伏見城御殿並三階ノ櫓、月見ノ櫓、大手ノ門、鉄門、多門壱ケ所、塀百八拾間余賜之」と記されている。伏見城から拝領した建築のうち「三階ノ櫓」が伏見櫓、「鉄門」が筋鉄御門、「多門壱ケ所」が続櫓と考えられる。秀吉の伏見城は関ヶ原の戦いの前哨戦でほぼ全焼し、この筋鉄御門は慶長八年（一六〇三）までに徳川家康が再建した櫓門である。

城門部は二間二戸、渡櫓は桁行十間、梁間三間の入母屋造であって、堂々たる櫓門である。鏡柱は当時としては珍しい太くて良材の欅の一木造りで、筋鉄を打つ。内冠木は丸太材であるが、慶長期の他城の櫓門と比べると、曲がりの少ない長大で太い良材である。城門部上には板葺・猿頭押さえの腰屋根を付けており、古風である。渡櫓は、柱形・長押形を見せた古式な真壁造の塗籠で、正面側には三間の連続した格子窓を並べる。格子は古式に白木造りである。内部は、城門上部だけ床高を大きくし、袖石垣上は土間である。石落はまだ装備されていない。渡櫓の梁は曲がりの少ない細身の丸太材で、慶長期の特色を示す。

柱形・長押形を見せる古式な外壁は、豊臣伏見城の形式を継承したものと考えられ、格調が高い。その類例には姫路城菱の門がある。また、石落がないこと、腰屋根が板葺であることなども古い時代の特色であって、十七世紀初頭の櫓門の代表例と言える。

福山城本丸筋鉄御門（櫓門）
◀二階内部　▲正面
渡櫓の外壁を真壁造とし、城門部に掛かる腰屋根を板葺とする古式で格式高い櫓門。伏見城からの移築と考えられる

姫路城菱の門

菱の門は、姫路城の中枢部に登る表口に建つ櫓門で、慶長十四年（一六〇九）頃、池田輝政が建立した。菱の門は、姫路城内に数多く残る城門の中で最大かつ最高格式のものであり、同時に大変に古式な櫓門でもある。背面側の柱上に渡る内冠木には、使われていない柱との接合痕（仕口《しぐち》）が残っており、秀吉時代の大型櫓門の冠木を再利用している可能性もある。

西日本の櫓門は、門上の櫓が両袖の石垣上まで渡るが、この菱の門では正面に向かって左方にしか石垣がない。そのため、周囲に腰屋根を廻らす。しかも左方の石垣は渡櫓の正面側の側柱を受けるだけで、その後方部は地上から建てられている。類例は豊臣時代の大坂城本丸中央に存した鉄門がある。この極端な左右非対称性は、社寺や公家の表

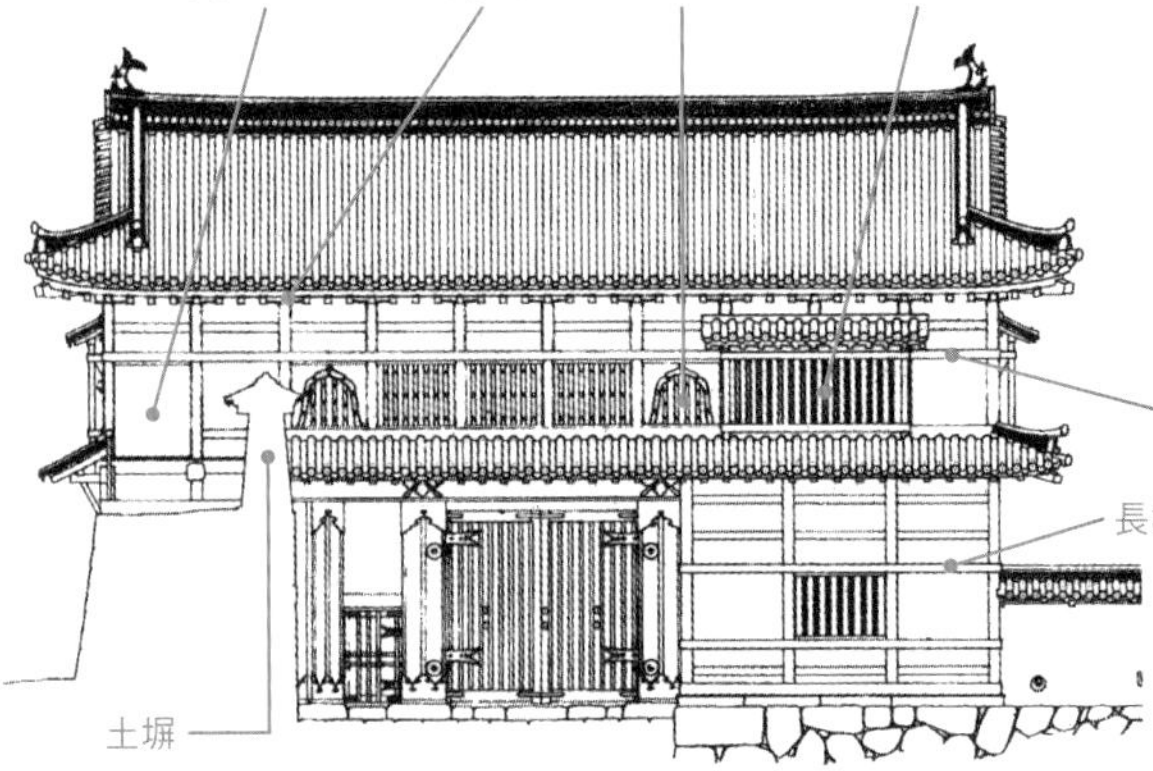

◀姫路城菱の門正面図

姫路城菱の門（櫓門）
▲内冠木　▶二階正面側の内部
一般例では丸太材とされる内冠木を角材としている

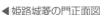

門とは違って、武家の表門の好みを示すものとも言えよう。

階下の城門部は、二間二戸である。その右方は袖石垣がないので長屋門のように部屋が続き、覗き窓を設けて室内を門番所とする。鏡柱は接柱であって、筋鉄を打つ。階上の櫓は桁行十間（五尺八寸間）に梁間四間（五尺七寸間）である。その中途半端な柱間寸法は、櫓の全体規模を六尺五寸間で九間に三間半で計画し、左側の袖石垣に載る分が二間ちょうどになるように、柱間寸法を短く調整したらしい。その結果、袖石垣上で直交する土塀との接合部が見事に納まって、美しく二階の窓が配列され、櫓門の白眉が生まれた。外観を基本に柱間寸法を調整して六尺より短くした、城郭建築の初例と認められる。二階は三室に間仕切られ、四方に出格子窓《でごうしまど》を開く。正面は門扉上に石落を装備する。

外壁は、一階も二階も柱形と長押形を見せた塗籠で、二階では柱上に舟肘木《ふなひじき》を加えて書院造殿舎の風格を見せる。この舟肘木は、柱上に載せて桁を受ける本来の舟肘木ではなく、舟肘木形の板を外側に取り付けただけの見せ掛けである。二階正面の三間は格子窓、その両脇は華頭窓《かとうまど》で、格子や華頭窓枠を黒漆塗りにして飾り金具を付け、右方には二間幅の出格子窓を設けている。姫路城大天守の最上階をも超える格式の高さをもち、華やかさが全国一の櫓門である。

姫路城「ぬ」の門

二の丸（上山里曲輪《かみやまざと》）の表門で、本丸へ至る大手筋を守る重要な城門である。折曲がり虎口に建ち、城門

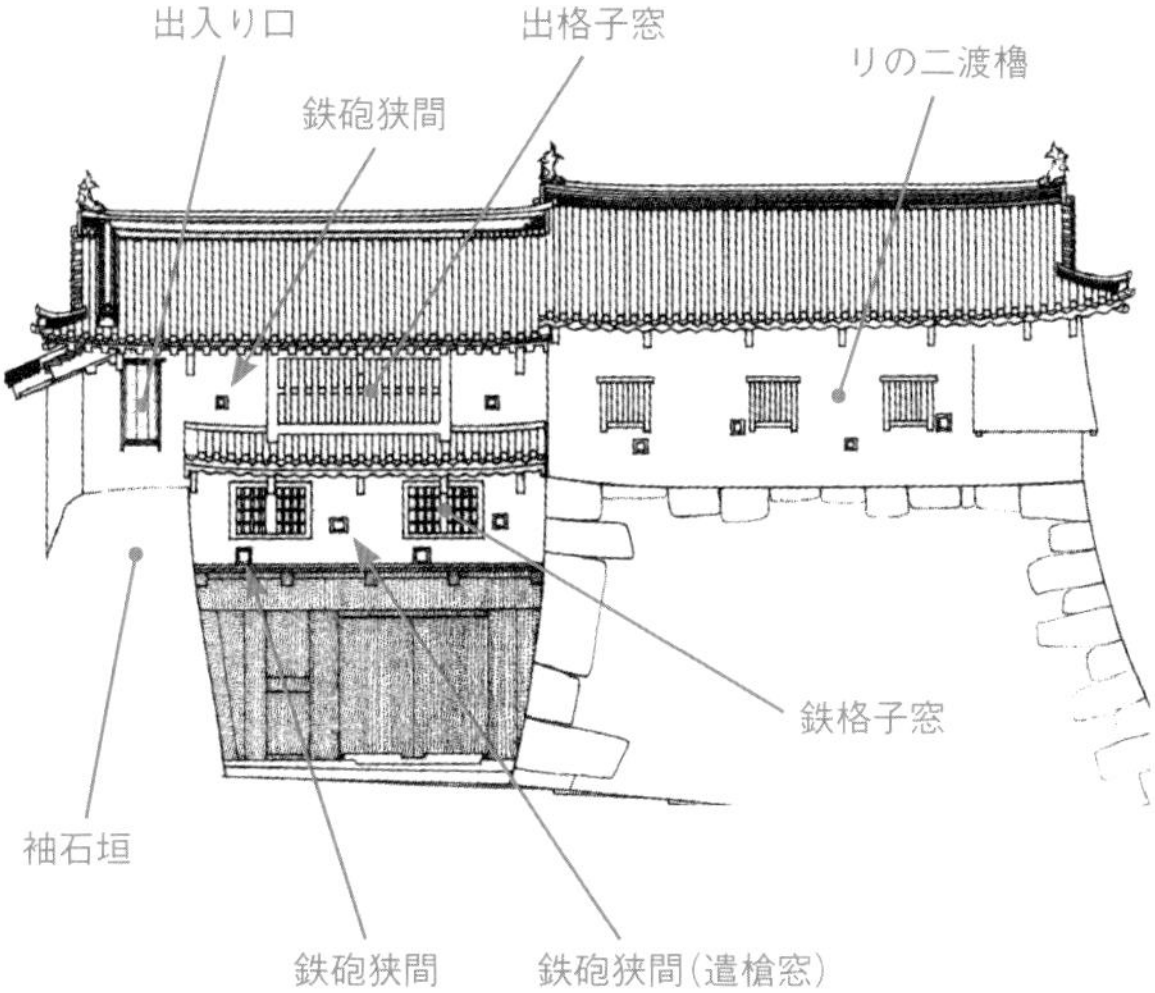

▲姫路城「ぬ」の門・リの二渡櫓正面図

部は二間二戸の鉄門である。渡櫓は二重二階櫓であって、向かって右側にリの二渡櫓が接しており、姫路城の虎口では最も厳重な構えである。池田輝政が慶長十四年（一六〇九）頃に建立した。

　階下の城門部の鏡柱は接柱で、修理前は栂《つが》の角柱を鎹で接ぎ合わせ、正面側は鉄板を張り詰め、背面側は木部が見えるので、厚さ四センチメートルの欅板を張って化粧していた。内冠木は曲がりの大きな材で、材木不足の時代を反映している。二階（一重目）は、正面側は城門部と同じ幅で桁行四間（五尺四寸間）であって、リの二渡櫓と石垣に挟まれ、背面側はその石垣から外れるので一間半長くなって、そこに出入り口を設ける。正面側の門扉上に石落を装備する。三階（二重目）は、向かって左側が袖石垣に渡っており、桁行五間半、梁間二間（六尺五寸間）である。左端を入母屋造とする。正面側に幅二間の出格子窓を設け、また袖石垣上からの出入り口を造る。

姫路城「ぬ」の門（櫓門）
▲三階内部　▼二階内部（右の狭間は遣槍窓《やりやりまど》）
渡櫓を二重二階とし、城門部を鉄門とする最厳重な櫓門。渡櫓の内壁は中塗り仕上げ

　姫路城内で渡櫓を二重櫓とするのは、この門と大天守横のニの渡櫓（水《みず》の五門《ごもん》）しかなく、また全国でも現存例が他にない厳重さではあるが、二階の階高が七尺七寸（二・三メートル）しかないので、弓が使えず、櫓門としての性能は完全ではない。

姫路城「に」の門

　天守へ至る登城路を仕切る櫓門である。「は」の門と同様に、城壁に沿って坂道を登り、虎口へ至る、中世山城《やまじろ》的な古式な縄張で、付近の石垣は秀吉時代のものが多い。したがって、この城門の創建は秀吉時代に遡るが、現存の建築は池田輝政の改造・再建である。門前の通路は城壁と土塀に挟まれて狭く、背後の二の櫓から狙撃されるので、城内でも屈指の難所である。

一間一戸の小型の櫓門であって、階下の城門は鉄門である。門扉上に石落や腰屋根はない。階上の渡櫓は、桁行三間（五尺五寸間）、梁間二間（五尺間）の切妻造である。袖石垣がかなり歪んでいるので、渡櫓の側面が城外側に斜めに迫《せ》り出《だ》し、丸太の内冠木も突き出している。正面の窓台は異様に低く、床面からわずか四一センチメートルしかない。柱間寸法が短いことと、窓台が異様に低いことから、秀吉時代の櫓門の形式をほぼ踏襲していると考えられる。

櫓門の背後には、曲輪の鎬隅《しのぎすみ》に建つ二重櫓が聳え、その二重櫓の続櫓が櫓門まで伸びて、櫓門の屋根に覆いかぶさっている。櫓門の上階と続櫓との境の壁や柱はなく、一体化し

姫路城「に」の門（櫓門）
▲正面　▼側面
◀二階内部（下方が櫓門部の屋根、上方は続櫓の屋根）　▶地下通路

ている。石垣の鎬隅と輪取《わど》りと歪みによって、櫓の平面は著しく歪んでおり、石垣の歪みと櫓・城門の交錯によって生まれた複雑な構造は他に類例がない。櫓門の門扉を潜ると、続櫓の床下の地下通路が続き、途中で折れ曲がって登り、二重櫓の一階から地上に出る。櫓門の地下通路が途中で曲がると暗がりになるが、現存唯一の暗がり門である。

秀吉時代には切妻造の櫓門が独立して建っていたと推測される。「は」の門や「と」の一門と同様の切妻造の小型櫓門だったが、輝政の大改修によって現状のような複雑な複合建築になったと考えられる。なお、秀吉時代の部材は残っていないと考えられる。

松山城隠門

松山城（愛媛県）隠門《かくれもん》は、本丸正面の一段下の曲輪に建つ小型の櫓門で、大型の櫓門である筒井門《つついもん》（昭和再建）と虎口を並べており、軍学上で「並び虎口」と呼ばれる現存唯一の例である。筒井門に殺到した敵兵に対して、隠門から伏兵を出す構えで、隠門の存在は筒井門の続櫓で隠されている。敵兵から見えないように隠した城門を隠門《かくしもん》といい、その唯一の現存例でもある。豊臣系外様大名の加藤嘉明《よしあき》による慶長七年（一六〇二）からの築城工事で創建された櫓・城門の一つで、城内には同時期の乾櫓《いぬいやぐら》・野原櫓《のはらやぐら》が残っている。城門部は一間一戸で、鏡柱は一木造りである。冠木下に細い楣《まぐさ》を鏡柱間に入れ、冠木との間を格子とし、

松山城隠門（櫓門）
▲石落　▶正面
扉の上方に格子窓を設け、城門部に腰屋根を掛けないのは松山城の特徴。門に向かって右側に続櫓を突き出す

あたかも扉上に欄間を設けたようになっている。これは、高麗門を含めて松山城の城門の特徴の一つである。袖石垣が他城より高いため、それに合わせて冠木が高い位置に渡っており、そのままでは扉の高さが大きくなりすぎる。その調整のために、楣を冠木下方に加えているのである。門扉上の腰屋根はなく、古式である。

　渡櫓は桁行三間半ほど、梁間二間で、正面右方に斜めに続櫓が突き出すが、構造的には渡櫓と続櫓は一体化して内部は一室となっている。門扉上に石落、続櫓先端に出窓型石落を設ける。城外側の外壁は太鼓壁として防弾を図っている。渡櫓は筒井門続櫓に接続し（外壁は別に設ける）、渡櫓から隠門続櫓への折れ曲がりは寄棟造《よせむねづくり》に納め、続櫓の妻は入母屋造として、高石垣上に聳える。外壁は下見板張りである。

弘前城北の郭北門・三の丸追手門・三の丸東門・二の丸南門・二の丸東門

　弘前城（青森県）は土着の外様大名、津軽信枚《つがるのぶひら》（四万石余）が慶長十六年（一六一一）に築いた。弘前城にはほぼ同形式の五棟の櫓門が現存する。五棟ともに入母屋造、銅瓦葺である。

▲弘前城北の郭北門（櫓門）
弘前城に残る５棟の櫓門の中で最古・最大のもの。袖石垣がないので、一階の城門部と二階の渡櫓が同大平面となる。二階を真壁造とし、壁面を除いて白木を見せており古式である

東国には土塁《どるい》造りの城が多く、そうした城では、櫓部分が渡る石垣をもたない。そこで、櫓門は下階と上階が同大となり、下階の四周に腰屋根を廻らす独特な形式となる。二重門（俗称は楼門《ろうもん》）という形式である。石落は、上下階の外壁面が同位置にあるため構造上、設置不能である。弘前城の櫓門は、そうした東国の櫓門の典型例である。

　袖石垣をもたないので、一階正面に板壁が長く続き、

防備性能が劣るが、左右の土塁から独立して建つので、櫓門としての格調の高さはかえって勝るものとなる。二階の櫓部分は柱や長押を白木のまま見せる真壁造で、垂木も塗籠にならず、古式で格式の高い意匠となっている。その威風堂々とした姿は現存する弘前城天守よりも気高いと言えよう。なお、五棟とも慶長十六年（一六一一）の建築とされているが、細部意匠や基準寸法などが少しずつ相違しているので、現存の城門の建築年代は同一ではないと考えられる。

その五棟で最大のものが、北《きた》の郭《くるわ》北門（亀甲門《かめのこもん》）である。一階は六間二戸で、中央右寄りに大門、その左に小門、さらに左に出格子窓を設ける。出格子窓の内は板敷きの門番所で、二階へ上がる階段室となっている。鏡柱は一木造りで、冠木は幅の広い側を柱に載せる古式である。冠木上の床梁は一階の柱位置と合わせてあるので、二階側柱の位置とは揃っておらず、通常の櫓門の構造とは全く相違する。二階は桁行八間（六尺五寸間）に梁間三間で、正面中央四間と両側面一間を出格子窓とする。津軽氏の持ち城だった大光寺城《だいこうじ》（青森県平川市）の追手門《おうてもん》を移築したものと伝えられるが、定かではない。慶長十六年（一六一一）当時は弘前城の追手門だったという。

▲弘前城三の丸東門（櫓門）
背面。二階に全く窓を開かないのは櫓門の通例

▲弘前城三の丸追手門（櫓門）
土塁の間に建つので、土塁との隙間を塞ぐ土塀がある

三の丸東門は、五間二戸の櫓門である。規模が少し

小さい点を除いては、北の郭北門とよく似ている。中央に大門、右脇に小門、右端に出格子窓を設けており、北門とは逆である。二階は桁行八間（六尺間）に梁間三間（五尺九寸間）で、柱間寸法を北門より縮めて一階が一間短いことに対応し、出格子窓の配置は全く同じとする。冠木は幅の広い側を縦に使い、内冠木は丸太とし、冠木上の床梁と二階側柱の位置を揃えており、それらは北門とは相違して通常の櫓門に等しい。以上の特色からすれば、北の郭北門より建築年代は確実に新しい。

二の丸南門と二の丸東門・三の丸追手門は、五間二戸の櫓門で、ほぼ同型同大である。三の丸東門ともほぼ同じ形式であるが、一階は三の丸東門と逆の配置になる。これらの櫓門は同じ規格で建てられたものであり、北門と比較して細部意匠が新形式であることから、建築年代は北門より新しいと考えられる。したがって、北門が五棟のうち少し先行して津軽氏独自の技術によって建てられ、他の四棟は通常の櫓門の形式に倣って慶長十六年（一六一一）以降に建築されたと考えられる。

高知城詰門・廊下門

高知城の本丸・二の丸間の空堀の底を封鎖する仕切門と堀を渡る廊下橋を兼用したのが詰門《つめもん》であり、詰門に接続した本丸正門が廊下門である。この二棟で丁字形を成している。高知城は豊臣系外様大名の山内一豊《かずとよ》（二十四万石）が慶長六年（一六〇一）から築城を始めた平山城《ひらやまじろ》であって、低い山頂部に本丸と二の丸が空堀（堀切）を隔てて並立する。享保十二年（一七二七）に本丸が天守を含めて全焼し、延享四年（一七四七）に天守が再建され、宝暦三年（一七五三）に再建工事が漸く完了した。しかし、高知城は過酷な自然環境のため建物の耐用年限が短く、詰門は享和二年（一八〇二）、廊下門も同年頃の再々建で、現存の追手門も享和元年の再建である。

詰門は二重三階の壮大な廊下橋で、階下は空堀の仕切門となる。空堀を堀底道《ほりぞこみち》とするのは中世山城に多いが、近世城郭では彦根城や盛岡城（岩手県）など少数である。その仕切門としては現存唯一の例である。堀底の両方向からの通行を仕切る特殊な仕切門なので、門扉は両側に設けられる。堀が深いので、仕切門内は一部二階（屋根裏階）建てである。

階上は、本丸へ渡る橋に外壁と屋根を設けて橋上の味方の通行を防護した廊下橋で、江戸時代には各地で散見されたが総て失われ、江戸時代の唯一の現存例である。階上の内部は、三室に間仕切られ、大手（表）側には格子窓を並べ、搦手（裏）側には物入れが連続する。物入れの中には鉄砲狭間を切る。外壁は、高知城特有の縦板張り、横桟《よこざん》打ちである。通常の下見板では、強風下で雨水が吹き上げられて板の重ね目から浸水するからである。二の丸側は、入母屋造で、二の丸御殿に続くため大きな開口部となっている。

廊下門は、渡櫓が多門櫓（東多門）からの通路となっており、城門上を通る廊下であるため、廊下門と呼ばれる。この廊下は渡櫓と同義である。城門部は三間二戸である。冠木の幅の太い側を鏡柱に載せており、その点は古式である。詰門の屋根が城門部の前面に架かるため、腰屋根はない。詰門の屋根が邪魔になって、櫓門の本領である渡櫓の窓からの射撃が全くできず、明らかに防御上の大欠陥である。廊下橋に接続した櫓門は、慶長期に各地で建てられたが、その実態を知ることができる唯一の現存例である。

廊下門の渡櫓は、桁行十間（六尺間）に梁間三間であり、内部を三室に間仕切る。江戸時代後期の再建なので、冠木上の床梁の配置は城門の柱の位置に整然と

▲高知城詰門・廊下門
左が詰門、右上が廊下門

▲天守から見た高知城詰門と廊下門
右上が詰門、左上が廊下門、下方が東多門

合わせており、渡櫓の側柱の配列とは一致しない。それとは対照的に高知城追手門では、床梁は渡櫓の側柱に合わせている。外壁については、高知城の櫓は黒い縦板張りが基本であるが、本丸だけは、城外側を塗籠（城内側は縦板張り）とする。

佐賀城鯱の門

佐賀城は、九州土着の外様大名、鍋島勝茂《なべしまかつしげ》（三十五万石）が慶長十六年（一六一一）に四重五階の巨大な層塔《そう とう》型天守を完成させた平城《ひらじろ》である。広大で湿潤な平野に立地して石材の入手が困難だったため、石垣は本丸の正面側に限られていた。鯱の門は本丸の正門で、天守台から続く城内で最も立派な石垣に開く櫓門である。享保十一年（一七二六）の火災で天守を焼失したが、鯱の門は焼け残った。しかし、天保六年（一八三五）の火災では焼失し、現在のものは天保九年までに再建された。享保の焼失以降、天守は再建されず、鯱の門が佐賀城の象徴であった。

一重二階の渡櫓をもつ櫓門と一重二階の続櫓から成り、本体の櫓門とその続櫓ともに全国唯一の特異な形式をもつ。背後に切妻造の門番所を接続する。なお、櫓門には青銅製の鯱を上げており、それによって鯱の門と称される。

階下の城門部は、五間三戸であって、袖石垣に挟まれた城門としては間口が異例に大きい。その間口は一一・九メートルもあって全国最大級である。中央を大門、その両脇間を小門、両端間を格子窓とする。格子窓は、門内の両脇に設けられた板敷きの番所の物見窓である。そこに板敷きの番所を設置した例は江戸城などの巨大な櫓門があるが、防備性能の低下を招くので袖石垣をもつ櫓門の階下正面に格子窓を開くことはない。

渡櫓は、桁行十五間に梁間三間であるが、中央部九間は六尺八分間、右端三間は五尺間、左端三間と梁間は五尺六分間となっており、社寺建築のような端数がある柱間寸法である。この櫓門で最も特異な点は、城門部の梁間十八尺より渡櫓の梁間十五尺二寸のほうが短いことで、一般例とは全く逆になっている。その結果、渡櫓の正面側柱が門扉より前に張り出さず、逆に後退してしまい、石落が開口できない。また、門扉を風雨から守る腰屋根を大きく張り出す必要が生じ、通常より巨大な腰屋根となった。さらに渡櫓の側柱が後

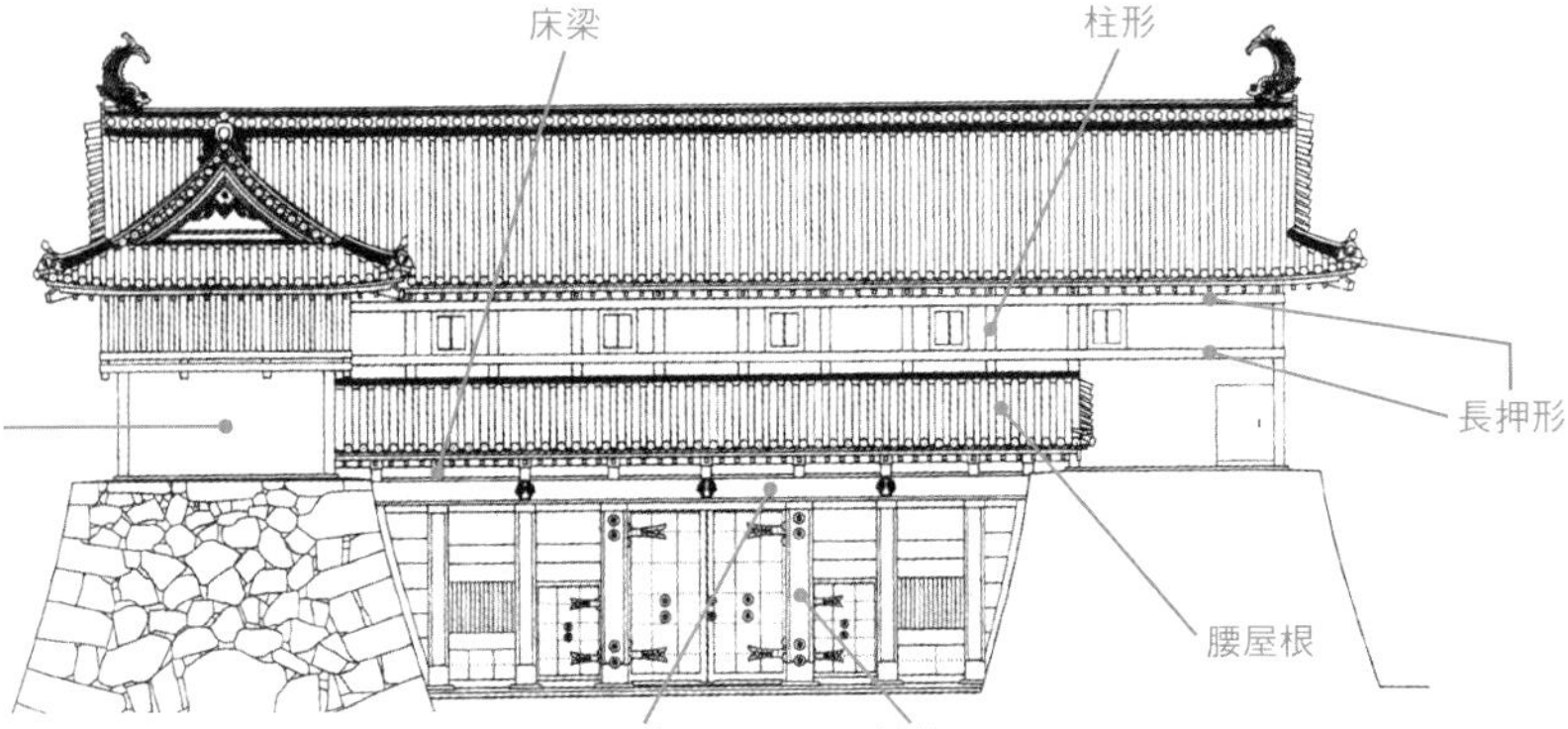

▲佐賀城鯱の門正面図

▲佐賀城鯱の門（櫓門）
九州最大の櫓門で、門前に大きな続櫓を突き出す

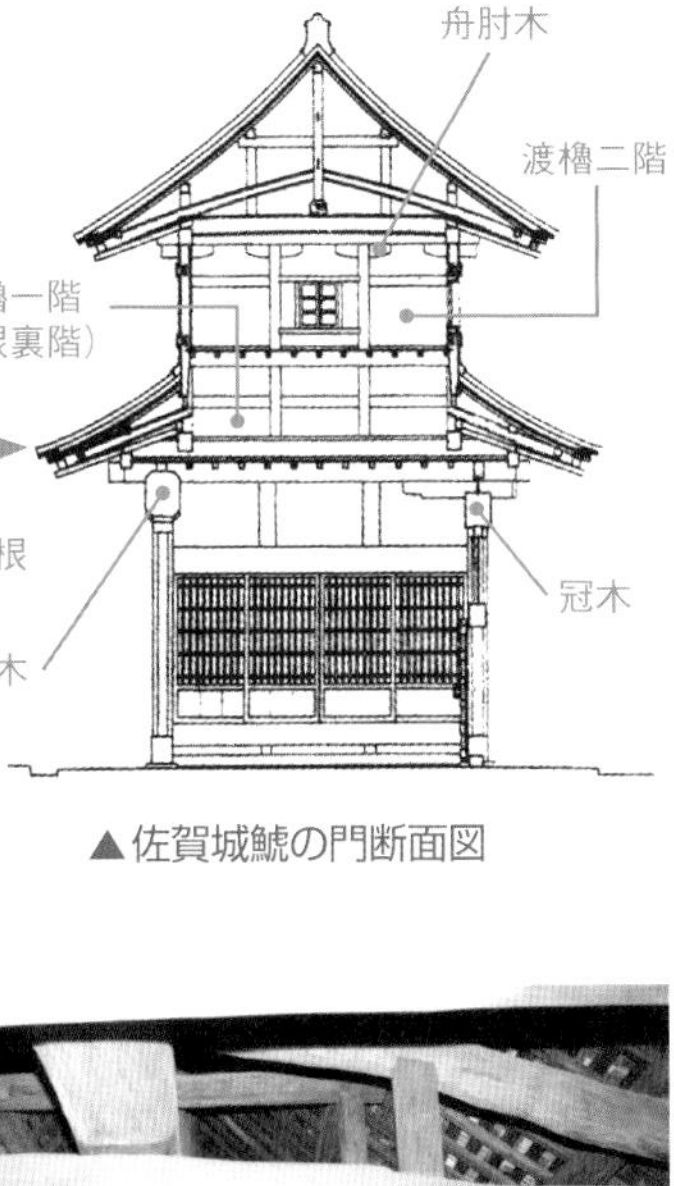

▲佐賀城鯱の門断面図

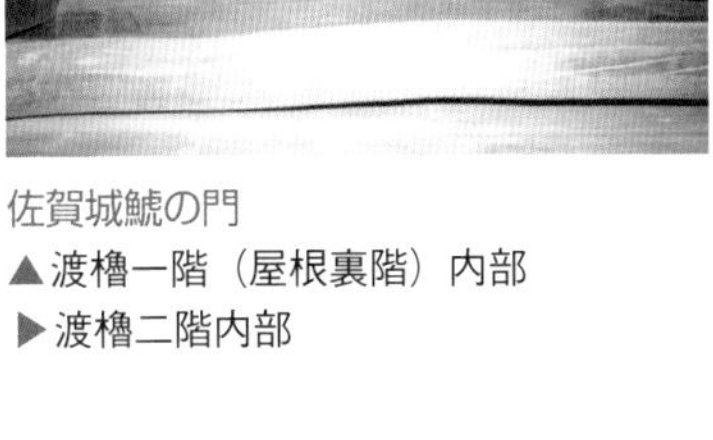

佐賀城鯱の門
▲渡櫓一階（屋根裏階）内部
▶渡櫓二階内部

退しているため、腰屋根が通常よりはるかに高い位置まで上がってきてしまい、渡櫓の窓を極めて高い位置、すなわち人の背丈より高い位置にしか開けない状態になった。それに対処するために、渡櫓の床面を六尺余り上方に別に張ったことにより、その間に屋根裏階ができて、渡櫓が二階建てになった。かくて全国唯一の一重二階の渡櫓が生まれたのである。

もう一つ特異な点は、渡櫓の側柱と冠木上に渡される床梁の位置が全く揃っていないことである。それに反して床梁の位置は城門部の鏡柱や脇柱の柱真と完全に揃えられており、正面から見上げた時には整然としている。このような床梁の並べ方は通常の櫓門とは全く相違するものであって、強度より見掛けの整然性を重視する社寺建築的な技法と言える。

渡櫓の外観は、柱形・長押形を見せた塗籠で、柱上に白木造りの舟肘木を置き、極めて格調が高い。正面側の窓も特異であって、柱間に小さな開口部を設けて土戸を左右引き分けにしており、格子はない。他城に類例はない。

続櫓は、櫓門に向かって左側に石垣を大きく突き出して建てられている。一重二階の渡櫓と軒高を揃えるために、続櫓も一重二階という変則的な構造になっている。一階には格子窓が一カ所しかなく閉鎖的であるが、二階は三方向に出格子窓を設けており、独特な外観を呈している。門前の敵に対して横矢を掛けるには当を得ているように見えるが、実戦上では、出格子窓は弓矢が使いにくい。なお、この奇抜な意匠は、各地

▲佐賀城鯱の門続櫓
二階内部。現存唯一の二階建ての城門続櫓。二階の三面を連続した出格子窓とし、内側には板戸を引く特異な構造。格調の高さを重視した形式で、防御性能は疑問である

の模擬天守の付櫓《つけやぐら》として模倣されている。

渡櫓と続櫓は、台座石垣の端部より内側に引き込めて建てられており、外壁の周囲に七〇センチメートルほどの広い犬走りができている。

この櫓門は余りにも特異な点が多々あって、通常の櫓門とは同列に扱えない。通常の櫓門の形式が佐賀藩には伝わっておらず、独自の意匠と技術で建てられたものと考えられる。

福山（松前）城本丸御門

福山城（北海道）は、異国船に対する海防を理由に、幕府に新規築城を許可された松前為吉《まつまえためよし》（崇広《たかひろ》）が安政元年（一八五四）に完成させた平山城である。一万石格の土着外様大名、松前氏は築城に当たって初めて城主大名に列した。天守代用の三重櫓（旧国宝・焼失）ほか二重櫓三基・櫓門三棟をもつ城郭だったが、本丸正門の櫓門（本丸御門）だけが現存する。本丸御門は、修理時に発見された墨書によると嘉永六年（一八五三）の建築である。『御新城縄張調』では「追手門」とあり、二の丸正門を「大手門」としている。

切込接《きりこみはぎ》の袖石垣に建つ櫓門である。城門部は三間三戸で、鏡柱は蝦夷地らしく桂材を用いている。銅製の飾り金具を打った銅門《あかがねもん》である。渡櫓は、正面側は塗籠の外壁が立ち上がり、中央四間は格子窓に銅板張りの突上戸、門扉上には石落も装備されており正統な櫓門であるが、背面側は壁の立ち上がりが全くなく、切妻造の後ろ流れを長くしたような流造《ながれづくり》の屋根が袖石垣上に直に載ったような形である。渡櫓の桁行は九間（六尺間）であるが、梁間は石垣上に十五尺あるものの途

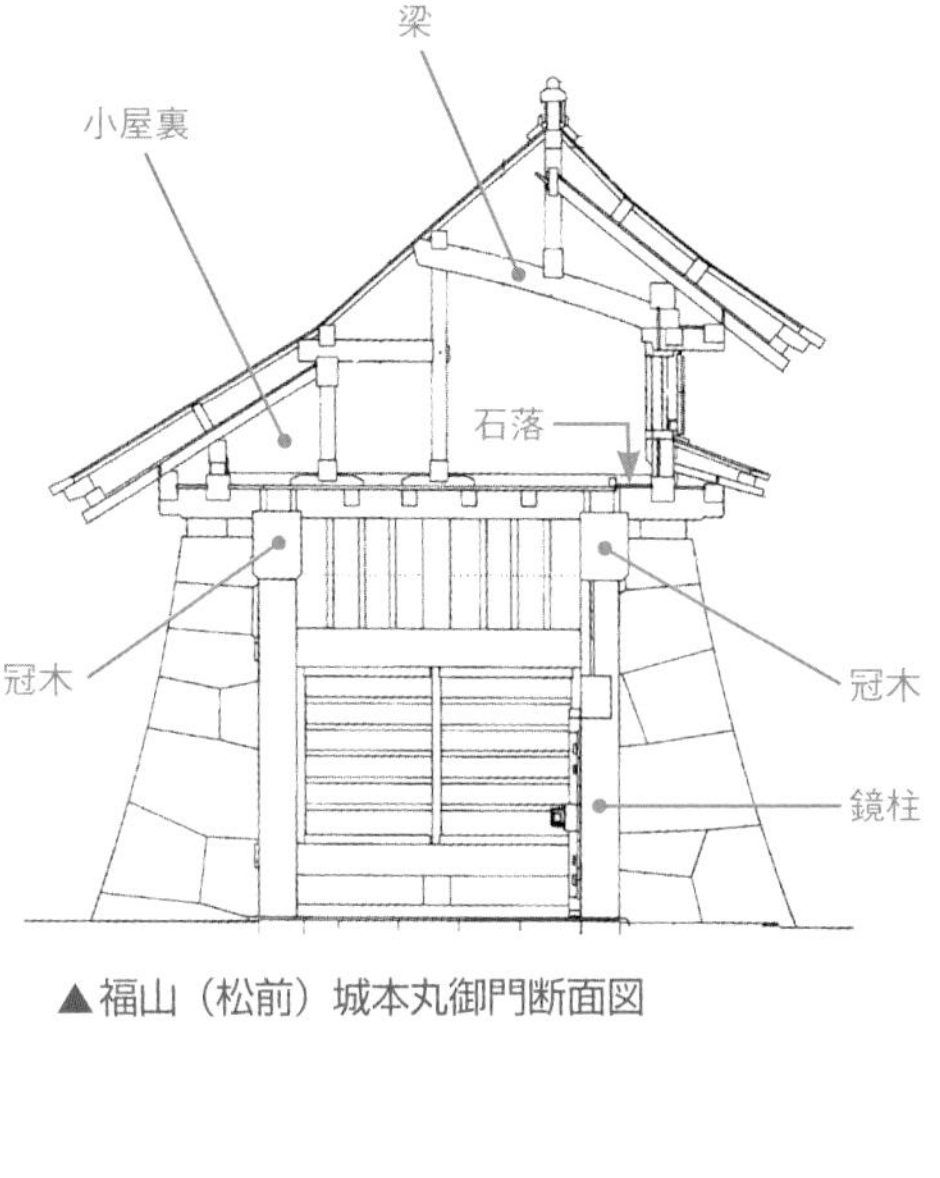

▲福山（松前）城本丸御門断面図

中からは小屋裏となってしまい、実質的にはその半分の一間（七尺五寸間）しかない。創建当初は「銅葺」と記録されているので銅瓦葺だったと思われるが、明治六年（一八七三）に剝《は》ぎ取られ、現在は銅板平葺《ひらぶき》に整備されている。

全国無比の流造の渡櫓は、建築用材の極限的な節約によって生じたものである。防御上で必要のない背面側を省略したもので、背面の側柱と二間半の梁を節約している。しかし、そのような構造では、正面側の軒高《のきだか》をまともに取れず、わずか二メートルほどしかなく、弓矢が全く使えない欠陥櫓門となってしまった。なお、古写真によると二の丸大手門は通常の渡櫓をもつ櫓門であって、奥側に位置する本丸御門の背面は城外からは見えないことから手抜きをしたものであろう。

福山（松前）城本丸御門（櫓門）
▲正面　▼背面
正面からは櫓門、背面からは薬医門に見える前代未聞の形式

第三章 土塀

第一節　土塀の種類と構造
第二節　土塀の防備

第一節　土塀の種類と構造

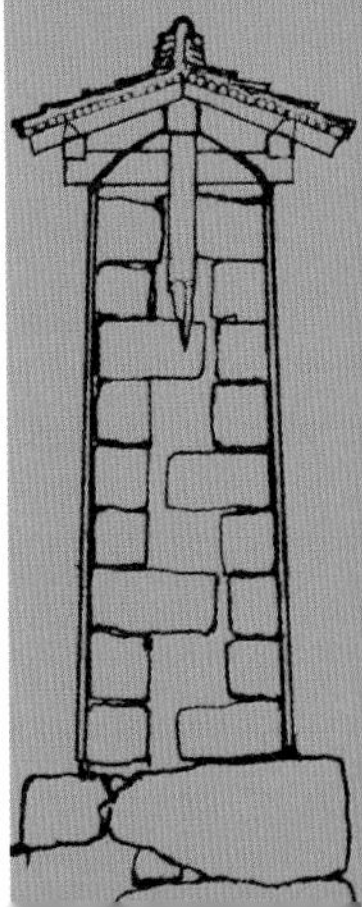

中世城郭の土塀

中世の土塀は、「秋夜長物語《あきのよながものがたり》絵《え》巻《まき》」「十二類合戦絵《じゅうにるいかっせんえ》巻《まき》」など、中世の絵巻物と発掘調査によって知ることができる。当時の曲輪《くるわ》の周囲は石垣ではなく土居《どい》（土《ど》塁《るい》）で造られていたので、その縁に掛けられる土塀は丸太を掘立柱《ほったてばしら》にしたものであった。掘立柱を五尺（約一・五メートル）間隔で並べ、曲線を描く曲輪の縁を折れ線状に囲うものだった。柱の間は竹や粗朶《そだ》（細い木の枝）を組んで壁下地の小舞《こまい》とし、粘土と砂を練った壁土を薄く塗ったもので、仕上げの漆喰《しっくい》は塗られていなかった。狭間《さま》や物見窓《ものみまど》は、壁土を塗らないで小舞下地を見せた塗残《ぬりのこ》し窓《まど》（下地窓《したじまど》）だったらしい。絵巻物の土塀には屋根が描かれていないが、板葺《いたぶき》や茅葺《かやぶき》の簡略な屋根をもつ土塀もあったと想像される。なお、土塀後方

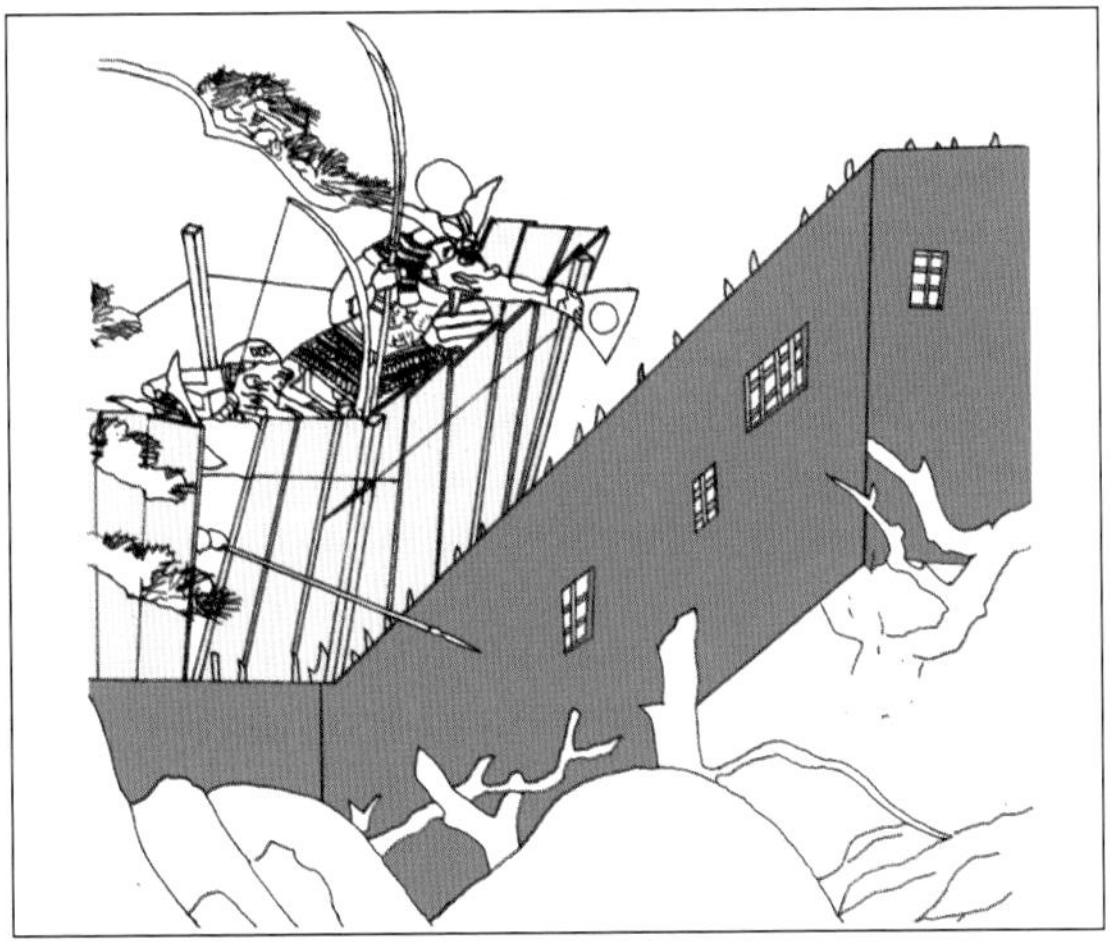

▲中世の掘立柱の土塀と石打棚（『十二類合戦絵巻』模写）
十二支の動物たちが合戦する空想絵巻である。土塀の後方に見える高い足場が石打棚で、薙刀を持った頭目が指揮をし、弓矢や槍で兵士が防戦している

に高く足場を組み、そこに盾を回して塀越しに弓を射る石打棚《いしうちだな》を仮設することもあった（次節に詳述）。

いずれにしても掘立柱の細い丸太柱（直径一〇センチメートル程度）だったので、耐用年数はせいぜい十年しかなかったと考えられるが、発掘調査では土塀を建て替えた痕跡があまり見つからない。耐用年数が短くて長大な土塀を常時に維持しておくのは極めて不経済であって、平時には城門付近など要所に限って掛けられていたと考えられる。したがって、臨戦態勢になった時に土塀は城内の広範囲に設置するものであって、平時には土塀は多くは設けられていなかったかも知れない。十六世紀後期の天下統一期に急ごしらえされたものが多かったようである。

なお、発掘調査からすれば、土塀と木柵《もくさく》の区別は困難である。両者ともに五尺程度の間隔で掘立柱穴やその後方に立てられた控柱《ひかえばしら》穴（本体の柱列の一、二本おき）が検出されるだけだからだ。壁土の堆積があれば土塀と確認できるが、その確認は多くの事例ではなされていない。

近世城郭の掘立柱の土塀

近世城郭においても、土居の上に建つ土塀には掘立柱のものが少なくなかったらしい。広島城の三の丸の土塀は、指図《さしず》によると、掘立柱を親柱（本柱《ほんばしら》）にして、柱どうしは貫《ぬき》で繋ぎ、親柱の頂部のやや下に腕木《うでぎ》を前後に差し込んで、出桁《だしげた》を支え、柱頂部に棟木《むなぎ》を渡し、出桁と棟木との間に直接に板葺の屋根を渡しただけの簡略な構造だった。親柱の後方には控柱を掘立柱にし

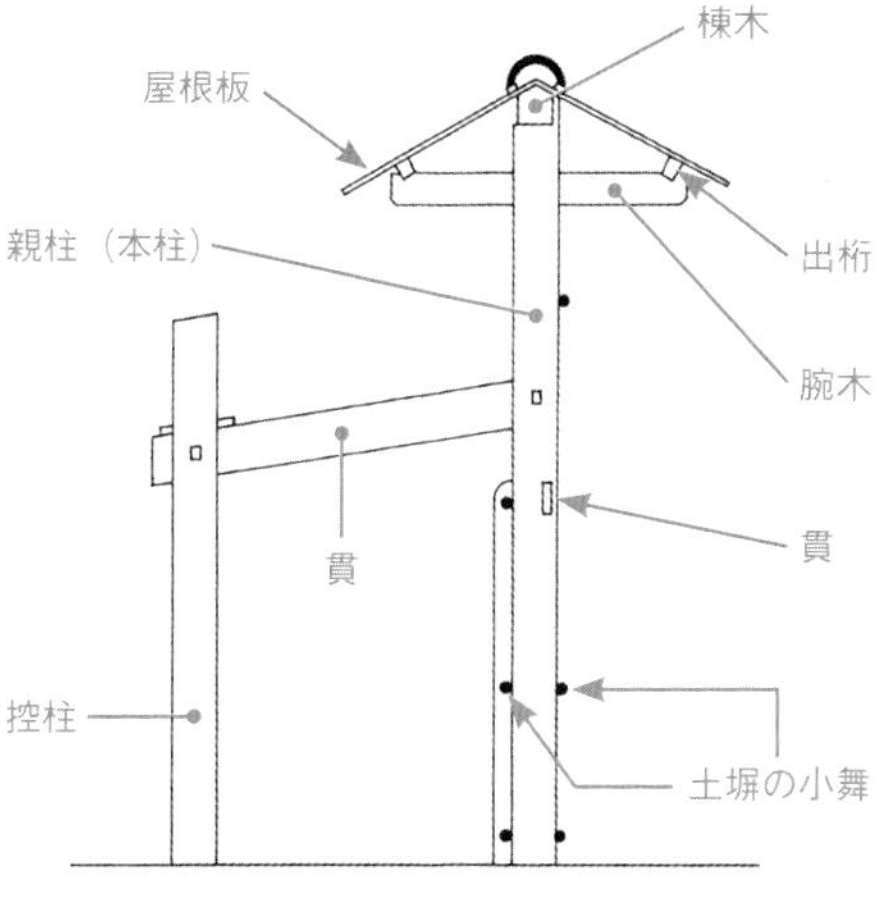

▲広島城三の丸の掘立柱土塀の指図（広島県海田町・熊野神社蔵、模写）
掘立柱土塀の骨組を示した指図。三の丸の土塁上に掛けられていた土塀である

て、貫を通して親柱の転倒を防ぐ。土壁の小舞が表裏の両側にあり、裏側の小舞が下半分しかないので、太《たい》鼓壁《こかべ》だったことが分かる。

このような掘立柱の土塀と石垣上に載る土塀の構造の差異は、親柱が掘立柱であるか否かだけであり、地上部の構造については、近世城郭の土塀のうち、柱をもつ土塀と同じである。なお、近世城郭になっても土塀の控柱だけは、ほぼ総て掘立柱（石柱を含む）であった。

近世城郭の土塀の種類

近世城郭に設けられていた土塀には、曲輪の周囲や城門の脇などに設置された、防御を目的とする城郭系の土塀と、城内の御殿や役所・屋敷などの周囲を区画した、防犯・目隠しを目的とする住居系の土塀とがある。

両者ともに木造の柱のある土塀と、柱のない土塀に分けられる。それらを区別する固有名称がないので、とりあえず柱のあるものを付壁塀《つけかべへい》、ないものを築壁塀《つきかべへい》と呼んでおく。城郭系の土塀では、柱のある土塀（付壁塀）が一般的で、柱のない土塀（築壁塀）は少数派であった。なお、城郭系の土塀には狭間（隠狭間《かくしざま》を含む）を切るのが普通であって、狭間塀《さまべい》または多門塀《たもんべい》（多聞塀）とも呼ばれた。

柱のない土塀（築壁塀）は、さらに練塀《ねりべい》と築地《ついじ》（築《つい》地塀《じべい》）および姫路城の組積塀《そせきべい》に分けられる。練塀と築地には狭間を開けにくいので、主に住居系の土塀として設置された。

付壁塀

近世城郭に応用された柱のある付壁塀は、中世城郭の掘立柱の土塀から発展したものである。石垣の上に建てるために掘立柱が土台建てに改良され、耐用年限が飛躍的に長くなった。全国の近世城郭にあった土塀の主流である。

櫓《やぐら》と同様に、石垣の上に木造の土台を敷き、その上に柱を立て並べる。石垣の天端石《てんばいし》が残存している場合では、土塀の土台を据えるために端から三〇センチメートルほどを丁寧に平らに削った痕が見られることもある。会津若松城（福島県）本丸の石垣では、土台の幅で天端石を平らに削り、さらに要所に大きな角穴を掘って親柱を固定するホゾ穴とし、角穴の底に水が溜まらないようにさらに排水口まで掘っており、全国一の丁寧な施工である。なお、土居の上に直接に付壁塀を建てる時には、柱の位置に礎石を置く。宇和島《うわじま》城（愛媛県）本丸腰曲輪《こしぐるわ》に土塀の礎石が残っている。

　土台上に立てる土塀の柱列は、間《けん》を六尺五寸にすると重い壁体を支えられないので、柱どうしの間隔は狭められており、中世以来の五尺が多い。柱どうしは貫で繋いで固定する。柱の上部に腕木を差し込んで軒《のき》桁《げた》（出桁）を渡し、柱の頂部には棟木を渡す。棟木と軒桁に垂木《たるき》を掛けて釘打ちする。簡略な場合は、垂木を省略して直に屋根板を打ち付ける。

丸亀城大手門土塀（付壁塀）
▲正面　▼背面
大手門枡形の高麗門脇の土塀で、低い石垣上に建つ。背面側には石垣に上る雁木（石段）があり、塀の転倒防止の控柱が立つ

　また、土塀が転倒するのを防ぐために背面側に控柱を立て、土塀の壁体の柱（親柱）との間に二本ずつの貫を渡して固定する。控柱は、総ての親柱に設けた例もあるが、一般的には二本か三本の親柱に一本の控柱の割合で設置する。

　控柱は古くは木造の掘立柱だったので、古記録には「控杭《ひかえぐい》」と書かれている。木造の掘立柱だと、十年程度で取り替えねばならず、江戸時代中期以降になると、下部を石柱、上部を木柱として途中で金輪《かなわ》を巻いて継ぐ工法が一般化した。控柱を丸ごと石柱とした例（熊本城・伊予松山城〈愛媛県〉など）もある。特殊な控柱は、江戸時代後期の津和野城（島根県）本丸に使われており、石材で作られた短い控杭を城内側に四五度くらいに傾けて地面に打ち込み、控杭の頂部から土塀に向けて斜めに木造の支柱（控柱）で突っ張る構造だった。石造の控杭だけが現存する。

　柱には小舞を渡して土壁を付ける。柱は土壁に埋没するので、見えなくなる。壁の表面仕上げは白漆喰塗りの塗籠《ぬりごめ》であるが、城外側の下部は風雨除けに下見板《したみいた》張りとすることも多い。金沢城（石川県）では、高級な海鼠壁《なまこかべ》とする。壁厚は比較的に薄く、一尺（三〇㌢）以下である。松山城や丸亀城（香川県）では、狭間はアガキを付けた木枠を作って壁体に埋め込まれる。

　そうした土塀の構造や外見は、櫓の壁体とほぼ同様である。なお、住居系の土塀では、壁厚が薄くて

◀高知城本丸の土塀
木造の控柱の土塀。控柱は掘立ての丸太柱で、土塀本体とは２段の貫で結ぶ。控柱の頂部に載る板材は雨避け

▲熊本城の長塀
石造の控柱の土塀。土塀の親柱の１本おきに石造の控柱を立て、木造の貫で結び付ける

▲津和野城本丸の土塀跡
土塀跡に残る控杭。地面から斜めに突き出ている短い石柱にはホゾ穴が穿たれている

もよいので、柱を外に見せた真壁《しんかべ》造《づくり》とする。御殿内の仕切りなど簡易な場合は、土壁ではなく板壁にした板塀も使われた。

また、壁体を二重にして、その中空部に瓦礫《がれき》を詰めた土塀は、太《たい》鼓塀《こべい》（二重塀《にじゅうべい》）という。櫓の太鼓壁と同じ構造であって、防弾性能が高く、多くの城郭で採用されていた。古写真で確認される太鼓塀は宮津城（京都府）大手門脇があり、古文献からは江戸城外郭や津山城（岡山県）の土塀が太鼓塀だったことが分かる。現存例は金沢城石川門の左右のみである。なお、二重塀は、石打棚を上げた上下二段の塀をいうこともある。

姫路城の土塀

菱の門東方土塀（全長八八・七メートル）は、昭和二十六年（一九五一）の解体修理によって、壁体の構造が明らかになった。その壁体は、粘土を固めて作っ

▶名古屋城本丸表門枡形の土塀
塗籠の土塀。親柱の間に厚い防弾用の横板を嵌め込み、表面を塗り込めた、全国無類の最高級の土塀

▲金沢城石川門左方の土塀（太鼓塀）
海鼠壁の土塀。土壁の表面に壁瓦を張った最高級土塀で、金沢城の城郭建築の特長である

▲松山城本丸本壇の土塀
下見板張りの土塀。土壁の表面を板張りにした高級土塀。裏側は経費節減のため塗籠

▶姫路城土塀断面図
両側に粘土塊を積み上げて、内部は粘土を詰め込み、親柱の代わりに棟束を杭として打ち込んでいた。腕木・桁・棟木・垂木の構造は付壁塀と同じ

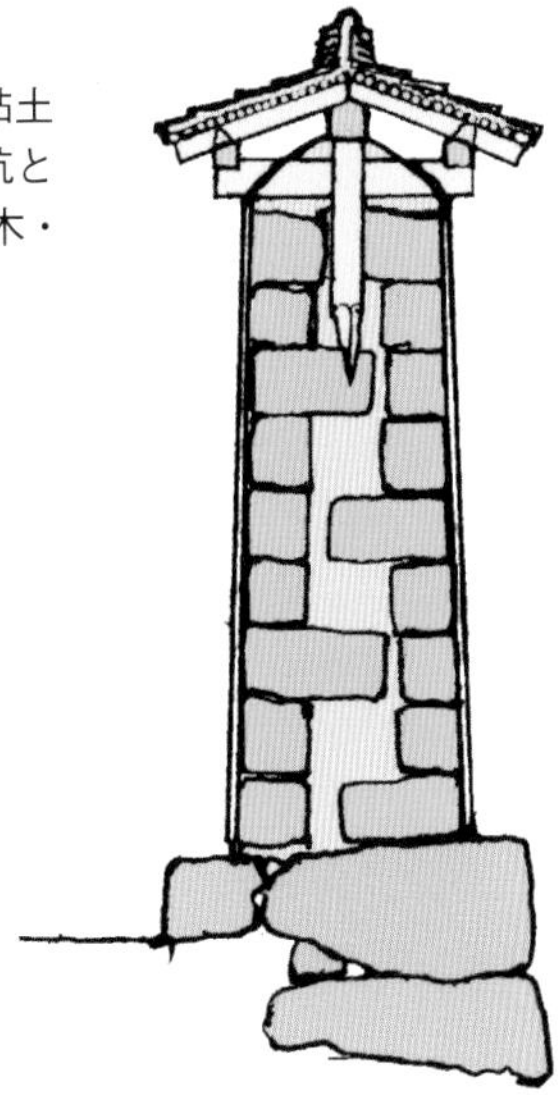

▲姫路城井郭櫓南方の土塀
姫路城内でも特に高い土塀

▲備中松山城の土塀（修理前）
崩れた断面から組積塀であることが分かる

▲姫路城「は」の門南方の土塀
壁厚が付壁塀の数倍もあるので、控柱がなくても倒れない

た粘土塊（粘土ブロック）を柔らかい粘土（粘土トロ）で接着して積み上げた組積構造であることが分かった。現代のブロック塀に近似する組積塀である。

一つの粘土塊は、長さ一尺五寸（四五センチ）、高さ六寸（一八センチ）、幅七寸（二一センチ）、約三五キログラムであった。これを土塀の両側面に積み上げ、両側面の間に設けた中空部には粘土が固く詰めてあった。上下に重なる粘土塊で縦目地が通らないように、長手方向に三つ並べるごとに向きを直交させて一つを加える配慮がなされていた。西洋の煉瓦の積み方に似たような構法である。

粘土塊を順次に積み上げる際に、土塀の厚さを基部で二尺五寸、中空部の幅を狭めることにより上方を少し薄くして二尺二寸とし、高さ七尺の壁体を造っていた。城郭の土塀としては極めて厚い。その表面に壁土で厚さ八分《ぶ》（二・四センチ）の中塗《なかぬ》りをして、厚さ一分の白漆喰で仕上げてあった。鉄砲狭間は、粘土塊を積み上げる時に隙間を開けておき、壁土で成形されていた。

粘土の壁体の頂部には、木造の短い棟束《むなづか》を杭のように尖らせて、壁体中央の粘土に打ち込んであった。その棟束に腕木を通し、棟束頂部に棟木、腕木先端に桁を渡す。棟木と桁に垂木を釘打ちし、垂木に縄を巻き（塗籠の下地）、垂木上に直径八分の女竹《めだけ》を並べ、厚さ二寸の壁土を塗り、その上に葺土《ふきつち》を置いて瓦を留めていた。土塀の総高（棟高）は二・五五メートルである。

なお、解体修理後、すなわち現状の土塀は構造が変更されて、木の型枠を両側に立ててその間に壁土を入れて突き固める、一種の築地塀に変更されている。姫路城内に現存する土塀の大半は、昭和修理以前は菱の門東方土塀とほぼ同様な構造であった。

姫路城に現存する土塀は、総高二・五メートル前後、壁厚（下部）七五センチメートル前後である。土塀下方の石垣が低い場所では防備性能を増大させて、総高三メートル前後、壁厚（下部）九〇センチメートル前後にもなる。最大は井郭櫓《いのくるわやぐら》南方土塀で、総高四・二三メートル、壁厚（下部）九七センチメートルもあり、国内現存最大の城郭土塀である。

十七世紀後期に完成した大工技術書『愚子見記《ぐしけんき》』に、「平城之塀ハ高六尺五寸、山城之塀ハ高五尺五寸、良ト為ス」と記され、また『築城記』では、山城《やましろ》の塀の高さ五尺二寸ばかり、平城《ひらじろ》の塀は高さ六尺二寸としている。平城では敵がほぼ水平に矢玉を放ってくるので、土塀で身を隠すためには塀の高さ六尺五寸（約二メートル）が良く、山城では下方からの射撃なので、それより一尺低くても敵から見られないということである。姫路城の内郭中心部は山城に準じるが、江戸時代前期の平城の塀の基準である六尺五寸さえも遥かに上回る。すなわち姫路城の土塀は、全国の基準よりも五、六〇センチメートル以上も高い。そのような高い土塀を築く必要から、分厚い組積塀の構造が採用されたと考えられる。

　組積塀は、壁面に漆喰仕上げが施されていると、後述する築地や練塀と区別が紛らわしく、解体してみないと判定できない。備中《びっちゅう》松山城（岡山県高梁市）の半壊していた土塀は、断面を見ると組積塀と考えられる。

練塀

柱のない築壁塀には、組積塀のほかに練塀と築地（築地塀）があるが、名称の混乱がある。

　練塀は、平瓦と練土《ねりつち》を交互に積み上げた土塀で、厚さは平瓦二枚分以上になる。練土とは、粘土・石灰・塩・小石（豆粒ほどに砕いた石）・油を一〇・一八・一二・四・一の体積比率で混合して水を加えて固く練ったもの（『愚子見記』に引く永井信濃守殿伝による）で、あるいは一〇・一〇・三・三・〇（『同』庭作市左衛門伝）の比率ともいう。いわば和製モルタルである。

▲鹿島城大手門脇の土塀（佐賀県）
石と古瓦を混ぜて使った練塀。仕上げの壁が崩れたため、練塀の構造がよく分かる。古瓦だけでは材料が足らないので石を足している。表面は壁土を塗って白漆喰で仕上げる

練塀は、十六世紀後期、安土桃山時代に出現したと考えられる新式の土塀である。積み上げられた瓦の層が美しい高級な土塀で、社寺の土塀に使われた。しかし、構造上、狭間を切ることができないので、城郭系土塀には使われることが少ない。

ところが、水戸城（茨城県）大手門両脇からは、巨大な練塀の基部が発掘されている。大手門と両脇の土塁との間を塞ぐ土塀であって、櫓門の正面柱筋（鏡《かがみ》柱《ばしら》筋）と背面の控柱筋との二列に築かれていた。その厚さは二・一メートルから二・七メートルもあって、近世城郭の土塀としては跳び抜けて最大厚であった。古写真から高さは約五メートルあったと判定されている。これは袖石垣《そでいしがき》の代わりになるもので、極めて高い土塀なので特別な厚みが必要となって、強度の高い練塀が採用されたものと考えられる。築造年代は十八世紀後半以降と推定されている。

練塀は、本来は瓦と練土を重ね合わせた土塀であるが、瓦（主に古瓦）が大量に必要となるので、比較的に大きな自然石を瓦の代用にした土塀が多く見られる。壁面には、中塗りを加えるのが一般的であるが、白漆喰で仕上げた例もある。狭間を切らない、陣屋の土塀や城内外の侍屋敷の土塀に多用された。

築地

その一方、築地は古く飛鳥時代に大陸から伝来した特大の土塀であった。当時の大寺院や貴族邸宅や官庁の外周を囲うために築かれた巨大な土塀である。木の型枠で両側を囲い、その内側に、砂や粘土（江戸時代には石灰や油も加えた）などを混合した壁土を薄く敷き、木棒で固く突き詰める、版築《はんちく》という作業を延々と繰り返して高く築き上げた土塀である。版築で造られた築地では、壁面に三センチメートルから六センチメートルの層状の壁土の積み重なりが見られる。版築を行う区画のためと型枠を留めるために木造の須柱《すばしら》を一間（この一間は築地ごとに相違する）ごとに立てており、完成した築地の壁面には須柱が残る。また、築地の端部は貝形《かいがた》という木造の壁で塞ぐ。奈良・法隆寺の西院大垣《さいいんおおがき》は築地の代表作である。『愚子見記』によると、寛文二年（一六六二）当時の築地の標準例は、高さ一丈（三メートル）、壁厚（下部）七尺（二・一メートル）、一間は八尺二寸（約二・五メートル）と壮大である。

現存する城郭系土塀のうちで版築によって造られた築地は、姫路城の水の一門北方築地塀が唯一の例である。延長五・一五メートルを二間として須柱を立て、端部は貝形で塞ぎ、本瓦葺《ほんがわらぶき》である。壁面には版築の土層がはっきりと見える。総高（棟高）三・六六メートル、壁厚（下部）一・二〇、（上部）〇・七一メートルもあって、城内で最も厚い土塀である。この築地を油塀《あぶらべい》と俗称するのは、前掲したように、練土の成分に油を混入する例があったからだ。しかし、油を加えない練土もあったので、この築地塀に油が使用されたかどうかは断定できない。餅米の煮汁を加えたという説もあるが、作り話の類である。

ところで、江戸時代には、正式な版築を行わない築地や瓦を重ねない練塀もあって、その両者の厳密な区別は難しい。また、名称も混乱していった。

例えば、名古屋城二の丸の北面に残存している土塀は、「南蛮《なんばん》練塀」と呼ばれている。屋根を失って壁体が大破してはいるが、幕末に名古屋城を詳細に記録した『金城温古録《きんじょうおんころく》』によると「御築地」とされ、「惣南蛮練」と注記されている。かなり粗いが版築の土層が明瞭に見えるし、古写真や絵図を見ると須柱も確認される（現状は欠失）ので、構造は築地である。壁体には小さな砂利が含まれているので、練土を用いた練塀と見ることも間違い

姫路城水の一門北方の土塀（築地塀）
▲城外側
◀壁面に残る版築の痕
「ほ」の門と水の一門の間を仕切る重要な部位であるが、石垣を築けないため特別に頑丈な築地塀が選ばれた

ではなかろう。練塀と築地の中間的な土塀であった。円形の鉄砲狭間が残っているので、築地に狭間を切った特異例でもある。

▲名古屋城二の丸南蛮練塀
三の丸がなく直に城外に対峙する二の丸北面に築かれた土塀で、一般的な土塀では心もとないので築地塀の一種が選ばれた。円い鉄砲狭間を穿つ。廃城後150年ほど放置されたので、高さの半分ほどが崩れ落ちている

第二節　土塀の防備

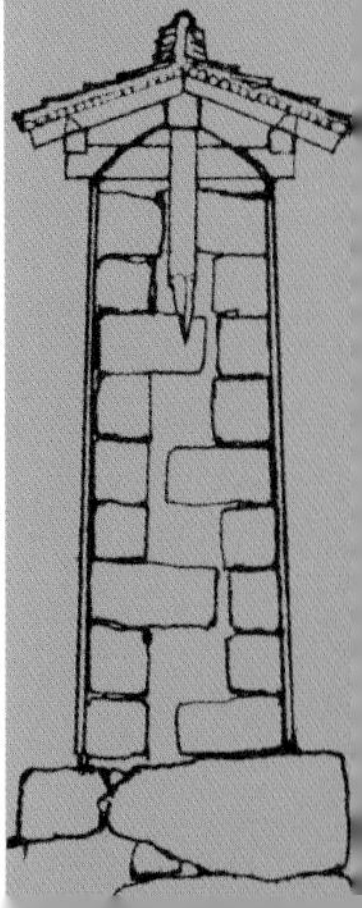

屏風折り

城壁の出隅《ですみ》に櫓《やぐら》を建てずに土塀だけを設けた場合、出隅から四五度方向には射撃ができない。櫓とは違って、土塀には斜め方向を見渡せる窓がなく、狭間《さま》ばかりなので視界が著しく狭い。特に折れ曲がり部は、狭間が切れないので完全な死角ができてしまう。土塀だけで櫓を建てない場合は、城壁を折り曲げて横矢掛《よこやがか》りを作ることが肝要だった。

また、一直線に続く土居《どい》（土《ど》塁《るい》）上に土塀だけを設ける場合は、鉄砲の有効射程距離以内の間隔で土塀を折り曲げる屏風折りが多用された。「折塀《おりべい》」と呼ばれた。土塀一間《けん》分を一辺とす

▲徳島城の土塀跡
屏風折り土塀跡の舌石。石垣から突き出した舌石に土塀の木造の親柱を立てていた

▶西尾城二の丸の復元土塀（愛知県）
屏風折り。土塁上の土塀は通常は内側に折れるが、この例では逆に外側に折れる

る直角二等辺三角形の折れ曲がりが屏風折りであって、内側あるいは外側に向けて土塀を折り曲げる。三角形の一辺に一つずつの鉄砲狭間を切った。屏風折りの狭間から斜め四五度方向に横矢が掛けられる。現存例は皆無であるが、宇和島城《うわじま》（愛媛県）本丸腰曲輪《こしぐるわ》や山形城に屏風折りの土塀の礎石が残っている。前者は付壁塀《つけかべべい》で、後者は築地《ついじ》または練塀《ねりべい》であった。古写真では、広島城三の丸の土塀に連続した屏風折りが見られる。さらに古絵図では、多数の城で土塀の屏風折りが確認される。

石垣上の土塀には屏風折りを設けず、要所要所で石垣を屈曲させて横矢掛りとする。例外は徳島城であった。古絵図によると、寺島川沿いにごく低い石垣が長く続くので、その上の土塀には外側に折れ出す屏風折りを多数設けていた。土塀の三角形の張り出しの頂点は、石垣から外側（川中）に跳び出してしまうので、それを支えるため石垣の下方に舌石《したいし》と呼ばれる突き出しを組み込んでいた。現在でも数カ所で舌石が残っている。

石落

石垣の直下に取り付いてしまった敵に対しては、天守や櫓と同じように石落《いしおとし》が有効であった。土塀の石落の現存例は、高知城・伊予松山城（愛媛県）・姫路城・金沢城（石川県）にある。金沢城石川門左右に続く土塀の石落は、唐破風造《からはふづくり》の出窓になっており、全国一の

▲姫路城カの櫓北方の土塀
塗籠の石落。土塀は屋根の出が短いので、袴腰型の石落の裾には雨が懸かり、黒いカビが生えやすい。写真は黒いカビが生えた状況。そのため塗籠の土塀であっても石落だけは下見板張りとした城が多かった

豪華な石落である。そのほかの例は、袴腰《はかまごし》型の石落である。袴腰型の石落には、塗籠《ぬりごめ》と下見板《したみいた》張りがある。

　古写真によると、熊本城・津山城（岡山県）・赤穂《あこう》城（兵庫県）・大坂城二の丸・二条城二の丸・小浜《おばま》城（福井県）・新発田《しばた》城（新潟県）などでも袴腰型石落が確認できる。袴腰型は簡略な構造なので、経費を節減できた。さらに、そうした事例からすると、土塀本体を漆喰《しっくい》の塗籠とした場合でも、石落は外側に突き出していて雨が懸かりやすいので、風雨除けに石落だけを下見板張りにすることが多かった。なお、塗籠の石落の外側に下見板張りの箱を被せて雨除けとした例もあったようだ。

物見窓

　土塀には狭間は多数切られているが、狭間からの視界は極めて狭く、敵の動向を探るには不向きである。

金沢城石川門左方の土塀
▲城外側から見た唐破風造の出窓の石落
▼城内側
唐破風造の出窓を土塀に設けて物見とし、その床面を石落に使う。城内側から見ると独立した建物

▲伊予松山城本丸本壇の土塀
下見板張りの石落。城外側は軒裏を除いて総て下見板張りとするのが松山城の土塀の特色。屋根の出が短い土塀ならではの雨避けの配慮である。雨が懸かりやすい袴腰型の石落はもちろん下見板張り

そこで長大な土塀では物見窓《ものみまど》が必要となる。

金沢城では、櫓や櫓門と同様に土塀にも石落を兼ねた唐破風造の大きな物見の出窓を設けている。石川門の左右に続く土塀（太鼓塀《たいこべい》）では、左方九四・四メートルに一カ所、右方一四八・一メートルに三カ所の出窓が現存している。海鼠壁《なまこかべ》とともに唐破風造の出窓は金沢城の特色である。

土塀の出窓は、古写真から人吉城《ひとよし》（熊本県）にもあったことが分かる。また、二条城の二の丸東大手門脇にあった土塀には袴腰型の石落があり、そこに半間の格子窓が二つ並べてあった。

土塀の物見窓の現存例は高知城本丸のみで、軒下に一間の横長の物見窓を設けている。その格子は、左右への視界を妨げないように横方向に渡されており、覗き窓としての機能が考慮されている。

塀庇

土塀を少し高く造っておいて、その城内側の屋根を長く葺《ふ》き下《お》ろしたものを塀庇《へいびさし》という。その長い屋根を受けるために城内側の控柱《ひかえばしら》を高くして桁《けた》を渡すが、城内側には壁や建具《たてぐ》を設けずに開放するのが通例である。梁間《はりま》は、簡略な構造なので一間しかない。内部は土間である。石垣や土居の上に連なる多門櫓《たもんやぐら》を簡略化したものとも見なせる。あるいは多門櫓の起源となったものかもしれない。

塀庇は簡略な構造だったので、十六世紀には出現していたと考えられる。河後森城《かごもり》（愛媛県松野町）で出

▲高知城本丸の土塀
物見窓。土塀の軒下に横長窓を開いて物見とする。鈍角に城壁が折れ曲がる鎬隅に土塀しかないので、その視界不良を補うために物見窓は不可欠

土した掘立柱《ほったてばしら》の土塀跡は、親柱と控柱が相対して折れ線を描きながら土居上に続いており、塀庇、あるいは後述する石打棚《いしうちだな》だったと考えられる。江戸時代になっても多くの城で塀庇が設けられていたと考えられるが、現存例は、姫路城の井郭櫓《いのくるわやぐら》の西方から「ち」の門までの間を塞ぐ土塀を塀庇としたものだけである。旧番所と呼ばれ、「ち」の門の番所だった。宇和島城二の丸では、発掘調査で掘立の控柱穴が発見されており、城内を描いた屏風絵から塀庇の跡と確認されている。また、津和野城（島根県）の古絵図には、三の丸西門から海老櫓《えびやぐら》に向けて長大な塀庇が描かれている。

▲津和野城古絵図（津和野町蔵）
塀庇。右方の櫓から斜面を降る土塀は城内側に屋根を葺き下ろしている。土塀の狭間と控柱が描かれている

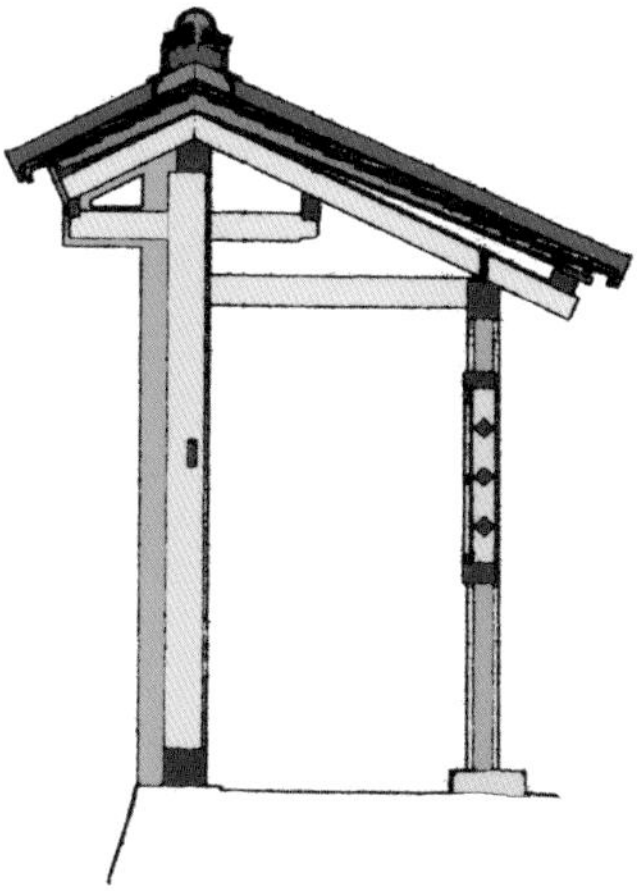

姫路城「ち」の門東方の土塀（旧番所）
▲断面図　▶城外側　◀城内側
土塀の屋根を城内側に葺き下ろした塀庇の唯一の現存例

剣塀

土塀の防御性能を高めたものとして、剣塀《つるぎべい》が挙げられる。土塀の軒先に槍の穂先を突き出して並べたものである。武者返しや忍び返しと呼ばれ、敵が土塀を乗り越えるのを防止する。

現存例はないが、名古屋城では大小天守を結ぶ橋台《はしだい》の土塀および本丸不明門《あかずのもん》（埋門《うずみもん》）左右の土塀（付壁塀、隠狭間《かくしざま》付き）が戦災焼失するまで残っており、戦後に復元されている。さらに、小天守台《こてんしゅだい》と本丸西側多門櫓との間の土塀も剣塀だった。長さ一尺余りの大身槍《おおみやり》の穂先を軒先に取り付けたもので、往時は研ぎ澄まされていたという。名古屋城本丸の剣塀は、敵の侵入防止を図った堅固な土塀の例として挙げられているが、同城本丸のほぼ全周は多門櫓で絶対的堅固に守られており、多門櫓ではない剣塀は本丸では最弱点だった。完全な総多門櫓にしてしまうと、城内の火災で大小天守が類焼する恐れがあり、やむを得ず防火帯として多門櫓の代わりに剣塀を設置したものである。

石狭間

大坂城二の丸大手門枡形《ますがた》の土塀（付壁塀）では、鉄砲狭間を土塀の壁体だけではなく、基礎石を削り込んで設けている。石狭間と呼ばれるもので、元和年間（一六一五〜二四）の考案である。幕府による大坂城再築の第二期工事から採用されており、大坂城内のい

▲大坂城二の丸大手門枡形の土塀

石狭間。土塀の基礎石を精巧に加工して石狭間を刳り抜いている。基礎石の上に土塀の土台を敷き渡し、塗籠の土塀を設けている。土塀の壁体にも円い鉄砲狭間を切る。土塀に取り付くための雁木（石段）には控柱が立つ

たるところに石狭間を彫った基礎石が残っている。土塀を石垣の天端石《てんばいし》に直接に載せずに、丁寧に直方体に成形した延石《のべいし》を天端石の上に並べ、それを土塀の基礎石として土塀を支える。その基礎石の上面に鉄砲狭間を彫り込んだものである。

しかし、石狭間ではアガキが通常とは逆の上向きになってしまい、性能が極めて悪かったことと、一般的な土塀と比べて膨大な手間と費用が掛かることから、全国に普及することはなかった。大坂城以外では、岡山城本丸の月見櫓付近や江戸城平川門枡形などに石狭間が残っている。

石狭間は往時からよほど特殊だったらしく、幕府目付で先手鉄砲組頭となった森山孝盛が著した『蜑《あま》の焼《たく》藻《も》』には次のような話が出ている。寛政三年（一七九一）、江戸城の土塀に「地獄狭間」（石狭間のこと）を設けることを作事方《さくじかた》の役人が申し出たが、奉行には事情が分からず、北条流軍学者の福島伝兵衛に尋ねると、その狭間はもともと雫《しずく》抜《ぬ》き（排水口）であって、時には棒を差し込んで足場を組むのにも使うとの回答を得たという。森山は江戸城の修復方法に意見を述べるほどの学者だったが、石狭間の用途を全く知らず、石狭間を鉄砲狭間として提案してきた作事方を、「何の心得もなき」と酷評する始末だった。

石田城二の丸搦手門の土塀
▲城外側　▲城内側
低くて厚い練塀に開けられた大筒狭間で、城内側には内に開く板戸が残る。写真はその板戸を開いたところ

大筒狭間

土塀に大筒狭間を切った例がある。現存例では、幕末に築城された石田城（福江城、長崎県五島市）二の

丸搦《からめ》手門《てもん》（蹴出門《けだしもん》）左右の土塀（練塀《ねりべい》）がある。三角形や長方形の鉄砲狭間のほかに、巨大なほぼ正方形の狭間が二つ残っている。そのうちの一つには、内開きの板戸も残る。西洋式の巨大な大砲では土塀の屋根に砲身が当たってしまうので、和式の大筒《おおづつ》（石火矢《いしびや》）を放つ狭間だったと考えられる。

また、平戸《ひらど》城（長崎県）の狸櫓《たぬきやぐら》から本丸に続く土塀は練塀であって、土塀下の低い石垣（土塀の基礎）に大きな狭間が開けられている。基礎石に設けられているので、石狭間の一種である。これも位置と大きさからすると大筒狭間である。

石打棚

土塀は多門櫓と比べると防備性能が劣るので、籠城時には土塀の屋根上に仮設的に板塀や端板《はたいた》（楯板《たていた》）を設けた。『源平盛衰記』には「垣楯《かいだて》」とある。土塀と板塀が上下二段になったような構造で、二重塀とも呼ばれた。下の土塀の狭間からの射撃に加え、上の垣楯越しの射撃によって倍の攻撃力が期待された。特に垣楯越しの場合は、身を外に乗り出せるので、城壁下に迫った敵に対しても攻撃が可能であり、石落の発明以前では不可欠であった。なお、太鼓塀など壁が二重の塀も二重塀といったので紛らわしい。

この土塀上の垣楯が載っている仮設の足場を石打棚という。『愚子見記《ぐしけんき》』では「戦棚《せんほう》」と呼んでいる。土塀の親柱と控柱を繋ぐ上下二段の貫《ぬき》のうち上方のものを水平に入れて、そこに歩み板を渡して戦棚（仮設の櫓）にするという。一般的に上方の貫は安定性のために控柱側に下げて渡すので、特別な工法である。これを「近年ノ軍法」と記しているので、十七世紀前期頃の技法であるという。なお、慶長十九年（一六一四）の大坂城攻めを描いた「大坂冬の陣図屏風」には、大坂方が総構《そうがまえ》の土居上の土塀に石打棚を構えている様子が描写されている。

おわりに

三浦正幸

天守の創始者は織田信長で、永禄十一年（一五六八）の岐阜城山麓の四階建て御殿、あるいは同十二年の二条城の天主が嚆矢《こうし》である。それ以来、天守代用三重櫓を含めて明治維新までに百五十棟以上の天守が建てられた。すなわち現存十二天守（熊本城宇土櫓《うとやぐら》と笠間《かさま》城旧天守を含めると十四）はその一割にも及ばない。

多数の天守がその後、四百五十年間に失われたが、戦乱によって焼失または破却されたものは、本能寺の変にともなう安土・坂本、関ヶ原の戦いにともなう伏見・佐和山《さわやま》・水口《みなくち》・岡山《おかやま》・岐阜、大坂夏の陣にともなう豊臣大坂など、意外に少ない。天守が集中的に建てられた十六世紀末から十七世紀前期は、秀吉の天下統一後の安泰期だったからだ。

それに対して江戸時代には、落雷や延焼で焼失した天守が続出し、その多くは再建されなかった。史上最大だった江戸城天守をはじめ、駿府《すんぷ》・徳川大坂・二条・福井・淀《よど》といった幕府系の巨大天守、八代《やつしろ》・佐賀・小倉《こくら》・岸和田《きしわだ》・金沢といった有力外様《とざま》大名が建てた五重・四重の天守などが次々と失われていった。幕末の安政大地震では、掛川《かけがわ》城天守が被害を受けて取り壊された。また、元和元年（一六一五）の一国一城令で佐土原《さどはら》・引田《ひけた》・岩国・串崎《くしざき》など、大名の改易《かいえき》で沼田、あるいは幕府との軋轢《あつれき》で亀居《かめい》・福岡など多くの天守が破却され、松坂の天守は修理しないで放置された結果、大風で倒壊した。かくて明治維新までに天守の半数以上が消滅したのである。

明治四年（一八七一）の廃藩置県によって全国の城は統治機能を失い、同六年の廃城令によって陸軍が兵営として使用する城（熊本・松山・広島・大阪・名古屋など）を除いて廃城となった。天守をはじめ城郭建築は同七年から競売に掛けられて二束三文で売却され、惜しげもなく取り壊された。柳川《やながわ》城五重天守はその時期に焼失してしまった。廃城ではなく存城となった城でも、倉庫に使用できる土蔵や櫓は別として、天守や大型櫓・櫓門などは維持費が掛かるため、取り壊しの対象だった。この時期に、五重の島原・萩《はぎ》・津山・丹《たん》波《ば》亀山・会津若松、四重の尼崎《あまがさき》・西尾、三重の岡崎・高島・新発田《しばた》・小田原・盛岡といった名天守が合わせて五十棟ほど破却されてしまった。

この時期に破却を免れた天守は、全国でわずか二十四棟であった。さらに明治初期の取り壊しを免れた天守であっても、修理をされずに放置されたため老朽化が進行し、高松城天守は明治十七年、伊予《いよ》大洲《おおず》城天守は明治二十一年に取り壊されてしまった。それとは対照的に、松本城天守は明治三十四年に松本中学校長小林有也の提唱で大修理、松江城天守は明治二十七年から天守閣旧観維持会によって修理され、危うく倒壊を免れた。また、放置されて半ば崩壊していた備中《びっちゅう》松山城天守は、松山城保存会が結成されて昭和十五年（一九四〇）に修復された。この時には、地元の生徒が瓦を山上まで運んでいる。現存天守の多くは、地元民に愛されていたという幸運によって残っているのである。

残っていた天守を見舞った最後の災禍は戦争であった。明治十年、西南戦争の最中に政府軍の放火によって熊本城大小天守が焼失し、昭和二十年、太平洋戦争の米軍の空襲によって広島・福山・岡山・和歌山・大垣・名古屋・水戸の天守を喪失した。なお、福山（松前）

城天守は昭和二十四年、役場の火災に延焼してしまった。これが最後の天守喪失であった。
日本の城郭建築は木造であって、火災には弱い。江戸時代に火災や落雷でほぼ全焼した歴史をもつ城は、佐賀城・金沢城・福井城・江戸城など珍しくなかった。また、太い良材の柱・梁《はり》で組み立てられた天守なら耐用年数（初めて解体修理が必要になる年数）は三、四百年あるが、櫓や城門のように雑多で細い材木を使った建築では百年程度しかもたないものが多く、明治維新をまたずに江戸時代中後期に建て替えられたものが少なくなかった。粗末だった中世の城郭建築が何一つ残っていないのは、むしろ当然のことである。

　明治七年頃から全国の城郭建築が競売に付されて、その大部分が取り壊されてしまったが、高麗門《こうらいもん》や薬医門《やくいもん》は別として、落札物件の櫓や櫓門が移築されて現存する例はほんのわずかで、天守に至っては皆無である。大きすぎて移築困難だったかもしれないが、それらの城郭建築の多くは、耐用年限切れか粗雑な建築だったため、薪にされてしまったのである。天守の残存率はおよそ八パーセントだが、櫓や城門は一パーセントにも満たない。

　日本の近世城郭は、かつて城郭建築で満ちていたが、今の姿は城跡、いわば廃墟であって、昔の光今いずこなのである。明治維新当時に存した全国約百八十城のうち往時の城郭建築を総て失った城は、大城郭だけを挙げるとしても、小倉・今治《いまばり》・萩・津山・丹波篠《たんばささ》山《やま》・丹波亀山・津・岡崎・駿府・福井・甲府・小田原・会津若松・盛岡などがある。中小城郭を含めると百三十三城に城郭建築が全く残らず、それが一棟でも城内に残っている城は四十六城に過ぎない。

　しかし、現存の天守はもちろんのこと、奇跡的に残された櫓や城門も壮麗である。日本の城郭建築は、外観は華麗で崇高な芸術作品であるが、本書で述べた通り内部は経費節減のため粗雑である。そして部外者には見せない内部は安普請《やすぶしん》にしておいて、外観を立派に造って城主の権威を誇示するのが江戸時代の城の存在意義となったのであり、内外の対照的な差異こそ日本の城郭の特質なのである。しかも、世界一平和だった日本では城が実戦に供されることがなくなったとはいえ、狭間《さま》や石落《いしおとし》、太鼓壁《たいこかべ》などの防御装備を忘れず、明治維新に至るまで城の本質である軍事機能は何とか保たれていたのである。

最後になるが、近世城郭内は、城主が住んだ御殿建築、奉行所や作事小屋《さくじ》などの役所、馬屋や土蔵や番所といった付属建築、さらには藩校や家臣の屋敷などで満ち満ちていた。それらの建築は近世城郭の運営に必要な存在で、城の重要な構成要素であったが、武家諸法度《ぶけしょはっと》による統制を受ける城郭建築には含まれておらず、住居等として扱われていた。そうした住居は、城ではない陣屋や江戸の大名屋敷にも建てられていたものである。それらを加えるとあまりにも膨大になるため本書では割愛したが、機会があれば纏《まと》めてみたいと思う。

既発表論文・著書ほか（天守編、櫓・城門編）

「美作の津山城天守の復元」日本建築学会大会学術講演梗概集、一九八九年一〇月
「慶長期における城郭石垣の発展」日本建築学会大会学術講演梗概集、一九九〇年一〇月
「伯耆の米子城天守の復元」日本建築学会中国支部研究報告集第一七巻、一九九二年三月
「丹波亀山城天守の復元」日本建築学会大会学術講演梗概集、一九九二年八月
「伊予大洲城天守雛型と天守復元」日本建築学会中国九州支部研究報告第九号の三、一九九三年三月
「備後福山城本丸御殿の伏見城移建殿舎」日本建築学会大会学術講演梗概集、一九九三年九月
「伊予宇和島城の慶長創建天守」日本建築学会中国支部研究報告集第一八巻、一九九四年三月
「備後福山城天守の復元」日本建築学会大会学術講演梗概集、一九九四年九月
「薬師城跡検出の建築遺構について」『薬師城』広島県埋蔵文化財調査センター報告書第一四二集、一九九六年三月
「日和城の掘立柱建物等について」『日和城跡調査報告書』石見町教育委員会、一九九六年三月
「丹波亀山城天守」『第二七回企画展探求丹波亀山城』亀岡市文化資料館、一九九九年六月
「近世亀山城の天守と城の構造」『新修亀岡市史』本文編第二巻、二〇〇四年三月
「台所の復元」『史跡吉川氏城館跡吉川元春館跡整備事業報告書』広島県北広島町教育委員会、二〇〇七年三月
「津城と高虎の城造り」『藤堂高虎─その生涯と津の町の発展─』津市教育委員会、二〇〇八年八月
「姫路城の美と構造」『姫路城の創業者池田家三代の遺産』神戸新聞総合出版センター、二〇〇九年八月
「勝山御殿からの移築現存建物について」『勝山御殿跡─幕末に築城された近世最終期の城郭─』下関文化財調査報告書二九、下関市教育委員会、二〇一〇年三月
「小島陣屋の御殿建物」『史跡小島陣屋保存管理計画策定報告書』静岡市教育委員会、二〇一〇年三月
「天守復元　美と徳に満ちた江戸城天守の雄姿」『東京人』二八六、都市出版、二〇一〇年九月
「天守閣の木造建替ラッシュに備える─コンクリート造復興天守閣の耐用年限を迎えて」『森林技術』八五一、二〇一三年二月
「彦根城天守の魅力─正統にして華麗で粋な天守─」『特別展天下普請の城　彦根城』彦根城博物館、二〇一三年一〇月
「名古屋城本丸御殿の価値とその復元」『建築の研究』第二二一号、二〇一四年二月
「近代における城郭建築復元の足跡と問題点─江戸城天守の復元に向けて」『建築の研究』第二四一号、二〇一七年七月
「西国外様大名を監察する名城・福山城」『福山市史』原始から現代まで、福山市、二〇一七年三月
「水戸城の天守─御三階と呼ばれた壮大な天守建築─」『特別展水戸城遙かなり』水戸市立博物館、二〇一九年二月

「近世城郭における天守の室内意匠について」『家具道具室内史』第一一号、二〇一九年六月
「城の歴史の最後を飾る園部城」『園部藩の歴史と文化』南丹市立文化博物館、二〇一九年一〇月
『津山城復元模型の製作過程』津山郷土博物館紀要第二号、一九九〇年三月（鈴木充と共著）
『復元大系日本の城』六 中国、ぎょうせい、一九九二年三月（共著）
『復元大系日本の城』五 近畿、ぎょうせい、一九九二年五月（共著）
『復元大系日本の城』四 東海、ぎょうせい、一九九二年七月（共著）
『復元大系日本の城』三 北信越、ぎょうせい、一九九二年一一月（共著）
『復元大系日本の城』七 南紀・四国、ぎょうせい、一九九三年五月（共著）
『復元大系日本の城』九 城郭の歴史と構成、ぎょうせい、一九九三年八月（共著）
『日本の城原風景』新人物往来社、一九九四年一二月（共著）
『名古屋城』歴史群像名城シリーズ、学習研究社、一九九五年一月（共著）
『広島城』歴史群像名城シリーズ、学習研究社、一九九五年一二月（共著）
『岡山城』歴史群像名城シリーズ、学習研究社、一九九六年八月（共著）
『毛利の城と戦略』成美堂出版、一九九七年一月（共著）
『萩城』歴史群像名城シリーズ、学習研究社、一九九七年八月（共著）
『戦略戦術兵器事典 日本城郭編』歴史群像グラフィック戦史シリーズ、学習研究社、一九九七年一二月（共著）
『秀吉の城と戦略』成美堂出版、一九九八年四月（共著）
『日本の名城 城絵図を読む』新人物往来社、一九九八年一〇月（共著）
『城の鑑賞基礎知識』至文堂、一九九九年九月
『徹底図解徳川三代』成美堂出版、一九九九年一二月（共著）
『決戦関ヶ原』歴史群像シリーズ戦国コレクション、学習研究社、二〇〇〇年一月（共著）
『城を知る事典』日本通信教育連盟、二〇〇〇年
『古写真で見る失われた城』世界文化社、二〇〇〇年一〇月（共著）
『CG復元よみがえる天守』新人物往来社、二〇〇一年二月（共著）
『最新日本名城古写真集成』新人物往来社、二〇〇二年五月（監修・執筆）
『よみがえる日本の城』一～三〇、学習研究社、二〇〇四年六月～二〇〇六年六月（監修・執筆）
『よみがえる真説安土城』学習研究社、二〇〇六年三月（監修・執筆）
『よみがえる名古屋城』学習研究社、二〇〇六年一一月（監修・執筆）
『城造りのすべて』学習研究社、二〇〇六年一二月（監修・執筆）
『天守のすべて』学習研究社、二〇〇七年四月（監修・執筆）
『日本古城建築圖典』台湾商周出版、二〇〇八年三月（『城のつくり方図典』中国語版）
『すぐわかる日本の城』東京美術、二〇〇九年一〇月（監修・執筆）
『お城の手帖』辰巳出版、二〇一二年一月（監修・執筆）
『今むかし日本の名城八八 東日本編』別冊太陽、平凡社、二〇一二年六月（共著）
『今むかし日本の名城八八 西日本編』別冊太陽、平凡社、二〇一二年、六月（共著）
『日本史一〇〇〇城』世界文化社、二〇一二年一〇月（監修・執筆）

『城と陣屋総覧』学習研究社、二〇一三年九月（監修・執筆）
『戦国大名の遺宝』山川出版社、二〇一五年一〇月（共著）
『城のつくり方図典』改定新版、小学館、二〇一六年三月（初版は二〇〇五年三月）
『江戸城天守　寛永度江戸城天守復元調査報告書』江戸城天守を再建する会、二〇一六年五月（監修・執筆、中村泰朗・野中絢と共著）
『城バイリンガルガイド SAMURAI　CASTLE』小学館、二〇一七年三月（クリス・グレンと共著）
『城大全』全四巻、ユーキャン、二〇一七年（監修・執筆）
『ハンドブック幕末日本の城』山川出版社、二〇一八年一一月（監修・執筆）
『復元ＣＧ日本の城』山川出版社、二〇一九年一月（監修・執筆）
『近世城郭の最高峰　名古屋城』名古屋城検定実行委員会、二〇一九年三月（監修・執筆）
『復元ＣＧ日本の城Ⅱ』山川出版社、二〇一九年一一月（監修・執筆）
『古写真で見る幕末の城』山川出版社、二〇二〇年五月（監修・執筆）

参考文献（天守編、櫓・城門編）

大類伸『城郭之研究』日本学術普及会、一九三八年三月
小和田哲男『城と城下町』教育社歴史新書、教育社、一九七九年一一月
加藤理文『織豊権力と城郭』高志書院、二〇一二年八月
北野隆「熊本城の宇土櫓について」日本建築学会論文報告集三〇八、一九八一年一〇月
城戸久『城と民家』毎日新聞社、一九七二年六月
城戸久『名古屋城と天守建築』日本城郭史研究叢書六、名著出版、一九八一年八月
木戸雅寿『よみがえる安土城』歴史文化ライブラリー一六七、吉川弘文館、二〇〇三年一二月
佐藤正彦『福岡城天守を復原する』石風社、二〇一一年八月
島充『熊本城超絶再元記』新紀元社、二〇一九年一〇月
白峰旬『日本近世城郭史の研究』校倉書房、一九九八年五月
関口慶久「水戸城大手門跡の調査～瓦塀を考える～」水戸市発掘調査報告会発表要旨、二〇一九年二月
高木鋼太郎『犬山城創建の謎を検証する』私家版、二〇一八年九月
鳥羽正雄『日本城郭辞典』新装版、東京堂出版、一九九五年九月
内藤昌『城の日本史』ＮＨＫブックス、日本放送出版協会、一九七九年一一月
内藤昌ほか『名古屋城』日本名城集成、小学館、一九八五年一〇月
仁科章夫「岡山城に就いて」建築雑誌五〇二号、一九二七年一一月
藤岡通夫『近世建築史論集』中央公論美術出版、一九六九年九月

古川重春『日本城郭考』巧人社、一九三六年一〇月
松島悠「城郭論―津城―」『藤堂藩の研究』論考編、清文堂出版、二〇〇九年三月
宮上茂隆「天主と名付けられた建築」日本建築学会大会学術講演梗概集、一九七六年一〇月
吉田智子「姫路城の狭間に関する考察（2）―大天守について―」日本建築学会大会学術講演梗概集、一九九七年九月
李全慶ほか『中国古建築琉璃技術』中国建築工業出版社、一九八七年一二月
渡辺武『図説 再見大阪城』大阪都市協会、一九八三年九月
『戦災等による焼失文化財 建造物（城郭）編』文化財保護委員会、一九六四年三月
『復元大系日本の城』一～九、ぎょうせい、一九九二年三月～一九九三年八月
『重要文化財熊本城平櫓修理工事報告書』一九七七年九月
『重要文化財熊本城源之進櫓修理工事報告書』一九八〇年三月
『重要文化財熊本城東十八間櫓・北十八間櫓・五間櫓修理工事報告書』一九八五年三月
『重要文化財熊本城宇土櫓保存修理工事報告書』一九九〇年三月
『重要文化財佐賀城鯱の門及び続櫓修理工事報告書』一九六三年六月
『重要文化財宇和島城天守修理工事報告書』一九六二年一〇月
『重要文化財大洲城三の丸南隅櫓修理工事報告書』一九六五年一〇月
『重要文化財松山城天守外十五棟修理工事報告書』一九六九年八月
『重要文化財松山城乾櫓修理工事報告書』一九六四年一〇月
『重要文化財松山城紫竹門ほか二棟修理工事報告書』一九九四年三月
『重要文化財松山城野原櫓他一一棟修理工事報告書』一九八五年九月
『重要文化財丸亀城大手一の門・大手二の門修理工事報告書』一九六三年九月
『重要文化財岡山城月見櫓修理工事報告書』一九六六年六月
『重要文化財備中松山城天守及び二重櫓保存修理工事報告書』二〇〇三年三月
『国宝重要文化財姫路城保存修理工事報告書』全七冊、一九六五年三月
『重要文化財大阪城一番櫓修理工事報告書』一九六五年三月
『重要文化財建造物大阪城六番櫓修理工事報告書』一九六六年九月
『重要文化財彦根城天秤櫓・太鼓門及び続櫓修理工事報告書』一九五七年三月
『国宝彦根城天守・附櫓及び多聞櫓修理工事報告書』一九六〇年六月
『重要文化財彦根城西の丸三重櫓及び続櫓・二の丸佐和口多聞櫓修理工事報告書』一九六二年一二月
『国宝犬山城天守修理工事報告書』一九六五年八月
『重要文化財名古屋城西北隅櫓修理工事報告書』一九六四年三月
『重要文化財名古屋城旧二之丸東二之門修理工事報告書』二〇一三年三月
『重要文化財名古屋城西南隅櫓修理工事報告書』二〇一五年一月
『重要文化財油山寺山門修理工事報告書』一九七一年六月
『国宝松本城解体・調査編』一九五四年九月

『史跡上田城跡西櫓・南櫓・北櫓修理工事報告書』一九八七年三月
『重要文化財丸岡城天守修理工事報告書』一九五五年三月
『重要文化財新発田城旧二の丸隅櫓・表門修理工事報告書』一九六〇年一〇月
『重要文化財江戸城田安門・同清水門修理工事報告書』一九六七年三月
『重要文化財福山城（松前城）本丸御門保存修理工事報告書』一九八六年三月
『讃岐丸亀城研究調査報告書』一九八八年
『小諸城大手門調査報告書』一九九三年三月
『小諸城三之門調査報告書』一九九三年八月
『韓国の倭城と大坂城　資料集』二〇〇五年九月
『森岳城跡石垣調査報告書』島原市文化財調査報告書一六、二〇一六年三月
『佐賀城跡Ⅳ』佐賀市埋蔵文化財調査報告書八六、二〇一五年三月
『史跡高松城跡（天守台）発掘調査編』二〇一二年三月
『大坂城跡Ⅲ』大阪府警察本部棟新築第２期工事に伴う発掘調査報告書、二〇〇六年三月
『片倉小十郎の城　白石城跡発掘調査編』一九九八年三月

図版の出典および作成（天守編、櫓・城門編）

国宝・重要文化財指定の建造物の図面については、前掲の修理工事報告書等から複写し、補筆修正したものである。

岡山城天守は前掲仁科章夫論文、名古屋城大小天守は名古屋市蔵による。

復元図については、宇根利典（福山城天守）、石井正明（萩城天守断面図・津山城天守・米沢城本丸丑寅櫓・名古屋城西の丸月見櫓・同未申櫓）、土手内賢一（萩城天守立面図）、松田克仁（丹波亀山城天守）、山田岳晴（鎌刃城大櫓）、松島悠（駿府城天守・徳川大坂城天守・水戸城天守・小松城天守・津城丑寅櫓）、中村泰朗（安土城天主・豊臣大坂城天守・小倉城天守・寛永度江戸城天守）、津川尚貴（鳥取城二の丸三階櫓）、佐藤奈月（高松城天守断面図）の各氏の作成である。

説明図については、金澤雄記、千原美歩、松島悠、柳川真由美、山田岳晴の各氏の作成である。以上の各氏は、広島大学三浦研究室の出身であり、図版作成に関して謝意を表する。

古写真については、前掲写真集および著者所蔵写真から複写した。なお、名古屋城については『国宝史蹟名古屋城』から複写した。そのほかの図版は著者による作成・撮影・所蔵である。

三浦正幸 みうら まさゆき

広島大学名誉教授、工学博士、一級建築士

1954年10月、名古屋市に生まれる。1977年3月、東京大学工学部建築学科卒業。広島大学工学部助手・助教授を経て、1999年に広島大学文学部教授。専門は日本建築史・城郭史。神社・寺院・城郭・茶室・民家の歴史や構造などを文科・理科の両分野から研究。

松山城・宇和島城・河後森城・能島城・津和野城・広島城・福山城・三原城・岡山城・月山富田城・赤穂城・明石城・名古屋城・横須賀城・諏訪原城・小島陣屋・上田城・松代城・二本松城などの国史跡の整備委員等を兼任。史跡吉川元春《きっかわもとはる》館跡台所・史跡万徳院跡風呂屋・史跡河後森城馬屋・史跡岡山城本丸供腰掛・史跡諏訪原城北馬出門・岡崎城東櫓・浜松城天守門・高根《たかね》城城門および井楼《せいろう》・西尾城二の丸丑寅櫓などを復元設計。

著書に、『城の鑑賞基礎知識』（至文堂）、『城のつくり方図典』（小学館）、『神社の本殿』（吉川弘文館）、『図説 近世城郭の作事 天守編』（原書房）ほか多数。

[説明図作成]

金澤雄記（P128）、柳川真由美（P143、P148）

[編集・本文レイアウト]

アルテ企画

[カバーデザイン]

川島進デザイン室

図説《ずせつ》 近世城郭《きんせいじょうかく》の作事《さくじ》 櫓《やぐら》・城門編《じょうもんへん》

2022年5月25日　第1刷発行

著　　者　三浦正幸《みうらまさゆき》

発 行 者　成瀬雅人

発 行 所　株式会社 原書房

〒160-0022　東京都新宿区新宿1-25-13

電話　03（3354）0685

印刷・製本　株式会社 明光社印刷所

ISBN978-4-562-07173-9
